中国个人所得税改革研究

主　编　许建国
副主编　肖绪湖

中国财政经济出版社

图书在版编目（CIP）数据

中国个人所得税改革研究 / 许建国主编．—北京：中国财政经济出版社，2015.12

ISBN 978－7－5095－6502－5

Ⅰ．①中…　Ⅱ．①许…　Ⅲ．①个人所得税－税收改革－研究－中国
Ⅳ．①F812.424

中国版本图书馆 CIP 数据核字（2015）第 290369 号

责任编辑：杨　静　　责任校对：刘　靖
封面设计：郁　佳　　版式设计：兰　波

中国财政经济出版社出版

URL：http：//www.cfeph.cn

E－mail：cfeph@cfeph.cn

社址：北京市海淀区阜成路甲 28 号　邮政编码：100142

发行处电话：88190406　财经书店电话：64033436

北京中兴印刷有限公司印刷　各地新华书店经销

787×1092 毫米　16 开　14.5 印张　239 000 字

2016 年 1 月第 1 版　2016 年 1 月北京第 1 次印刷

定价：35.00 元

ISBN 978－7－5095－6502－5/F·5236

（图书出现印装问题，本社负责调换）

本社质量投诉电话：010－88190744

打击盗版举报热线：010－88190492、QQ：634579818

序

改革开放以来，我国经济快速增长，居民收入不断提升，但不同群体间收入分配的差距也显著加大。个人所得税作为调节收入分配的重要杠杆，应该说发挥了积极作用。然而，由于历史、文化、传统、体制等多方面因素，我国社会对公平的尺度较为敏感，社会普遍要求采取更为有效的措施来缩小收入及财富差距。自然地，对完善个人所得税税制，更好发挥其调节收入分配功能的呼声就越来越强烈。

我国的个人所得税历经多次改革，但目前仍实行的是分类所得税制。如何深化个人所得税改革，各个层面都高度重视，理论与实践界也作了积极探索。从1996年“九五”计划提出“建立覆盖全部个人收入的分类与综合相结合的个人所得税制”至2011年“十二五”计划提出“逐步建立健全综合与分类相结合的个人所得税制度，完善个人所得税征管机制”，个人所得税改革已经连续在四个五年计划中被提及。2013年中共中央十八届三中全会通过的《中共中央关于全面深化改革若干重大问题的决定》以及中共中央政治局2014年6月30日召开会议审议通过的《深化财税体制改革总体方案》，再次明确提出“逐步建立综合与分类相结合的个人所得税制”。这些重大决策部署，为我国个人所得税制的改革提供了明确方向和重要指针。

本书立足于我国个人所得税的基本理论和征管实践，围绕建立综合与分类相结合的基本目标，提出了我国个人所得税税制改革的总体架构，并通过理论分析、历史分析、比较分析、实证分析和相关研究，重点探讨和研究了综合与分类相结合模式下的个人所得税税制设计和征管实际问题。全书按照个人所得税制度现状、个人所得税改革总体框架、个人所得税税制要素设计、个人所得税税收征管制度设计、个人所得税征管信息化建设和个人所得税改革的外部环境建设等内容共分为六章。第一章系统介绍了我国现行个人所得税制度现状。对个人所得税的起源、我国的发展历程、运行现状与成效以及存在的问题等进行了逐一分析。第二章明确提出了我国个人所得税改革的指导思想和目标。从个人所得税功能定位、模式选择、征收方式及相关配套措施等四个方面进行了总体构思。第三章具体探讨了我国个人所得税改革的税制要素设计。主要包括纳税人、课税对象、计税依据、税率、税收优惠等主要方面。第四章研究了个人所得税征管制度改革问题。针对个人所得税的特点和征管实践设计了个人所得税税务登记、纳税申报、税款征收、税务检查等具体征管实际运作方式和办法。第五章探讨了个人所得税改革的征管信息化建设。从我国个人所得税征管信息化建设现状、国际借鉴等多方面分析入手，提出了我国个人所得税改革的征管信息化建设方案。第六章研究了个人所得税改革的外部环境建设。包括个人所得税改革的法制保障环境建设、外部协同环境建设、社会信用环境建设等内容。

《中国个人所得税改革研究》一书在编写过程中着力突出了以下三大特点：

一是系统性。全书以个人所得税改革的视角分析，从理论到实践、从税制要素到征管架构设计、从内部改革到外部环境建设，较为全面、系统地研究了我国个人所得税改革问题。特别是系统地提出了我国个人所得税改革的总体思路；重点探讨了个人所得税税制框架和要素设计；详细介绍了具体个人所得税的内部征管实际操作办法和信息化建设；明确提出了个人所得税的外部相关配套措施。

二是前瞻性。本书追溯了个人所得税的历史发展演进轨迹，科学评估了现行个人所得税制度，比较分析和学习借鉴了世界一些国家和地区个人所得税制度的基本经验，提出了符合我国国情的深化个人所得税税制改革设想。其中的许多理念和设计既兼顾当前，又考虑长远，具有较强的前瞻性。如提出了推行“大分类（总体分类），小综合（主体综合）”的税制模式，将个人所有的劳动所得和经营所得以“综合所得”的方式计征，按月或季预征，年终汇缴，而对资本所得和其他所得则仍然采用分类计征的方式；又如，在结合个人申报的同时，引入了“家庭”纳税申报方式，且根据不同的课税对象设定不同的收入范围、费用扣除标准等具体计税因素；再如，考虑自然人跨域流动增多的实际，对其跨域所得的征收和汇算等问题作出了探索。

三是务实性。综观我国个人所得税征收现状和国外个人所得税实践，本书立足于解决目前个人所得税存在的缺陷以及改革难点问题，提出了一系列具有可操作性的改革思路。尤其是围绕个人所得税税制改革和征管实践，探讨和研究了相关征收办法、信息化建设、相关配套措施等改革方案，提出了纳税识别号建立、第三方信息共享、法律保障、国际税收管理、个人纳税信用体系建设等具体实施办法，以有效解决个人所得税的征管难题，从而使个人所得税的税制设计更具可行性。

研究建立符合我国国情的个人所得税制度，是深化财税改革、促进社会经济发展的一项十分紧迫的重要任务。《中国个人所得税改革研究》一书是作者在个人所得税改革研究上的一次积极探索，课题研究成果也将对加快改革、科学决策、完善方案起到积极的参考、借鉴作用。我们相信，通过各方面的不懈努力，一个着眼未来、适合国情的综合分类相结合的个人所得税制改革方案，一定会加快出台并成功实施。

2015 年 8 月

目 录

第一章
中国现行个人所得税制度

自个人所得税问世，已历经200多年，中国个人所得税的产生与发展也有一百年的历史。现行的分类个人所得税制是在历经曲折、几经改革后逐步形成起来的，它在筹集财政收入、调节收入分配、增强公民纳税意识等方面发挥了积极作用。本章将阐述个人所得税的发展历程，分析中国现行征税制度存在的问题，探讨深化个人所得税改革的有关重大背景问题。

第一节 个人所得税概述

个人所得税产生于1799年的英国。自个人所得税诞生后的两百多年中，它以其筹集财政收入、调节收入分配的独特功效，而备受各国政府青睐，被西方经济学家誉为“现代最优税种”。目前，世界上已有140多个国家和地区开征了个人所得税。在一些经济发达国家，个人所得税在税收总额中的比重甚至超过商品劳务税、公司所得税等主要税收，成为政府财政收入的主体税。

一、个人所得税原理

（一）个人所得税的概念

个人所得税是以个人（自然人）取得的各项应税所得为对象征收的一

种税。

作为课税对象的个人所得，有狭义和广义之分。狭义的个人所得，是指个人经常、反复取得的所得。广义的个人所得，是指个人在一定的时期内，通过各种来源或方式所获得的一切利益，且不论这种利益是偶然的，还是临时的。所得的形式包括货币、有价证券、实物等各种形式。

目前，包括我国在内的世界各国所实行的个人所得税，大多以广义解释的个人所得概念为基础。根据这种理解，可以将个人取得的各种所得分为毛所得和净所得、财产所得和劳动所得、经常所得和偶然所得、自由支配所得和非自由支配所得、交易所得和转移所得、应收所得和实现所得、名义所得和实际所得、积极所得和消极所得等。

（二）个人所得税制的类型

目前，各国实施的个人所得税制度可以大致划分为以下三种类型：

1. 分类所得税制，亦称个别所得税制。它是对同一纳税人不同类别的所得，按不同的税率分别征税，其基本特点是，只对税法上明确规定的所得分别课税，而不将个人的全部所得进行综合之后再合并课税。英国的“所得分类制度”是分类所得税制的典范，我国现行的个人所得税制度也属此类。

2. 综合所得税制，亦称一般所得税制。它是将个人在一定时期内取得的各种收入所得综合起来，扣除法定减免和个人经济开支和家庭负担等必要生计费用之后，就其余额按累进税率征税。其主要特点是，对于纳税人来源于各种渠道的全部所得予以加总，不分类别、统一扣除，累进征收。美国等国的个人所得税属于这一类型。

3. 分类综合所得税制，亦称为混合所得税制。它由分类所得税与综合所得税两种征税办法有机组合而成。一般地，对于个人取得的各项应税收入，首先实行分类征税，源泉扣缴税款；其次年度终了后，再综合个人全年的总所得额，按法定的累进税率表计算应纳的综合所得税或附加税。其主要特点是，对同一所得实行两次独立课税。瑞典、日本、韩国等国的个人所得税属于这种类型。

从世界各国个人所得税发展的历史来看，分类所得税制较早实行，以后在部分国家演进为综合所得税制，在部分国家演进为综合与分类相结合所得税制。目前，采用纯粹分类所得税制的国家已经不多。个人所得税制的演进过程大体反映了经济发展水平的递进程度。一般说来，经济发展相对滞后、征管制度不很健全、税法遵从意识较低的国家，大多实行分类或分类综合所得税制。反之，经济发达、征管制度健全、税法遵从意识较强的国家，多实行综合所得税制。

（三）个人所得税的征税方法

个人所得税的课征方法较多，大体上可以分为从源征收和申报清缴两大类，各国往往根据不同所得项目，大多同时采用这两种课征方法。

1. 从源征收法。从源征收法是指在支付收入环节，代扣代缴个人所得税。通常做法是，在支付工资、薪金、利息或股息时，对所支付的收入项目按照税法规定扣缴应纳税款，然后由支付单位向税务机关汇总缴纳。

这种方法的优点，一是可以节省税务机关的人力、物力，简化征收管理手续；二是可以避免税款流失，及时组织税款入库；三是由于纳税人尚未取得应税收入之前，就由支付单位代为扣税，有利于减轻纳税人的心理税收负担。而且，纳税人的预算开支是以税后收入为基础的，也不易产生减少开支或储蓄的压力。

英国个人所得税广泛运用从源征收法，包括借款利息、公债利息、股息、工资和特许权使用费在内的许多收入项目，均采用从源征收。美国联邦个人所得税对于工资薪金收入也采用从源征收方法，要求雇主在支付环节预扣代缴，但在年终要由纳税人本人进行申报清算，多退少补。

2. 申报清缴法。实行分期预缴和年终汇算相结合，由纳税人在纳税年度申报全年估算的总收入额，并按估算额分期预缴税款。年度终了时，再按实际收入额提交申报表，依据全年实际应纳所得税额，对已纳税额多退少补。这种方法的主要优点是，在税务管理上方便了税务机关和纳税人。

目前，一些国家除了对某些收入项目采用从源征收法之外，一般都采用申报清缴法。在美国，除了对工资、薪金收入实行从源征收和申报清缴相结合的课征方法之外，对纳税人工资、薪金以外的其他收入，采用按季自报缴纳，年终汇算清缴的办法。日本个人所得税的课征方法也大体相似，以纳税人自行申报为主，但对薪金、利息、股息、退职金、自由职业者及演员报酬等所得项目，采用从源征收法。

二、个人所得税制度的变迁与发展

（一）个人所得税产生于特定历史环境

个人所得税的起源似乎与战争有不解之缘。

1799年英法战争期间，英国首相为筹措战争经费，开征了具有“战时税”性质的综合所得税。之后，所得税经历几起几落，才逐步由临时税演变为经常税。1874年以后，个人所得税成为英国的一个稳定税种。

德国于1808年开征了个人所得税，征税的主要目的是为了筹措战败赔款。德国统一后，基本上沿用了原联邦德国以直接税为主的税收制度体系。

为了筹措南北战争经费，美国于1861年开征个人所得税。1913年美国宪法第16次修正案通过后，所得税法正式颁布实施，开始征收个人所得税和公司所得税，所得税成为美国的永久性税种。

1914年，法国开始实施所得税，1959年税制改革时将分类所得税改革为综合所得税。由于历史、经济的原因，所得税在法国税收收入中的比重要比其他西方国家低一些。

个人所得税在西方主要国家的产生、变迁的过程表明，个人所得税最初是为了筹集战争经费而出现的一种临时税，而非固定税种。在经过较长时期的曲折发展、反复改进之后，个人所得税制度日趋成熟与完善，最终成为世界大多数国家和地区所普遍接受的恒久性税种。

在19世纪末和20世纪初，欧洲各国的所得税大多经历了由临时税向经常税、由辅助税向主体税的转变。促进这种税制转型的历史背景是，第一次世界大战前后，西方经济在持续发展过程中，面临着复杂、激烈的社会矛盾和税收转型需要。随着经济发展与进步，人均收入水平大幅度提升；随着产业结构调整和生产的社会化、商品化、货币化程度不断提高，间接税对经济的负效应日益突出。在这样的历史背景下，全面征收个人所得税，不仅必要而且具备可能实施的条件。所得税快速发展的结果是，个人所得税收入逐渐增加，流转税比重不断降低，所得税逐渐成为主体税，最终在西方大多数形成了以所得税，特别是个人所得税为主体的税收结构。

（二）个人所得税逐渐成为西方国家重要的财政收入来源

从世界趋势来看，随着经济产业结构、国民收入分配结构的变化，尤其是在西方发达国家，人均国民生产总值较高，个人收入较多，且信息化水平较高，货币支付和个人收入支出的可控性较强，因而个人所得税收入增长很快，并在总体税收收入中占比较高。2009 年，部分发达国家个人所得税占全部税收收入的比重：美国为 32.28%；日本为 19.97%；德国为 25.22%；英国为 30.41%；加拿大为 36.61%。显然，个人所得税已经成为西方发达国家重要的财政收入来源。

（三）发展中国家个人所得税处于辅助地位

在发展中国家，由于经济发展水平和居民个人收入水平较低，个人所得税的税源有限，采用较高税率则居民难以承受。另一方面，居民货币收支的可控性较弱，税法遵从意识不强，加之税收征管手段有限，税源监管困难，其税收管理水平难以达到扩大征收个人所得税的条件和要求。因此，发展中国家个人所得税收入的比重较低，在整个税制体系中往往处于辅助地位。一般发展中国家的个人所得税比重平均在 15%左右，我国 2014 年个人所得税收入占税收收入比重仅为 6.19%，周边国家如俄罗斯、韩国、泰国、印度、印度尼西亚等国家的个人所得税比重在 10% ~20%之间，均超过我国。

第二节　中国个人所得税发展沿革

学术界普遍认为，中国历史上第一部具有现代意义的个人所得税法规产生于民国时期，到目前为止，中国的个人所得税已经历了 100 多年的发展历程，大致可以划分为四个阶段。

一、个人所得税的产生

1914 年北洋政府颁布《所得税条例》是中国第一部所得税法规，1936 年国民政府颁布《所得税暂行条例》，1943 年出台《所得税法》，这是中国第一部真正意义的所得税法，并开始实施个人所得税，虽然在当时的历史条件下具有一定的先进性，但它的实施需要相对稳定的经济和政治条件。在国民政府时期，连年战争，吏治腐败，经济遭到很大的破坏，由于这些历史政治原因，个人所得税难以真正推行。

新中国成立之前的共产党解放区，税收制度总的状况是，新老解放区之间、各老解放区之间税收制度不统一。老解放区实行的是原各革命根据地的税收制度；新解放区主要是陆续解放的一些大城市，暂时沿用旧税法，实行部分废除、部分边征收边改造的政策。

二、计划经济时期的个人所得税

1950 年 1 月新中国成立之初，根据统一全国税政、建立新税制的要求，政务院公布了《全国税政实施要则》，其中设计了薪给报酬所得税和存款利息所得税，拟对个人征收。但由于当时经济发展和个人收入水平较低，征收薪给报酬所得税缺乏必要的经济基础，故实际执行中并未开征。1950 年 6 月，中央决定按照“巩固财政收支平衡”和“照顾生产的恢复和发展”为原则，对工商税制进行调整。调整的主要内容包括：暂不开征薪给报酬所得税和遗产税；利息所得税税率由 10% 降到 5%。1950 年 12 月存款利息所得税公布实施，按 5% 的比例税率征收①。

1958 年至 1978 年的 20 年间，中国税制经历了曲折发展过程。这一时期，我国社会主义改造基本完成，社会经济结构发生根本性变化，多种经济成分并存的局面已变为基本单一的社会主义公有经济，原来配合对私有制进行改造而设计的税收制度已不适应新的经济形势需要。国家根据“在原有税负基础上简化税制”的方针，于 1958 年进行了新中国成立后第二次大规模的税制改革。这次改革后，1959 年停征了利息所得税。“文革”时期，我国税制进一步简化，在经历 1973 年第三次大规模简化税制改革后，对企业只征一、二种税，对国内居民个人收入基本上不征税。

三、改革开放初期个人所得税制度的恢复与建设

1978 年，党的十一届三中全会实施改革、开放战略，决定将工作重心转

① 存款利息所得税后来经历了暂免和恢复征收的几次变更，至 2008 年 10 月 9 日起，根据《中华人民共和国个人所得税法》有关规定，国务院决定对储蓄存款利息所得暂免征收个人所得税。

移到社会主义现代化建设上来，并提出对经济体制进行全面改革。由此中国经济发展进入新的历史性时期，税收工作也转入新的发展阶段。在1978年至1993年的15年间，我国全面恢复、建立起个人所得征税制度，对于推动这一时期的对外开放、对内搞活、调节分配和加快发展，发挥了积极作用。

（一）1980年开征个人所得税

改革开放初期，国内一部分人通过从事第二职业、个体经营或投资承包等活动，取得了较高收入，社会成员之间的收入差距逐渐拉大。为防止社会成员的收入差距过分悬殊，有必要对较高个人收入进行税收调节。对外来说，随着国际交往来华工作的外籍人员越来越多，根据国际惯例，收入来源国政府对这部分收入享有课征权。从一国主权角度看，即使我国不征税，外籍人员回国后仍要为其在我国取得的收入申报纳税，纳税人的税收负担并没有减轻，而我国则丧失了部分税收管辖权。此外，在国际经济交往中，通常涉及签订诸如避免双重征税一类的协定，如果我国没有开征个人所得税，在谈判中就失去了对等条件。

鉴于此，1980年9月全国人大通过并公布了《中华人民共和国个人所得税法》（以下简称《个人所得税法》），决定从1981年起对在我国从事生产经营活动的个人，对其收入开始征收个人所得税。该法统一适用于我国公民和在我国取得收入的外籍人员，但在实际执行中，由于当时国内居民收入普遍较低，个人所得税法实际上仅仅适用于对外籍人员征收。

（二）1986年开征个体工商业户所得税

1979年以前，我国对城乡个体经济参照对集体企业的办法征收工商业税，其中包含了对工商所得的课税，按照"个体重于集体"的政策，按14级全额累进税率征税①，意在限制个体经济的发展。党的十一届三中全会之后，为繁荣市场、扩大就业、安定社会，国务院决定，从1980年开始对个体经济也按原8级超额累进税率征税。但在执行过程中暴露出了一些问题，如制度不统一、地区间税负不公平、征管方面漏洞多等。为解决这些问题，国务院于1986年1月颁布了《中华人民共和国城乡个体工商户所得税暂行条例》，根据公平税负、鼓励竞争、加强管理的原则，对从事工业、商业、

---

① 指1963年的工商所得税。

服务业、建筑安装业、交通运输业以及其他行业的城乡个体工商户，统一按10级超额累进税率，征收城乡个体工商户所得税。

（三）1987年开征个人收入调节税

1980年颁布的《中华人民共和国个人所得税法》，虽然统一适用于我国居民和外籍人员，但在征管实践中也暴露出不太适应国内居民的问题。一方面，党的十一届三中全会后，我国个人收入情况发生了很大变化，如收入水平普遍提高、收入来源渠道增加。过去只是以工资为主要收入来源，现在除工资之外，还有各种奖金、劳务报酬、转让技术收入、承包收入以及股息、红利等。另一方面，我国居民与外籍人员的收入差别较大，收入来源也不尽相同，按一套税法征收不能适应当时国内居民的收入情况。因此，有必要对国内居民个人单独立法征收个人所得税。在这种背景下，1986年9月国务院发布了《中华人民共和国个人收入调节税暂行条例》，决定从1987年1月起，对中国居民个人取得的收入所得，征收个人收入调节税。

这样，经过1980~1987年的改革，我国对个人所得的征税制度就形成了由主要适用于外籍人员的个人所得税、主要适用于国内居民的个人收入调节税以及城乡个体工商业户所得税等三个税种构成的制度体系，简称“三税并征”格局。

四、市场经济体制确立后的个人所得税改革

对个人收入所得实行“三税并征”，是由我国改革、开放初期的基本国情、历史沿革和特殊政策需要决定的，具有某种必然性。但是，这种“三税并征”、内外政策不统一的税制格局在执行中逐渐暴露出一些问题：一是对相同的个人所得税项目，区别国内居民和外籍人员，分别适用不同税种，在法律上显得很不规范；二是名义税率过高，费用扣除偏低，负担上显得过重；三是随着社会经济生活发生了很大变化，原税法在征税范围、应税项目以及免税政策等方面，已不能适用变化的情况需要，应该加以调整和完善。

1992年10月召开的党的十四大明确提出，中国经济改革的目标模式是建立社会主义市场经济。为适应社会主义市场经济的发展需求，1994年进行了第四次大规模税制改革，也是新中国成立以来规模最大、范围最广、影响最为深远的一轮税制改革。这次税制改革按照“统一税法、公平税负、简化

税制、合理分权”的原则，对包括个人所得税在内的大部分税种、税制结构，乃至财政体制进行了全面地改革和完善，并形成了由22种税组成，以流转税和所得税并重主体的税制结构。作为此次税制改革的重要内容之一，国家统一、规范和完善了个人所得税制度，实现了个人所得税、个人收入调节税和城乡个体工商业户所得税“三税合一”，结束了我国对个人收入所得实行“三税并征”的局面。

1993年10月31日，第八届全国人大常委会第四次会议审议通过了《全国人大常委会关于修改〈中华人民共和国个人所得税法〉的决定》，自1994年1月1日起执行。《个人所得税法》修改的主要内容包括：

（一）调整《个人所得税法》适用范围

将原税法对外国来华个人征收的个人所得税、对中国公民征收的个人收入调节税、城乡个体工商业户所得税合并为统一的个人所得税，实现了中外个人按照同一部税法缴纳个人所得税，同时取消原来的个人收入调节税和城乡个体工商业户所得税。

（二）依照国际惯例，引入“居民”标准

以“居民”标准区分纳税人的义务：有限纳税义务和无限纳税义务。中国非居民负有限纳税义务；中国居民负无限纳税义务。

（三）调整税率和税收负担

1. 将工资薪金适用税率由原来的6级超额累进税率调整为9级超额累进税率；
2. 规定个体工商户的生产、经营所得适用5级超额累进税率；
3. 对稿酬所得减征30%个人所得税；
4. 对一次性劳务报酬所得畸高的，可以加成征税；
5. 准予从个人所得中扣除向教育和公益事业捐赠的部分；
6. 适当增加了免税内容。

（四）调整费用扣除标准

修改后的个人所得税，提高了费用扣除标准，拉大了征税级距，降低了税率，普遍减轻了工资、薪金所得的税负，进一步发挥个人所得税调节高收

入、照顾中低收入者的作用。

统一后的新个人所得税自1994年开始实施后，在筹集财政资金、调节收入分配、实现公平税负、体现国家政策等方面，都发挥了积极作用。与之同时，国家也在根据市场经济发展要求和不断变化着的财政经济形势及其政策需要，对已经出台的个人所得税征税办法进行必要的调整和完善。主要有：

1. 在1999年8月30日，第九届全国人民代表大会常务委员会第十一次会议对《个人所得税法》进行了第二次修改，删去了原税法中对储蓄存款利息所得免征个人所得税的内容；增加了对储蓄存款利息所得征收个人所得税的条款，具体开征时间和征收办法由国务院规定。

2. 在2005年10月27日，第十届全国人民代表大会常务委员会第十八次会议对《个人所得税法》进行了第三次修改，为减轻工薪收入者的税法负担，改善个人所得税调节收入分配的功能，将工资、薪金所得的减除费用标准由每月800元提高到了每月1600元；增加了个人所得超过国务院规定数额的纳税人自行纳税申报和扣缴义务人全员全额申报的规定。

3. 在2007年6月29日，第十届全国人民代表大会常务委员会第二十八次会议对《个人所得税法》进行了第四次修改，授权国务院根据需要规定对储蓄存款利息所得个人所得税的开征、减征、停征及其具体办法。

4. 在2007年12月29日，第十届全国人民代表大会常务委员会第三十一次会议对《个人所得税法》进行了第五次修改，将工资、薪金所得减除费用标准由每月1600元提高到每月2000元。

5. 在2011年6月30日，第十一届全国人大常委会第二十一次会议对《个人所得税法》进行了第六次修改，调整了工资薪金所得的费用扣除标准、税率档次和级距；调整了个体工商业户生产经营所得的费用扣除标准和税率级距档次；对纳税申报期限进行了调整；强化了对高收入群体的个税征管措施。

在过去十年间，除了对《个人所得税法》进行修改之外，财政部、国家税务总局还制定了一系列的管理办法，如《个人所得税代扣代缴暂行办法》、《个人所得税全员全额扣缴申报管理暂行办法》、《个人所得税自行纳税申报办法（试行）》等。所有这些办法和措施都对贯彻落实好《个人所得税法》及其实施条例，发挥了保障作用。

第三节　中国现行个人所得税效应分析

中国现行个人所得税采用的是分类税制，具有自身鲜明的特点。这些征税制度的特点一方面是由那个时期的经济发展水平、政府政策重心和税收管理条件决定的，另一方面也影响和制约着个人所得税运行的效果。

一、个人所得税制的特点

（一）按照立法权限划分为多层次的法律体系

我国现行个人所得税法律体系，按照立法权限来划分，主要有以下几个层次：

1. 法律。全国人民代表大会制定的《中华人民共和国个人所得税法》及其历次修改内容。

2. 行政法规。国务院根据有关法律的规定制定的《中华人民共和国个人所得税法实施条例》。

3. 部门规章。财政部、国家税务总局制定的关于个人所得税的征收管理的办法、通知、批复等文件。如《个人所得税自行纳税申报办法（试行）》、《个人所得税全员全额扣缴申报管理暂行办法》等。

除此之外，还有各省、市、自治区和直辖市等根据各自的权限制定的适应各地情况的一些具体操作办法和执行口径的文件等。

（二）依据住所和居住时间两个标准区分纳税人及不同的纳税义务

根据现行税法规定，个人所得税的纳税人，包括中国公民、个体工商业户、个人独资企业、合伙企业以及在中国有所得的外籍人员（包括无国籍人员）和香港、澳门、台湾同胞。上述纳税人依据住所和居住时间两个标准，分别承担不同的纳税义务。

负有无限纳税义务的纳税人，其所取得的应纳税所得，无论是来源于中国境内还是中国境外任何地方，都要在中国缴纳个人所得税。

负有限纳税义务的纳税人，是指不具备居民纳税人条件而又有来源于中国境内所得的个人，即在中国境内无住所又不居住的，或无住所且居住不满一年的个人，即仅就来源于中国境内的所得，向中国缴纳个人所得税。

（三）对征税对象划分类别实行分类征收

我国现行个人所得税采用的是分类所得税制，即将个人取得的各种所得划分为以下 11 类：（1）工资、薪金所得；（2）个体工商户的生产、经营所得；（3）对企事业单位的承包经营、承租经营的所得；（4）劳务报酬所得；（5）稿酬所得；（6）特许权使用费所得；（7）利息、股息、红利所得；（8）财产租赁所得；（9）财产转让所得；（10）偶然所得；（11）经国务院财政部门确定征税的其他所得。对个人的所得按以上项目划分后，分别适用不同的费用减除标准、不同的税率和不同的计税方法。

（四）对不同征税项目分别使用累进税率与比例税率

我国现行的个人所得税制度同时采用了累进税率和比例税率这两种税率，对不同的应税所得适用不同的税率规定。对工资、薪金所得，个体工商户生产、经营所得，对企事业单位的承包、承租经营所得，采用累进税率，实行量能负担；对劳务报酬、稿酬等其他所得，采用比例税率，实行等比负担。

（五）采用定额和定率并用的费用扣除方法

我国个人所得税规定，对不同的应税所得项目分别采用定额扣除、定率扣除、定额和定率结合扣除、定项据实扣除等不同的费用扣除方法。对工资、薪金所得，每月减除费用 3500 元；对劳务报酬、稿酬、特许权使用费等所得，每次收入不超过 4000 元的减除 800 元，每次收入 4000 元以上的减除 20% 的费用；对财产转让所得可以按照财产原值、实际缴纳税费等金额全额扣除成本费用。

（六）采用代扣代缴和自行申报并重的纳税申报方式

我国的个人所得税是财政收入的重要来源之一，其税源较分散、征管较难，主要采取的是由向个人支付所得的单位代扣代缴的方式，同时对特定人群实行自行纳税申报、对特定事项实行与其他部门联合控管的模式。

根据我国《个人所得税法》规定，对纳税人的应纳税额分别采取由支付单位源泉扣缴和纳税人自行申报两种方法。凡向个人支付应纳税所得的单位和个人，均为个人所得税的扣缴义务人。

对于年所得 12 万元以上的；从中国境内两处或者两处以上取得工资、薪金所得的；从中国境外取得所得的；取得应税所得，没有扣缴义务人的这些情形，须由纳税人自行办理纳税申报。尤其是对年所得 12 万元以上的纳税人，无论取得的各项所得是否已足额缴纳了个人所得税，必须在纳税年度终了后向主管税务机关办理纳税申报。

（七）运用联合控管和信息化的征收方式

为了全面地对个人纳税人取得的所得进行监管，全国各地税务机关积极探索，通过第三方信息交换、建立联合控管的工作机制等手段，对重点行业、重点人群的收入情况进行了有效的监控。如对个人的房产转让所得的控管中，建立的“先税后证”的工作机制，即先申报缴纳个人所得税等相关税费，再办理产权或所有权属的转移事项；再如对自然人股东对所持有股权进行变更的过程中，税务机关利用信息化手段，与工商部门定期交换自然人股东股权变更的信息，建立的“信息传递，联合控管”工作机制，即先申报缴纳股权转让中涉及的个人所得税等相关税费，再办理股权变更手续。这些工作机制的建立，有效地对个人不同来源的收入进行了监控，弥补了仅仅依靠代扣代缴单位和个人自行申报征收管理的不足。

随着我国个人所得税征收管理的不断推进，税务机关越来越多地将视线从扣缴义务人转移到纳税人（自然人）。针对自然人存在着收入来源多样、流动性强的特点，税务机关为了能及时掌握自然人的涉税信息，近几年开始着手建立自然人数据库，将税务机关的自然人基础信息、收入、纳税信息以及与从外部部门获得的投资、任职信息、财产信息、风险信息等一并收集、整理、比对、灵活运用，以便于有效归集自然人相关信息，突破信息不对称的障碍，有利于实现对自然人的直接征管。

二、个人所得税制运行情况分析

自 1994 年税制改革形成统一征收的个人所得税后，由于经济快速发展，社会收入总量不断增大，个人收入来源和渠道多样化，我国的居民人均收入水平快速提高，加之税收征管力度不断强化，从而导致个人所得税收入规模和在我国税收收入中的比重也在不断提高。以下从三个方面对个人所得税运行情况进行分析。

（一）个人所得税收入总量及结构分析

1. 收入规模逐年扩大。从总体规模上看，我国个人所得税 1994 年收入总额为 72.7 亿元，占当年税收总收入的比重为 1.4%；到 2004 年增加至 1737.05 亿元，占当年税收总收入的比重提高到 6.75%。2005 ~2014 年，我国个人所得税的规模年均增长约 17%，增速较快，其走势如图 1－1 所示。

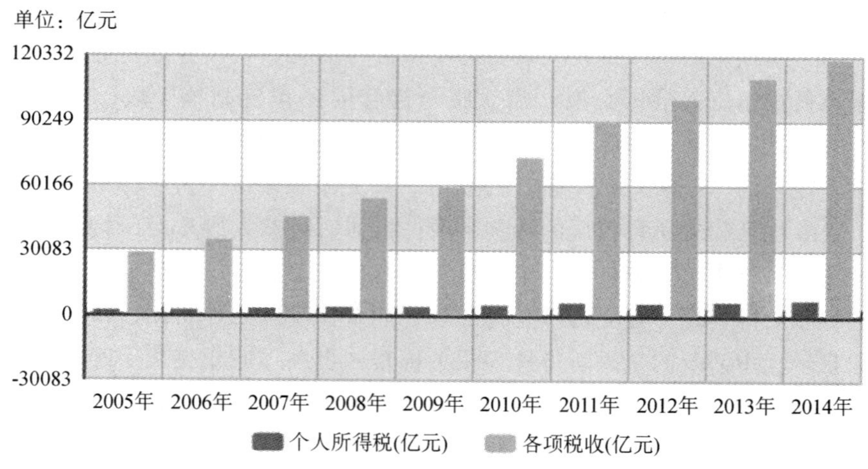

图 1－1　2005 ~2014 年全国个人所得税收入走势

数据来源：国家统计局网站。

2. 主体优势尚不明显。我国近十年来的个人所得税收入的总体规模在逐年增长，收入的绝对额始终处于高速增长的状态，占 GDP 的比重也相对稳定，每年平均值保持在 1.17% 左右，但是随着税收总收入规模的增大，个人所得税在税收总收入的比重并不高，甚至呈现出逐年下降的态势，一直处于不到 8% 的水平。到 2014 年还只有 6.19%。而在国际上，个人所得税收入在高收入国家财政收入中的比重大多在 40% 以上，OECD 国家个人所得税收入占到全部税收收入总量的 25% 以上，即便是国际上的低收入发展中国家，其个人所得税收入占财政收入的比重也大多在 6% ~10%。

表 1-1　　2004~2014 年全国个人所得税收入占比情况　　单位：亿元

项目＼年度	2004 年	2005 年	2006 年	2007 年	2008 年	2009 年	2010 年	2011 年	2012 年	2013 年	2014 年
个人所得税收入	1730.34	2087.34	2445.49	3178.16	3714.51	3935.85	4829.06	6044.62	5808.94	6531.53	7378.75
占税收总收入比重（%）	7.16	7.25	7.03	6.97	6.85	6.61	6.60	6.74	5.77	5.91	6.19
占 GDP 比重（%）	1.09	1.14	1.13	1.19	1.18	1.16	1.21	1.28	1.12	1.15	1.16

数据来源：国家统计局网站。

3. 收入结构不均衡。从个人所得税分项目统计看，工资薪金所得的个人所得税占个人所得税总收入的比重最大，达到 60%，其他超过 10% 的个人所得税税目仅有两项，即利息、股息、红利所得和个体工商户生产经营所得，分别占 17% 和 12%。劳务报酬所得、企事业单位承包承租经营所得、财产转让所得和偶然所得的个人所得税均不超过 5%。稿酬所得、特许权使用费所得、财产租赁所得和其他所得的个人所得税收入占比均不足 1%。

由此可见，在我国现行个人所得税制多达 11 种的税目中，各税目应税所得个人所得税之间所占比重不均衡，以 2013 年为例，占比最大的工资薪金所得与占比最小的特许权使用费所得相差 1803.96 倍，工薪阶层对个人所得税收入的贡献最大；与经济运行联系紧密的利息、股息、红利所得，特许权使用费所得，财产租赁所得，财产转让所得等资本所得项目所占比重相对较小；劳务报酬所得个人所得税占比始终较小，增幅不很明显，对高收入者的个人所得税征管力度还不够。近十年来个人所得税分税目结构如表 1-2 所示：

2004 年，工资薪金所得占个人所得税总收入的比重为 54.31%（如图 1-2 所示），到 2013 年，其比重高达 62.7%（如图 1-3 所示）。2004~2013 年，工资薪金所得在个人所得税收入中的比重一直处于绝大多数的地位，且在某些年份比例呈现出上升的态势（如图 1-4 所示）。由此可看出，我国的个人所得税一直以来的结构组成都是以工资薪金所得的收入为主。

表 1－2　　2004～2013 年我国个人所得税分项结构　　单位：亿元

年度 数据 税目	2004 年	2005 年	2006 年	2007 年	2008 年	2009 年	2010 年	2011 年	2012 年	2013 年
工资薪金所得	939.76	1162.07	1289.45	1750.8	2244.9	2487.87	3158.5	3901.84	3589.54	4095
劳务报酬所得	34.51	43.73	49.15	62.32	79.84	89.01	108.82	137.84	152.78	174.13
稿酬所得	2.23	2.29	2.42	2.43	2.49	2.44	2.7	3.45	3.66	4.36
个体工商户生产经营所得	246.14	296.27	333.49	400.02	476.72	481.31	607.63	684.01	596.38	577.10
企事业单位承包承租经营所得	27.03	27.64	30.59	37.05	51.8	64.83	61.27	82.43	89.56	121.81
特许权使用费所得	0.52	0.52	0.75	0.84	0.91	1.05	1.21	1.68	2.29	2.27
利息股息红利所得	445.23	513.76	666.23	794.25	685.57	558.31	539.11	660.36	755.98	725.64
财产租赁所得	3.64	4.27	5.79	7.6	9.64	11.12	14.23	19.8	24.64	28.31
财产转让所得	5.52	9.92	33	72.81	98.53	167.35	255.84	464.25	484.15	676.33
偶然所得	22.27	22.38	28.59	37.03	42.87	50.71	55.63	67.7	77.53	77.47
其他所得	3.49	4.49	6.03	13.01	21.24	21.85	24.12	21.26	32.43	37.35
合计	1730.34	2087.34	2445.49	3178.16	3714.51	3935.85	4829.06	6044.62	5808.94	6531.53

数据来源：国家税务总局收入规划核算司。

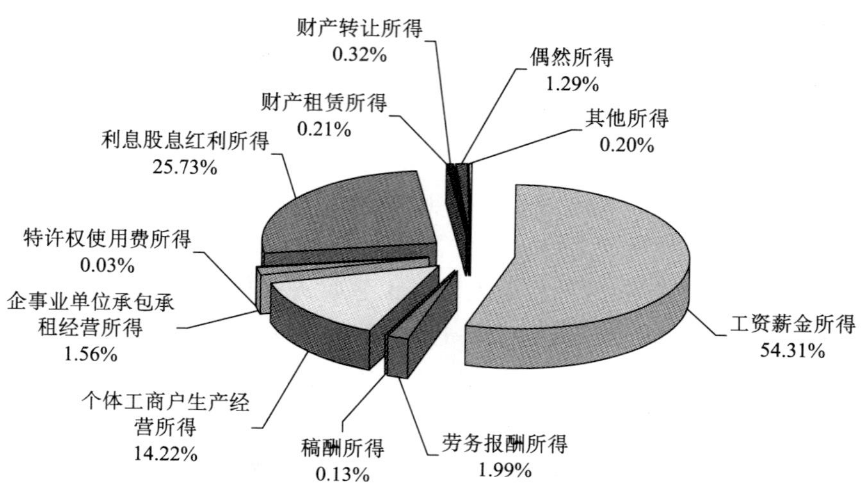

图 1－2　2004 年个人所得税分项结构图

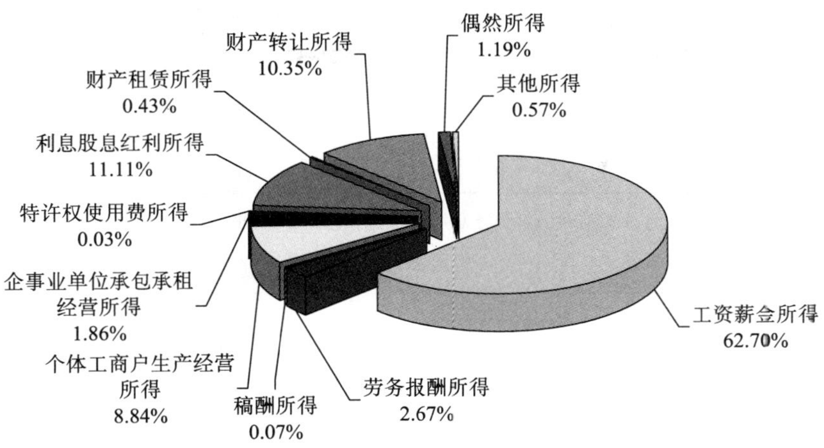

图 1－3　2013 年个人所得税分项收入占比示意图

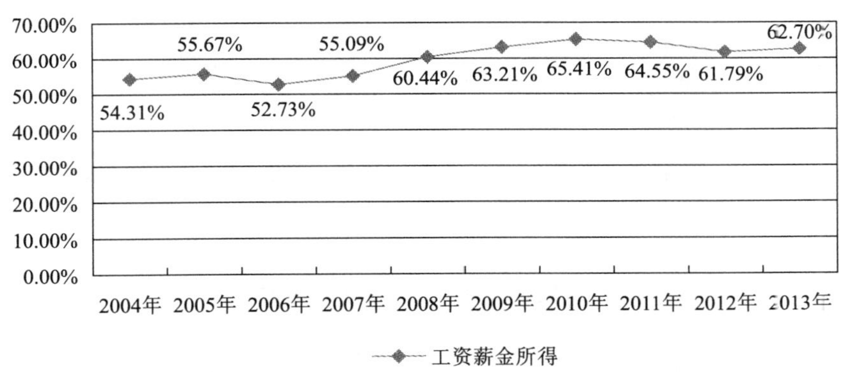

图 1－4　2004～2013 年工资薪金所得个人所得税收入占比示意图

（二）地区间个人所得税税收规模不均衡

由于经济总量、经济结构、居民收入水平等因素在全国地区间存在着较大发展差异，因而个人所得税的收入也十分不均衡。从表 1－3 中可以看出，东部地区的经济较发达、人口较密集，其个人所得税收入规模占有显著优势，而西部、中部这些经济相对不太发达、地广人稀的地区，则个人所得税收入规模相对小得多。如 2014 年东部地区的个人所得税总收入为 5346.6 亿元，西部地区则仅有 968.19 亿元，东部地区的总规模比西部地区高出 5.52 倍之多。

表 1－3　我国东、西、中部地区近三年个人所得税收入规模　单位：亿元

地区	2011 年	2012 年	2013 年	2014 年
东部	1714.46	1657.05	1867.5	5346.6
西部	382.38	373.09	403.99	968.19
中部	324.22	297.47	341.06	1063.96

数据来源：国家统计局网站及国家税务总局 2014 年税收收入快报。

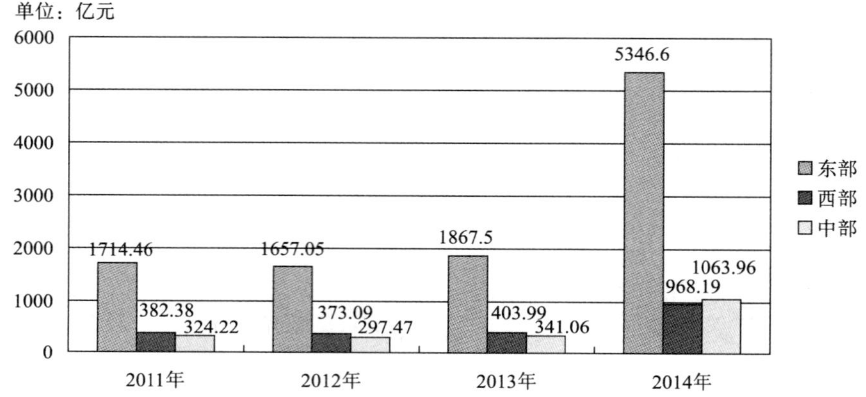

图 1－5　我国东、西、中部地区近三年个人所得税收入规模对比图

数据来源：国家统计局网站。

（三）工资薪金所得与居民工资收入情况基本匹配

通过对比 2004～2013 年工资薪金所得的个人所得税收入与城镇单位就业人员工资总额，不难看出，随着城镇单位就业人员工资总额的逐年增长，工资薪金所得个人所得税收入也在逐年增长，这两个要素的变动情况基本保持一致，这说明，我国的分类个人所得税制在工资薪金所得这个项目的征收情况较为平稳，近十年来的平均税负变化不大，与就业人员取得工资的情况基本匹配。

表 1－4　2004～2013 年工资薪金所得个人所得税收入与工资对比　单位：亿元

年度	2004	2005	2006	2007	2008	2009	2010	2011	2012	2013
城镇单位就业人员工资总额	17615	20627	24262	29471	35289	40288	47269	59954	70914	93064
工资薪金所得个人所得税收入	940	1162	1289	1751	2245	2488	3159	3902	3590	4095
平均税负	5.34%	5.63%	5.31%	5.94%	6.36%	6.18%	6.68%	6.51%	5.06%	4.40%

数据来源：国家统计局网站及国家税务总局收入规划核算司。

三、现行个人所得税制的主要成效

（一）发挥税收职能，筹集财政收入

个人所得税是市场经济发展的产物，个人所得税收入是随着一国经济的市场化、工业化、城市化程度和人均 GDP 水平提高而不断增长的。目前，一些主要的西方发达国家都实行以所得税为主体的税制，个人所得税的规模和比重均比较大。就我国目前情况看，由于个人总体收入水平不高，个人所得税收入还比较有限。但是，个人所得税仍然是一个收入弹性和增长潜力较大的税种，是地方税收入的一个重要来源。随着我国经济的进一步发展，我国居民的收入水平将逐步提高，个人所得税税源将不断扩大，个人所得税收入占国家税收总额的比重将逐年增加，最终将发展成为具有活力的一大主体税种。

（二）调节收入分配，体现社会公平

在以经济增长为主要诉求和实行市场经济体制的发展中国家，社会收入分配差距在一定时期的扩大是不可避免的。改革开放以来，随着经济的发展，我国居民的生活水平不断提高，一部分居民的收入已达到较高的水平，但一部分居民的收入仍是停留在解决温饱等基本日常生活问题，居民的贫富差距大。因此，有必要对个人收入进行适当的调节。在保障公民基本生活费用支出不受影响的前提下，本着高收入者多纳税，中等收入者少纳税，低收入者不纳税的原则。通过征收个人所得税来缓解社会分配不公的矛盾，有利于在不损害效率的前提下，体现社会公平，保持社会稳定。

（三）鼓励资本投入，促进经济增长

个人所得税除了具有筹集财政收入和调节个人收入分配的职能外，还具有促进经济增长的职能。由于个人所得税的征收具有免征额并采用累进税率，个人所得税影响经济增长，在短期内表现为“内在稳定器”功能，即在税收政策不作任何变更的情况下，它能抑制经济的大幅波动。这种功能在经济衰退时期则表现为维持原来的经济增长速度、阻止经济衰退。其具体作用过程是：经济衰退导致居民收入减少，适用税率降低，个人所得税税额会下

降，下降幅度超过个人收入的下降幅度，从而起到刺激经济复苏、防止消费和投资需求过度紧缩的作用；反之，通货膨胀严重时期，税收收入的增加会自动降低纳税人收入，减少消费支出从而减少总需求，放慢价格与工资的螺旋上升。在我国现阶段经济发展迅速，但个人所得税制度和征收管理措施还不尽完善的情况下，个人所得税促进经济增长的职能还不是很明显。随着个人所得税税制的不断改革与完善，个人所得税对经济发展的作用将会日益显著起来。

（四）提高社会保障，促进社会稳定

个人所得税是直接面对个人征收的一个税种，各要素的设计直接关系到个人的经济利益。从现有的个人所得税制来看，对收入的界定、费用扣除标准的设计和税率的设计上，考虑了个人的收入性质、来源方式、基本生活成本和需要国家予以鼓励的收入性质和投资方向。例如，在费用扣除上，规定了对住房公积金、医疗保险金、基本养老保险金、失业保险基金在规定的范围内可以扣除，还有对企业年金、职业年金的递延纳税规定等，都在客观上体现了对社会保障制度的积极作用。

（五）提升纳税意识，营造法治环境

由于历史的原因和计划经济体制的影响，我国公民的纳税意识一直较为淡薄，义务观念比较缺乏。多年以来，各级税务机关通过多种渠道和方式宣传《个人所得税法》，督促各单位建立个人所得税的纳税申报、源泉扣缴制度，主动寄送完税凭证，强化个人所得税的征收管理和对违反税法行为的处罚等措施，逐步培养、普及全民依法履行纳税义务的观念，有利于公民意识和法制意识的提高，为社会主义市场经济的发展和个人所得税制的完善创造了良好的社会环境，也顺应了依法治税的理念。

（六）支持居民就业，鼓励自主创业

我国现行的个人所得税制度体系中，对残疾孤老和烈属的劳动所得、从事个体经营的随军家属、下岗失业人员再就业、自主择业的军队专业干部、残疾人就业、城镇退役士兵自谋职业这些情形下取得的个人所得，都有相应的税收优惠政策。这些政策规定都体现出国家对居民个人就业的支持和促进。个人所得税在发挥主要作用的同时，对国家鼓励扶持的行业、特别照顾

的特殊群体（主要是弱势群体）发挥了积极的作用。

（七）维护国家主权，保障税收权益

税收是维护国家权益的重要工具。税收的权力是国家主权的一部分，每一个主权国家都应该行使这个权力。中国在对外经济交往中，通过税收行使国家主权，争取在平等互利的基础上开展国际间的经济往来，并对外籍人员在中国取得的收入征税，防止中国经济利益外溢，维护了国家权益。个人所得税的纳税人一般是取得所得的自然人。我国的个人所得税纳税人，是按照属地管辖权和属人管辖权双重原则确定的，既包括中国境内有所得的居民（公民），也包括从中国境内取得所得的非居民。在我国境内取得收入的个人，无论其是否属于我国居民，都负有依法缴纳个人所得税的义务，保护我国的税收主权。

第四节　中国现行个人所得税制度存在的问题评析

自 1980 年开征个人所得税以来，税收收入逐年增长，在组织财政收入、调节收入分配和维护社会公平方面起到了一定的作用。但随着社会经济的快速发展，收入差距日益拉大，现行个人所得税制度存在的问题和缺陷也开始凸现出来，它制约着个人所得税功能的发挥，难以适应我国经济发展转型及收入分配结构变化的需要。

一、个人所得税税制问题评析

个人所得税主要有分类税制、综合税制、综合与分类相结合三种税制模式。目前，多数国家和地区实行的是综合与分类相结合的个人所得税制，而我国个人所得税采用分类税制，即将个人取得的各种所得划分为十一大类，分别适用不同的费用扣除规定、不同的税率和不同的计税方法。现分析如下：

（一）分类税制存在弊端

在分类计征模式下，归属某一纳税人的各类所得，都按照税法规定分类，对实施条例中列明的收入类别需征税，未列入的收入类别则不征税。各类征税收入按照对应规定的适用税率、计征方法以及费用扣除标准分别征收，不进行个人收入的汇总。该模式的优点在于可以广泛采用源泉扣缴方式，课税简便。当大多数人的收入方式都比较单一且收入水平较低时，宜采用这种模式，但当居民收入来源多元化且收入水平逐步上升时，采用这种模式就难以控制税源，也难以全面衡量纳税人的真实纳税能力，无法体现个人所得税的量能赋税原则和公平原则。随着社会经济的发展和个人收入分配格局的变化，分类所得税制的缺陷越来越明显。

1. 分类课税难以体现公平原则。在分类所得税模式下，对于纳税人取得的个人收入，实行分项扣除费用、分项确定税率、分项征收管理，未对个人不同收入合并征收。从税负公平的角度来看，对于那些从多渠道取得收入、应纳税所得额较大，但分属若干应税项目的纳税人，因扣除项目多、扣除数额大，导致税负相对较轻。而对于那些收入渠道单一、应纳税所得额较小的纳税人，因扣除项目少、扣除数额小，导致税负相对较重。对于收入来源不同的纳税人而言显然是欠缺公平的，相同收入额的纳税人会因为他们取得的收入类型不同，或来源于同类型的收入次数不同而承担不同的税负，这就产生了横向不公平；收入额不同的纳税人，由于他们取得收入的类型不同而适用不同的扣除额、税率和优惠政策，可能出现相同税负或高收入者税负轻、低收入者税负重的现象，从而产生纵向不公平。

2. 分类课税造成巨大避税空间。从征收效率方面来看，现实中各种收入名目繁多，难以与现行税制所列项目一一对应。对不同的税目采用不同的税率、费用扣除标准，纳税期限也不尽相同，致使一些收入来源多的高收入者利用分解收入、多次扣除费用等办法偷税和避税，造成所得来源多、综合收入高的纳税人不用缴税或缴较少的税，而所得来源少的且收入相对集中的纳税人却要多缴税的现象，这是形成我国目前个人所得税偷税漏税现象严重，收入比重偏低的主要原因。

3. 分类课税制约征管效率提升。我国现行的分类所得税税制，税目之间界限模糊，不便于实际操作。部分所得项目之间的边界范围划分不清晰，容易造成收入项目定性不准确的问题。如工资薪金所得、劳务报酬所得均为劳动所得，区别仅在于是否存在雇佣关系，而税务机关在实际征管中难以准确进行区分。又如劳务报酬与个体工商户生产经营所得，其业务范围基本相同，但不易判断是个人提供劳务行为还是生产经营行为。

（二）征税范围不够全面

我国个人所得税采用的是正列举方式加概括法，列举法规定了十一个应税项目，同时运用概括法规定了国务院财政部门确定征收的其他所得。随着社会主义市场经济的不断发展，个人收入来源和取得方式已经发生了很大变化，现有征收范围已不能适应形势发展需要。

1. 我国居民的收入来源越来越广泛。居民收入经由单一的工资收入向多样化的收入形式发展。除劳动所得之外，利息、股息和红利等资本性收入也逐渐成为居民个人所得的重要来源，此外还有附加福利收入、兼职收入等。

2. 我国居民的收入形式越来越多样。目前在我国居民所得中，现金、银行转账仍是个人所得的重要支付形式，其他实物福利的收入形式也越来越多，包括食品、服装、电器、购物券和其他生活用品、有价证券等。

3. 我国经济市场的发展越来越复杂。随着社会经济的发展，新兴行业、新的经济现象、商业行为和经营方式等等不断涌现，股权、期权、投资保险及各类金融衍生品也层出不穷，现行《个人所得税法》所列的十一类征税项目远远不能涵盖现阶段经济生活中的所有个人所得项目。个人所得税的税基狭窄，不仅会影响财政收入的增长，还会加剧纳税人之间的税负不公。

（三）费用扣除标准不尽合理

对个人征税只有建立在“净所得”概念上才有意义，个人所得的确定需要从取得的收入中扣除必要的费用。个人支出费用是个人收入的减项，不属于征税对象。支出费用的多少受到个人收入、消费和物价水平的影响。与企业费用相类似，如果个人及家庭的情况不同，则其支出费用也会有所差别。我国目前的个人所得税扣除制度采用的是分项定额扣除与定率扣除相结合的方式，对纳税人取得的不同性质所得分别进行扣除。这种扣除制度比较简单，征纳双方都易于掌握，但也存在明显的缺点，无法全面贯彻税法的公平、效率和社会政策原则，难以实现税收宏观调控的功能。

1. 费用扣除比较简单，未考虑生计成本。生计成本是指为了维持最低生活保障所支出的费用。在现实生活中，当不同纳税人取得收入时，其所支付的成本、费用所占收入的比重不同，每个家庭的总收入，抚养亲属的人数也不同，其用于住房、教育、医疗、保险等方面的支出也存在着较大差异。而现行个人所得税的费用扣除方法是以固定数额为依据，未考虑个人住房、养老等因素，也未考虑不同家庭结构的差别，更未考虑纳税人健康、年龄等情况，规定所有纳税人均从所得中扣除相同数额或相同比率的费用，容易造成不同纳税人之间实际税收负担的不均衡。如对纳税人工资薪金所得实行“一刀切”每月 3500 元的扣除标准。

2. 费用扣除缺乏弹性，未考虑经济因素。如对工资薪金所得采取的定额扣除法，以固定金额作为费用扣除标准，忽略了通货膨胀、物价指数变动、地区差异对个人纳税能力的影响，没有建立起费用扣除标准与居民收入水平、生活支出成本、物价指数等经济形势变化相关的动态联动机制，使税制缺乏应有的弹性。由于地域广大且人口众多，我国各地区经济发展不平衡，收入水平、物价水平、实际生活支出等方面差别很大。而个人所得税费用扣除标准采取的是全国城镇居民基本生计支出的平均数“一刀切”的方法扣除费用标准。从经济落后、收入少、费用开支比较低的地区来看，费用扣除额一般大于实际开支额，而从经济发达、实际费用开支比较高的地区来看，费用扣除额一般小于实际开支额。由此可看出，“一刀切”的方法扣除费用标准，不利于促进公平、保障民生。

3. 费用扣除内外有别，有违于横向公平。费用扣除存在内外不公的现象，我国现行《个人所得税法》允许在中国境内的外商投资企业和外国企业工作的外籍人员等每月在中国境内取得的工资薪金所得先扣除 3500 元，再附加减除 1300 元，其工资薪金所得的费用扣除总额远高于中国公民。近年来，虽然“内低外高”的差距保持着缩小的态势，但绝对额仍然很大。目前，国人不仅在工资薪酬上普遍低于外籍人士，而且还承担比他们更高的个人所得税税负，这就造成了个人所得税对收入的一种反向调节，收入越高缴纳的个税反而越少。这种内外有别的规定在世界其他国家是鲜见的，违背了税法横向公平的要求。

（四）税率设计有待优化

我国现个人所得税实行超额累进税率与比例税率相结合的税率体系，每一项所得都有不同的税率和不同的扣除标准，但在实际操作过程中，税率设计过于繁杂，操作难度较大，既不便于计算纳税，也不利于征收管理。

1. 税率结构较为复杂。对工资、薪金所得适用3%～45%的7级超额累进税率；对个体工商户的生产、经营所得和对企事业单位的承包、承租所得实行5%～35%的5级超额累进税率；对劳务报酬所得、稿酬所得、特许权使用费所得、利息股息红利所得、财产租赁、转让所得、偶然所得和其他所得适用20%的比例税率，且稿酬所得按应纳税额减征30%，劳务报酬所得一次收入畸高的加成征收。税率的级次过多，与当前国际上简化税率结构、降低税收负担的所得税改革趋势是不相适应的。虽然经过2011年的个人所得税改革，工资、薪金所得从原来的九级超额累进税率调整为七级，但与国际上的其他一些国家相比，我国在个人所得税税率的设计方面还是有一定的差距，例如，英国的个人所得税税率级次已经从11级减至4级。

2. 税率级距设置不合理。我国个人所得税工资、薪金所得最高边际税率为45%，高于发达国家普遍实行的边际税率。从各国实践来看，个人所得税边际税率过高会影响政府税收收入的取得，不利于调动劳动者创造更高收入的积极性。同时，低税率的级距比较小，这使得本不应该是个人所得税主要调控对象的中低收入阶层成为纳税主体。

3. 税率区别划分不科学。目前的税率设置会造成同一收入类型的税收负担不够均衡。公民通过工资薪金取得收入、通过劳务获取收入以及通过个体经营获取的收入都属于个人劳动获取的收入。但现行税法中规定不同类型所得适用的税率及费用扣除标准存在差异，造成了具有类似性质的收入税负不均。而属于劳动所得的"劳务报酬所得"与属于非劳动所得的"财产租赁所得"、"偶然所得"又未加以区别对待，均适用于20%税率，这在客观上形成了对劳动所得征税高，而对非劳动所得征税低的现象，有悖于我国社会主义公平分配原则。同时，现行税率对同属劳动所得的"工资、薪金所得"与"劳务报酬所得"也分别课税。例如，一人取得4000元工资，在不考虑其他扣除的情况下，应纳税15元；另一人取得4000元劳务报酬，应纳税640元，二者的税源同为4000元劳动所得，税额相差达625元，明显税负不公。

（五）税收优惠亟须规范

目前我国个人所得税优惠政策的现状是种类复杂、层次繁多、分布散乱、区域性优惠较多，应有的政策导向作用难以发挥。

1. 优惠政策区别对待较多。现行个人所得税税法规定了十类所得可免征个人所得税，三类减征个人所得税的情形，其中免征个人所得税类别下又有多个具体项目。此外，财政部和国家税务总局发布的文件和公告中对一些项目给予了一定的税收优惠，或者是对同一项目实行差别待遇。如股票股权转让所得，有的征税，有的不征税；利息股息红利所得有的按20%征税，有的按5%、10%征收税。这些税收上的区别对待造成了税收上的不公平。

2. 优惠政策内外不公明显。根据《财政部　国家税务总局关于个人所得税若干政策问题的通知》和有关文件的规定，外籍个人有五类所得暂免征收个人所得税，据此中，外籍人员个人所得税优惠政策远多于中国居民，如外籍个人以非现金及实报实销形式取得的住房补贴、伙食补贴、搬迁费、洗衣费暂免征收个人所得税。适用中国居民的税收优惠政策可以适用外籍个人，但适用外籍个人的税收优惠政策却不适用中国居民。此类"内外有别"的税收优惠政策既阻碍了个人所得税普遍征收，也违背了横向公平的原则。

3. 优惠政策导向有待明确。当前国家的税收支持方向已向照顾低收入者，鼓励就业、技术创新和个人投资等方面转变，而现行《个人所得税法》的减免税政策支持方向却还不完全与之相适应。目前个人所得税免税、减税的优惠规定多为鼓励科学发明、支持社会福利、慈善事业和照顾特定纳税人的实际困难。

4. 税收优惠实效性不强。税收政策目标是税收政策的核心内容，但在政策落实过程中，各地经济与社会的发展状况、制度本身的缺陷以及配套体系的缺失等因素往往会制约政策目标的实现。我国个人所得税优惠实效性较弱，例如个人所得税税法规定，个人将其所得对公益事业捐赠的部分，可以从应纳税所得中扣除。但在实际操作中，获得公益性捐赠税前扣除资格的慈善组织和事业单位不多，导致大量个人公益性捐赠享受不到税收优惠，这不仅加重了个人税负，也限制了慈善事业发展。又如《财政部　国家税务总局关于中关村东湖张江国家自主创新示范区和合芜蚌自主创新综合试验区有关股权奖励个人所得税试点政策的通知》［财税［2013］15号］文件规定：对试验地区内的高新技术企业转化科技成果，以股份或出资比例等股权形式给予本企业相关技术人员的奖励，技术人员一次缴纳税款有困难的，经主管税务机关审核，可分期缴纳个人所得税，但最长不得超过5年。但因各地股权激励的实施办法及不同股权激励形式个人所得所计征办法的不完善，导致享受个人所得税分期缴纳政策的纳税人少之又少，个人所得税优惠实效性亟待增强。

二、个人所得税征管问题评析

推进个人所得税税制改革还需要建立与之相应的征管配套制度，而现行的征收管理方式已不适应税收现代化的实践需求。

（一）纳税申报方式不利征管

我国个人所得税实行的是以代扣代缴为主，自行申报为辅的纳税申报方式，绝大多数纳税人不直接参与纳税申报过程。长此以往，容易造成纳税人纳税意识缺乏，也容易把个人所得税带入计税、缴税和自行报税互不搭界、各行其道的尴尬境地，形成较多弊端。一是过多依赖代扣代缴。从近年来个人所得税分项目统计数据来看，工资薪金所得项目占比平均达60%以上，一定程度上反映了我国源泉扣缴征收方式的成功，而对于其他项目所得，由于其多样化、隐蔽化或者没有扣缴义务人而造成征收管理缺位。甚至有的纳税人认为纳税是扣缴单位的义务，税款少缴也应由单位负责，个人不承担法律责任。二是纳税人自行申报弱化。国家税务总局于2006年出台的《个人所得税自行纳税申报办法》明确规定了四种情形应进行自行申报。但在征管实践中，主要是年所得12万元以上的纳税人进行自行申报，而属于其他需要自行纳税申报情形的纳税人人数较少，且申报质量不高，需要税务机关进行督促辅导。

（二）税收执法刚性尚须加强

强而有力的税收处罚才能保证征管有效性，起到“杀一儆百”的效果。税收处罚的力度过弱反而会在某种程度上刺激了纳税人偷税、漏税的行为。日常征管中，税务机关对个人所得税违法行为的处罚力度远远不够，往往把税款的查补作为工作的重点，疏于对偷漏税者的处罚，以补代罚、以罚代刑，致使税法威慑力不强，难以起到惩戒作用，不利于自觉纳税意识的培养。对于税款追缴，《中华人民共和国税收征收管理法》（以下简称《税收征管法》）第六十九条明确规定：扣缴义务人应扣未扣、应收而不收税款的，由税务机关向纳税人追缴税款，对扣缴义务人处以罚款。但在实际征管中，对已离开原任职单位的纳税人，仅靠税务机关力量查找追缴税款的可能性极小。又如现行的《个人所得税法》缺少离境清税制度，偷逃税者一旦离境，税款更难追缴。诸如此类偷漏税者的违法成本较低，长此以往，将加大个人所得税征管的难度和征管成本。

（三）社会法制环境建设不足

首先，从立法层面可以看出，我国个人所得税征管模式历来还是基于“先判断、后征税”这一传统理念，即个人收入合法性与否作为征税的前置条件，这在很大程度上制约了个人所得税调节分配与促进公平的性价比，形成了事实上的税负倒挂、逆向调节。其次，相关法律制度还不够健全完善。如纳税人的存款账户是获取其所得的重要涉税信息，但银行法设定了为储户保密的规定，使得这一税源控管手段无法实施；法律也没有规定有关部门必须向税务机关提供个人资金往来、投资经营等情况，以及超过一定额度的个人现金支付必须经银行结算；法律没有赋予税务部门必要的侦查权，客观上制约了税收征管。

（四）税收征管配套体系缺失

目前，个人所得税日常征管工作中的协税护税主要是通过相关部门双方或多方协商的方式予以解决，还没有上升到税收征管配套体系机制建设层面。个人财产实名登记制度还在建立中，个人财产信息的获取和使用制度还不完善，在资金支付方面，相应的金融配套机制还很缺乏，现金交易比较普遍。个人征税系统的全国联网还未实现，且缺少完善的社会信用体系制度，纳税人收入的合法性、合理性判断困难，税务机关对个人或者家庭的实际收入和支出状况难以掌握与分辨，客观上造成一些征管“死角”。

（五）税收信息共享机制缺位

受目前征管体制的局限，征管信息传递不准确，时效性差。对于由收入支付方代扣代缴的税款，税务部门可以通过查阅代扣代缴义务人账务情况，核实纳税人的收入明细情况。对于纳税人自行申报的税款，税务机关无法对纳税人申报的所有收入项目的真实性和准确性进行核实，更多的还是依靠纳税人自身的诚信度和纳税遵从度的高低。一方面，税务机关与其他经济部门之间还没有完全联网，与一些相关部门涉税信息的共享，一般局限于事后的情报交换，迟缓了对纳税人的有效征管。另一方面，在税务机关内部，还没有建立起全国联网的自然人涉税信息征管平台，也没有与税源监控、纳税评估等管理方式结合起来，形成许多“信息孤岛”。

（六）信息管税格局亟待完善

近几年，我国虽然推行了“金税工程”来推进税收征管现代化进程，但重点在增值税的税控管理，其他税种涉及较少，尤其是个人所得税数据库的相关分析系统开发还不成熟。一是基础数据采集不全面。现有信息管税平台内缺少个人基本情况、财产情况、收入情况等相关数据，因此对个人纳税情况的评估缺乏依据，制约了信息管理与应用；二是数据传递、存储技术不完善。受社会信息化发展水平不平衡及系统内技术力量、管理体制、资金使用等条件的制约，目前我国涉税信息共享不全面，数据传递不及时、存储技术不高，尚未形成完善、严密的信息管税体系；三是税收征管的科学化、智能化不够。大量的涉税信息没有进行深层次加工和分析，不能及时发现纳税申报中的问题，还未建立起完善的具有“申报、统计、分析、评估、管理”的个人所得税管理系统。目前，国外发展了一系列的税收定量分析模型，如税收投入产出模型、税收系统动力模型，还有基于仓库技术的分析模型和数据挖掘等技术，广泛用于税源分析和纳税人偷逃税分析等方面的管理，有利于个人所得税税源状况、纳税遵从的分析和预测，有助于个人所得税征管效率的提高，相比之下，我国信息管税分析的有效性有待进一步提高。

（七）国际税收协作有待强化

当前，随着经济全球化的深入，跨国（境）经济活动日渐频繁，中外经济往来及人员交往大量增加，在我国境内取得收入的外籍及港澳台个人也迅速增长。世界各国对所得税税源的全球监控越来越重视，美国 2010 年颁布了《涉外账户纳税法案》，加强涉外投资和个人的税务管理；2013 年，20 国集团峰会发布了税收问题的声明，重点关注税收透明度和信息交换。这些国际合作都有力地促进了个人所得税税源的全球监控。相比之下，我国国际税收领域的协调配合仍显落后，需根据本国特点采取符合实际的措施，主动利用与协定缔约国情报交换的有利条件，核查中国居民在境外取得的收入，并及时掌握外籍人员在境外的任职与收入情况，按税法规定实施相应的税收管理，以维护国家税收权益。

（八）公民纳税意识仍需提高

个人所得税在我国虽已开征了 20 多年，但公民的纳税意识仍然普遍淡薄，公民纳税遵从度的提升还需要一个长期的过程。我国个人所得税目前有两种纳税方式，即自行申报法和代扣代缴法，实行自行申报制度虽然已经有很多年，但是效果不明显，实际征管仍以代扣代缴为主。在国家强化税收现代化的大环境下，建立在分类模式下以代扣代缴为主的间接征管模式，割裂了征纳之间的直接联系。纳税人不直接参加纳税过程，缺少纳税参与感，不利于全民主动纳税意识的培养。此外，个人所得税作为财政收入的一部分，其用途的透明度还有待提高。税收应发挥公共财政保障和改善民生的作用，建设更多的公共设施、提供更好的公共服务等。但在我国财政收支的现行制度下，财政部门也无公开政府的财政收支情况的规定，导致纳税人对于税款的流向、用途知之甚少，从而影响了广大纳税人的纳税积极性。

（九）税务代理作用发挥不够

个人所得税的计算和申报纳税比较复杂，中介机构通过税务代理服务，不仅可以代理申报基本涉税事项，也可以为纳税人提供合法合理的税收筹划，故税务代理是实现税收征管社会化的必经之路。虽然近年来我国税务中介机构经营规模和从业人数不断扩大、增加，但在经营规模、业务范围、服务质量等方面与未来综合与分类相结合征管机制的要求还存在较大的缺口。我国应当通过立法，进一步规范税务中介机构的执业范围、权利、义务和法律责任，积极支持税务代理行业拓展业务范围，为其发展创造有利的条件和良好的执业环境。

第二章 个人所得税改革的目标和思路

我国经济发展已经步入“新常态”，全面深化财税体制改革，加快推进国家治理体系和治理能力现代化，意义重大。财政是国家治理的基础和重要支柱，作为政府财政重要组成部分的税收，在组织收入、调节经济、体现政策和推动改革等方面能够发挥十分重要的作用，其中的个人所得税担负着重大职能。随着经济的不断发展和居民收入水平的持续提高，个人所得税在税收体系中的地位必将进一步提高，其职能作用必将越来越重要。如何完善个人所得税已经成为一个亟待解决的问题，个人所得税的改革势在必行。

第一节 个人所得税改革的意义、原则和目标

财税改革事关国计民生，历来是民众关注的焦点和热点，其中，作为与民众息息相关的个人所得税改革更是牵动民心。特别是随着全社会对收入分配制度改革的期待日渐强烈，个人所得税改革的呼声也随之高涨。

一、个人所得税改革的必要性

（一）适应个人收入来源多元化的需要

改革开放以来，我国经济今非昔比。经济总量、经济增速、经济增长的

动力以及产业业态都发生了翻天覆地的变化。2014 年我国经济总量超过了 63 万亿元人民币（约 10.36 万亿美元），是全球第二个经济总量突破 10 万亿美元的大国。我国从 30 多年前一个小的经济体成长为全球第二大经济体，从短缺经济体成为过剩经济体，从工业小国成为全球第一制造业大国，从一个温饱经济体正在转变为小康经济。消费、投资、出口在我国经济发展中发挥着基础、关键和支撑作用。消费方面，已经从“模仿型排浪式”阶段进入到“个性化、多样化”阶段。投资方面，基础设施互联互通和一些新技术、新产品、新业态、新商业模式的投资机会大量涌现。出口方面，我国出口竞争优势依然存在，高水平引进来、大规模走出去正在同步发生。经济发展进入了新常态，正从高速增长转向中高速增长，经济发展方式正从规模速度型粗放增长转向质量效率型集约增长，经济结构正从增量扩能为主转向调整存量、做优增量并存的深度调整，经济发展动力正从传统增长点转向新的增长点。随着我国经济体制变革引发社会利益关系的重大调整和重组，科学技术进步促使经济结构急剧变化，工业化和城市化进程加快，受产能过剩、人口老龄化、资源环境约束上升等因素影响，未来我国经济发展将会摆脱对传统路径的依赖，更多依靠人力资本质量和技术进步，加快形成统一透明、有序规范的市场环境，推动产业优化升级，促进经济发展。伴随着社会结构的深刻变迁，现在解决问题的物质条件虽然比过去雄厚得多，但矛盾的复杂性也是前所未有的。

30 多年以来，我国国民经济总量发生了巨大的变化，从 1980 年的 4545.6 亿元增长到 2013 年的 568845.20 亿元，年平均增长 9.8%，但是个人参与国民经济分配的比例却经历了一个从升到降的过程。20 世纪 90 年代，居民收入比例基本稳定，平均在 65.2%。进入 2000 年后，个人收入占国民经济的分配比例一直回落，维持在 55% 左右，具体见表 2－1。以占个人收入绝大部分的职工工薪收入为例，虽然职工工资总额从 1980 年的 772.4 亿元增长到 2013 年的 93064.3 亿元，但是占国内生产总值的比例，从 20 世纪 90 年代最高的 15.81% 一直下滑，进入 2000 年后维持在 10% 左右。

表 2－1　　我国 1980 年至 2013 年国内生产总值、税收情况

年度	国内生产总值（亿元）	城镇家庭人均可支配收入（元）	税收收入（亿元）	个人所得税收入（亿元）
1980	4545.62	477.6	571.7	0.002
1981	4891.56	500.4	629.89	0.05
1982	5323.35	535.3	700.02	0.09

续表

年度	国内生产总值（亿元）	城镇家庭人均可支配收入（元）	税收收入（亿元）	个人所得税收入（亿元）
1983	5962.65	564.6	775.59	0.17
1984	7208.05	652.1	947.35	0.53
1985	9016.04	739.1	2040.79	1.33
1986	10275.18	900.9	2090.73	2.69
1987	12058.62	1002.1	2140.36	7.55
1988	15042.82	1180.2	2390.47	9.74
1989	16992.32	1373.9	2727.4	19.31
1990	18667.82	1510.2	2821.86	22.73
1991	21781.50	1700.6	2990.17	26.92
1992	26923.48	2026.6	3296.91	34.03
1993	35333.92	2577.4	4255.3	51.40
1994	48197.86	3496.2	5126.88	83.10
1995	60793.73	4283	6038.04	145.91
1996	71176.59	4838.9	6909.82	193.19
1997	78973.03	5160.3	8234.04	259.93
1998	84402.28	5425.1	9262.8	338.65
1999	89677.05	5854	10682.58	414.31
2000	99214.55	6280	12581.51	660.37
2001	109655.17	6859.6	15301.38	996.02
2002	120332.69	7702.8	17636.45	1211.07
2003	135822.76	8472.2	20017.31	1417.33
2004	159878.34	9421.6	24165.68	1736.20
2005	184937.37	10493	28778.54	2093.96
2006	216314.43	11759.5	34804.35	2452.67
2007	265810.31	13785.8	45621.97	3184.94
2008	314045.43	15780.8	54223.79	3722.31
2009	340902.81	17174.7	59521.59	3943.59
2010	401512.80	19109.4	73210.79	4837.27
2011	473104.05	21809.8	89738.39	6054.08
2012	519470.10	24564.7	100614.28	5820.32
2013	568845.21	26955.1	110530.7	6531.05

数据来源：国家统计局、国家税务总局统计资料。

近年来，我国商品经济不断发展，市场发育不断走向成熟，特别是金融市场、房地产市场、互联网的发展，使得金融商品不断丰富，房屋、土地、科技走向商品化。不论是法人所得还是自然人所得，其来源都多元化了。就个人所得而言，过去其来源主要是工资、薪金所得，除此之外，也只是增加一些开辟第二职业而获取的劳务报酬所得，但都限于劳动性所得，而现在我国居民不仅通过劳动获得工资、薪金等劳动性所得，而且有机会也有条件充分利用自己的资金、财产、技术等参与各种投资行为来获得收入。个人收入来源呈现多元化。可以说，就目前而言，我国居民所得中，不仅工资、薪金、劳务报酬、稿酬等劳动所得成为个人的重要所得，而且利息、股息和红利所得，财产租赁所得，特许权使用费所得以及财产转让等资本所得也逐渐成了居民个人所得的重要组成部分。并且，非劳动所得在迅速扩大。从经济发展趋势的分析可以看出，个人所得由过去的单一所得向多元化所得发展，而我国现行个人所得税的课税范围较窄，不能囊括全部收入，因此，个人所得税改革显得尤为重要。新税制将应纳入但未纳入的所得包括进去，特别是将一些新出现的非劳动所得等列为应纳税个人所得，体现公平，适应经济发展的需求。

（二）加大收入分配调节力度的需要

随着经济和社会的发展，我国居民收入有了普遍的提高，但由于市场竞争及收入分配制度的不完善等原因，居民之间的收入差距急剧扩大，成为社会不稳定的重要因素之一。

基尼系数是国际上用来综合考察居民内部收入分配差异状况的一项重要分析指标，是指在全部居民收入中，用于进行不平均分配的那部分收入占总收入的百分比。从 1979 年到 1984 年，我国基尼系数基本稳定在 0.16，而从 1984 年开始，基尼系数一路攀升，2013 年已达到 0.473，具体见表 2－2。一般说 0.2 之下叫“高度平等”，0.2～0.4 叫做“低度的不平等”，0.4 被视为基尼系数的“警戒线”，0.4 以上叫做“高度不平等”。由于部分群体隐性福利的存在，中国实际收入的差距还要更高。中国基尼系数高于发达国家和大多数发展中国家，这应该引起高度警惕，否则将会引发一系列社会问题，进而造成社会动荡，危及社会主义人民政权。

表 2－2　我国 2003～2013 年各年度基尼系数

年度	2003	2004	2005	2006	2007	2008	2009	2010	2011	2012	2013	2014
基尼系数	0.479	0.473	0.485	0.487	0.484	0.491	0.490	0.481	0.477	0.474	0.473	0.469

数据来源：相关年度的《中国统计年鉴》。

当前收入分配差距过大问题成为社会关注的焦点问题。在经济快速增长的同时，渐进式改革和经济转轨所积累的矛盾开始激化，国民收入分配格局整体出现较为明显的失衡，国民收入分配差距扩大且增势不减，城乡收入分配差距、城镇内部和农村内部居民收入分配差距、地区收入差距和行业收入差距持续拉大，不同企业之间的收入差距和不同阶层之间的收入差距悬殊。这些差距不仅严重制约着经济的持续健康发展，也对经济社会发展造成严重的潜在危害。

1. 城乡收入差距扩大。虽然过去15年中，中层居民工资性收入稳步增长，但收入差距的扩大已成为工资分配中的突出问题。城乡收入差距由20世纪80年代中期的1.8:1，90年代中后期的2.5:1，扩大到2006年的3.3:1。从城乡二元经济结构向现代社会经济结构转变，是我国经济转型的基本走向。根据国家统计局的分组数据显示，2012年城镇居民最高收入户（10%），人均年收入69877.3元，人均可支配收入63824.2元；城镇居民最低收入户（10%），人均年收入9209.5元，人均可支配收入8215.1元；城镇居民中最高收入人群的人均年收入是最低收入人群的7.59倍，人均可支配收入是7.77倍。由此可见，城镇内部居民收入也呈现明显的分化状态（见表2－3）。

表2－3　　2012年我国城镇居民家庭收入情况　　单位：元

项目	最低收入户（10%）	困难户（5%）	较低收入户（10%）	中等偏下户（20%）	中等收入户（20%）	中等偏上户（20%）	较高收入户（10%）	最高收入户（10%）
年人均总收入	9209.5	7520.9	13724.7	18374.8	24531.4	32758.8	43471.0	69877.3
年人均可支配收入	8215.1	6520.0	12488.6	16761.4	22419.1	29813.7	39605.2	63824.2

数据来源：国家统计局“年度查询”－“人民生活”－“按收入等级分城镇居民家庭基本情况”－“城镇居民平均每人全部年收入”；国家统计局“年度查询”－“人民生活”－“按收入等级分城镇居民家庭基本情况”－“城镇居民人均可支配收入”。

农村居民内部的居民收入分配差距同样明显，根据国家统计局对农村居民家庭收入的五等分调查显示，2012年农村高收入户人均纯收入19008.9元，是低收入户人均总收入2316.2元的8.21倍（见表2－4）。另外值得关注的是，经过国家调控之后的城镇居民平均可支配收入和农村居民平均纯收入，都比未调控前的收入差距要大，说明存在收入调控反而加大分配差距的现象。

表 2－4 2012 年我国农村居民家庭收入情况 单位：元

项目	低收入户	中等偏下户	中等收入户	中等偏上户	高收入户
年人均纯收入	2316.2	4807.5	7041.0	10142.1	19008.9

数据来源：国家统计局“年度查询”—“人民生活”—“按收入五等份分农村居民家庭基本情况”—“农村居民家庭平均每人纯收入”—“城镇居民人均可支配收入”。

2. 地区发展不平衡程度扩大。改革开放以来，纵向比较，各个地区都有很大发展；横向比较，地区差距明显拉大。先富战略使沿海地区的发展速度大大超过了内地。内地丰富的资源以低廉的价格供应沿海而做出了很大的牺牲。世纪之交，西部大开发战略、振兴东北计划和中部崛起战略等措施都为缩小地区差距提供了条件，但由于当下市场环境的约束和中西部自身条件的制约，地区差距还在继续扩大。比如 2014 年北京、上海、广州、深圳等发达城市生产总值与中部西部地区比较，差异较大，具体见表 2－5。

表 2－5 2014 年我国地方分地区生产总值一览表 单位：亿元

地区		GDP	占比
东部地区	北京市	21330.83	3.12%
	天津市	15722.47	2.30%
	河北省	29421.15	4.30%
	辽宁省	28626.58	4.18%
	上海市	23560.94	3.44%
	江苏省	65088.32	9.51%
	浙江省	40153.50	5.87%
	福建省	24055.76	3.52%
	山东省	59426.59	8.68%
	广东省	67792.24	9.91%
	海南省	3500.72	0.51%
中部地区	山西省	12759.44	1.86%
	吉林省	13803.38	2.02%
	黑龙江省	15039.38	2.20%
	安徽省	20848.75	3.05%
	江西省	15708.59	2.30%
	河南省	34939.38	5.11%
	湖北省	27367.04	4.00%
	湖南省	27048.46	3.95%

续表

地区		GDP	占比
西部地区	内蒙古自治区	17769.51	2.60%
	广西壮族自治区	15672.97	2.29%
	重庆市	14265.40	2.08%
	四川省	28536.66	4.17%
	贵州省	9251.01	1.35%
	云南省	12814.59	1.87%
	西藏自治区	920.83	0.13%
	陕西省	17689.94	2.59%
	甘肃省	6835.27	1.00%
	青海省	2301.12	0.34%
	宁夏回族自治区	2752.10	0.40%
	新疆维吾尔自治区	9264.10	1.35%

数据来源：国家统计局“地区数据” - “分省年度数据” - “地区生产总值”。

总的来说，我国个人所得税收入增长和地位提高的发展趋势与我国城镇居民可支配收入不断提高的趋势是基本吻合的，而我国基尼系数的变化呈现逐年提高趋势。这说明我国收入分配差距悬殊矛盾不仅没有得到有效遏制，而且还在进一步扩大。尽管国民收入分配差距扩大的根源是多方面的，但在市场化改革持续深化的今天，作为政府直接掌握的重要工具，具有“调节”作用的个人所得税被认为是重要的调控政策之一，在分类所得税模式下应该说没有起到应有的公平税负、缓解收入差距扩大的作用。我们必须看到的是，当前个人所得税处在保障财政收入功能的同时，调节功能却又不断弱化的趋势，特别是工薪阶层成为个人所得税的“第一主力军”，这显然与我国目前的经济发展阶段以及设置个人所得税的初衷有所偏离。所以，我们需对现行个人所得税制度进行改革，缩小收入差距，缓解贫富分化，发挥个人所得税公平调节收入分配的功能。

（三）适应国际税收环境变化的需要

自2008年国际金融危机爆发以来，各国纷纷对税收政策做出了调整，其中个人所得税是变化较大的税种之一。为应对金融危机，越来越多的国家将个人所得税作为吸引流动性税源的工具，纷纷采取了减税政策，推出了降低税率或实行税收优惠政策等一系列减税计划和方案，进一步减轻居民特别是中低收入阶层的税负，实现吸引直接投资的目的，也使得国际竞争日趋激烈。大部分国家都对税率进行了调整。不同国家个人所得税税率调整内容差异较大，欧洲国家以增大税率为主，发展中国家和一些新兴工业化国家以降低税率为主。比如：美国从2013年开始对受惠标准（年收入40万美元个人和45万美元夫妻）以上的个人所得税最高税率由35%提至39.6%；OECD大部分老成员国的中央个人所得税最高边际税率从2008年的34.9%提高到2010年的35.1%，其中仅有波兰、新西兰、丹麦、挪威、匈牙利、芬兰6个国家有降低；欧盟27国，2012年平均最高税率由上年的37.5%上升至38.1%，其中西班牙由45%调至52%，塞浦路斯由30%调至38.5%，法国对年收入超过100万欧元的个人征收75%的“富人税”。各国的个人所得税税率水平高低、征管严密程度的差异以及国家税收管辖权的交叉和重叠等问题引发了纳税人、税基、资本在国际之间的转移。同时，也一定程度上诱发了国际避税和逃税。作为资本输出国的发达国家的个人所得税率降低，无形中对原作为资本输入国的发展中国家造成了压力，不利于发展中国家吸引外资、人才、技术等，所以为改善自身的税收环境，发展中国家改革个人所得税，来迎合其他国家的税改趋势。这也造成了在全球范围内的个人所得税改革趋势都趋于降低税负。而且这种趋向一直在延续。中国作为资本输入的发展中国家，必须面对日益激烈的国际竞争，积极进行个人所得税税制改革，吸引外资、人才、技术，更好地应对经济全球化带来的一系列挑战。

（四）完善税制结构的需要

税制是个人所得税收入能力变化的基础变量，税制的完善对个人所得税收入能力是否最优起决定性的作用。我国现行的个人所得税制规定了11类收入项目，其中对工资薪金所得适用七级超额累进税率，生产经营所得、承包承租经营所得适用五级超额累进税率，其他所得采用比例税率。不可否认，受税收宏观调控思想的过度影响，我国个人所得税制表现出了一定的不连续性，破坏了税法的严肃性，过多的税收调节意图对收入调节反而打乱了税收秩序。主要问题表现为纳税人范围不够宽泛，税率设计不科学，税收优惠不够规范，对高收入者的调节力度不足，对低收入者的课征能力已经近乎穷尽。而且，目前我国的税制结构仍然是以流转税为主体。个人所得税收入占全国税收收入的比例偏低，这都说明我国个人所得税税制亟待完善，从整体上优化税制结构，促进经济发展。

（五）强化税收征管的需要

当前我国现行的征管机制是建立在对货物和劳务课税基础上的以法人为重点纳税人的征管实践。在这种征管格局下，虽然近些年税务机关制定了不少关于加强个人所得税征管的规章，也取得了一定的效果，但并没有得到实质性的进展。一是现行的征管模式难以直接面对自然人纳税人。现行税收征管模式总体以发票管理和源泉扣缴为主要特征，以企事业单位的现金流为征税客体，而非以自然人本身为主要对象。这割裂了税务机关与自然人之间的直接利益关联，使得税务机关无法直接面对自然人纳税人，这也成为社会纳税意识淡薄的一个重要原因。二是税源监控不全面。我国涉税信息系统建立不完备，全国税务系统未实现联网，信息共享难以实现，且随着我国个人收入来源日益多元化，缺乏有效的信息化平台的税务机关难以及时、准确掌握纳税人的全部个人信息，例如财产状况、收入状况等基础数据，难以全面、深入地监控纳税人收入水平并予以课税，税收征管效果减弱。三是服务质量不到位。我国现行征管过程中，存在不及时沟通宣传税法及政策、没有提供优质的纳税服务等问题。这些问题的存在降低了征纳双方信息障碍消除的及时性，阻碍了纳税人主动申报纳税的积极性，限制了依法纳税环境的良好发展。四是协税护税机制不健全。目前协税护税机制的建立还没有上升到法律层面。日常工作中主要是通过双方或多方协商的方式予以解决。我国对个人的财产实名登记制度还在建立中，个人财产信息的获取和使用制度还不完善。而且在资金支付方面，缺乏相应的金融配套机制，现金交易还很普遍。加之中国的家庭流动性很大，夫妻分别在两地工作的人很多，税务机关对个人或者家庭的实际收入和支出状况难以掌握与分辨。此外，个人征税系统的全国联网至今尚未实现。目前，仅对工资、薪金等收入方式可以进行有效监控，其他个人收入基本上处于失控状态。综上所述，随着市场经济体制的逐步完善，我国现行的分类所得税制模式存在的问题也日益显露，征管机制不够完善，已经不能满足当前经济社会发展的需要。这都说明了我国目前个人所得税的征管措施、机制需要进行完善与强化。

二、个人所得税改革的指导思想和原则

《个人所得税法》自 1980 年颁布以来，迄今为止共经历了六次修订，分

别在1993年、1999年、2005年、2007年（两次）和2011年完成。在1996年《国民经济和社会发展“九五”计划及2010年远景目标纲要》、2001年《国民经济和社会发展第十个五年计划纲要》、2003年党的十六届三中全会《关于完善社会主义市场经济体制的决定》、2006年《国民经济和社会发展第十一个五年规划纲要》、2011年《国民经济和社会发展第十二个五年规划纲要》中，都要求推行“综合与分类相结合”的个人所得税改革。2013年中央十八届三中全会通过的《中共中央关于全面深化改革若干重大问题的决定》以及中共中央政治局2014年6月30日召开会议中审议通过的《深化财税体制改革总体方案》，再次明确提出“逐步建立综合与分类相结合的个人所得税制”。“综合与分类相结合”的个人所得税税制改革自提出至今19年仍未顺利推进，改革的历程艰辛。

目前，我国处在新一轮财税体制改革的重要时期，也是积极创造条件推进“综合与分类相结合”的个人所得税改革的关键时期。从总体上看，根据党和国家重大决策和方针政策，在深化个人所得税的改革中，要坚持从我国国情出发，结合我国现阶段的征管环境和征管条件，适用我国市场经济的变化及世界各国税制改革的趋势，有选择性地借鉴国外个人所得税惯例，进一步完善和规范个人所得税制，推进个人所得税改革的稳步实施。笔者认为，改革的指导思想可以概况为：“贯彻公平税负，兼顾税收效率，坚持普遍征收，注重重点对象，优化税收结构，有利于征收管理，完善配套措施，提高纳税遵从”。

改革中应当把握以下八个方面的原则：

（一）公平税负原则

税收的公平原则是设计和实施税收制度的首要原则，也是税收政策所要达到的目标之一。公平原则客观上要求国家在征税时应使每个纳税人的税收负担与其经济状况和纳税能力相适应，并使各个纳税人之间的税收负担水平保持均衡。这种均衡包括两个方面，即“横向公平”和“纵向公平”。“横向公平”是指经济能力或纳税能力处于同一水平的纳税人，应当缴纳数额相等的税收；“纵向公平”则是指经济能力或纳税能力不同的人，应当缴纳数额不等的税收，纳税能力强的多纳税，反之，则少纳税。

《个人所得税法》要获得人们的尊重和遵守，其本身必须要体现公平的精神，并要为人们设置有利于促进公平实现的途径。在《个人所得税法》理论中，公平包含差别课征和量能征收两层含义。差别课征是实现《个人所得税法》横向公平的条件，一方面要求依据纳税人的婚姻、抚养人口、年龄和健康等不同情况给予不同程度的税收优惠，另一方面要求对不同来源的所得采用不同的税收政策，适用不同的税率；量能征收是实现《个人所得税法》纵向公平的前提，它要求经济能力或纳税能力不同的人，应当缴纳数额不等的税，纳税能力强的多纳税，纳税能力弱的少纳税，无能力的不纳税。任何背离"差别课征"或"量能课征"的做法都是不公平的。只有承认纳税人的差别，量能课征，《个人所得税法》才有生命力。

（二）兼顾效率原则

《个人所得税法》的效率包括行政效率、经济效率和社会效率。行政效率表现为《个人所得税法》在制定时就要考虑今后征管便利和征税费用、管理费用最小化问题，使纳税人所缴税款与国家实际税收收入的差额降到最低限度。经济效率要求《个人所得税法》的制定必须适合市场机制发挥有效配置资源的调节作用，避免对纳税人的工作、收入、消费、储蓄、投资产生消极影响，同时，要让纳税人和整个社会的税法奉行成本和额外负担最小化，且不会因纳税而蒙受其他经济损失。社会效率体现为个人所得税的征收要有利于国民经济的健康有序运行，并能使社会资源的配置处于最有效率的状态。

根据效率原则，一方面，个人所得税的征税项目和扣除项目的确定要合理，计征方法要简明易行，方便纳税人计算，也方便税务机关征收，从而减少征纳税费用，提高效率。另一方面，降低最高边际效率，提高经济效率，既有利于纳税人税后福利的提高和工作积极性的激励，增加政府收入，又有利于资源的有效配置和经济体制的有效运行，最大限度地促进社会经济良性发展。

（三）普遍征收原则

个人所得税，应当作为"公民税"，确立普遍征收原则，即居民的一切所得都应纳入征税范围。现行个人所得税的征收范围是采取列举项目征税的办法，没有列举的项目不征税。表面上看征收项目明确、清楚。但实际执行时，各种收入名称繁多，难以对号入座，极易造成偷税和避税。不仅资金来源、列支渠道和支付形式五花八门，多种多样，而且在分配名义上，除了基本工薪、补贴以外，有福利性补贴或社会保障改革货币化的分配，有直接或间接的实物分配，以及各种名目的奖金和代金券、消费卡等等，数不胜数。[①]但是，一般只对部分收入征收了税，其他部分收入没有征收税。随着改革开放的深入发展，我国经济格局和收入分配形式的变化，收入渠道更趋多样化，名目更加繁多，想把征税项目全部列出来是办不到的。因此，这次个人所得税的改革可以将列举征税项目的办法改为列举免税项目，即将纳税人在一定时期内通过劳动、生产经营、投资、财产转移及其他途径获得的一切能够用货币来计量的收入或所得纳入课税范围，对予以免税的项目采取正列举的方式详细列出，除此之外，对未列入免税收入的都应纳入征税范围，适当扩大征税覆盖面，对居民基本生活费用（标准）予以税前扣除，超出基本生活费用（标准）的部分都纳入个人所得税征收范围，达到对国民实施普遍征收的作用，以此充分发挥筹集财政收入的重要作用，使之成为未来中国税收新的重要增长极。并且，扣除额的确定可参考一定时期内的物价、收入等指数适当调整，但不宜完全挂钩而造成频繁调整的局面。

（四）重点调节原则

从我国收入分配现状看，目前，我国收入分配制度不健全，分配秩序不规范，居民收入货币化、账面化程度比较低，个人的收入分配在相当一部分高效益高收入部门和单位呈现出多元化、多层次性，收入分配差距在不断扩大。从个人所得税分项目统计看，历年来，工资薪金所得的个人所得税占个人所得税总收入的比重最大，平均达到60%，而资本所得项目所占比重相对较小。但就我国目前的个人收入分配结构来看，工薪收入属于个人的劳动所得，工薪阶层对全社会的整体收入水平只属于低收入至中等偏高收入。因此，个人所得税制设计中，对收益较高（比如可以设定一个具体额度），特别是以工资薪金所得、劳务报酬所得、个体工商户所得、资本所得和偶然所得等为主要收入来源的高收入人群要强化申报管理的力度，切实发挥个人所得税的税收调节作用。可以采取有限级次的超额累进税率，适当提高边际税率；对各项劳动（劳务、经营）所得，合并实行统一的综合税制；完善和强化对高收入阶层的个人收入、支出的监控、申报管理和源泉扣缴制度。

---

① 中国税务学会学术研究委员会：《完善个人所得税问题》，中国税务出版社2002年版，第8页。

（五）结构优化原则

随着社会的发展和经济的进步，我国个人所得税收入水平有了大幅度提高，从1994年的72.67亿元到2013年的6531.53亿元，个人所得税增加了88.88倍。尽管如此，我国个人所得税收入占全国税收收入的比例依然偏低，绝大多数年份比重都在6%至7%之间浮动，2013年我国个人所得税收入占全国税收收入的比例仅为5.91%。我国目前的税收结构仍然是以流转税为主体。随着经济社会的发展，人们收入水平的提高，所得税的比重将会有较大幅度的上升。个人所得税制度的改革是我国税收制度改革中的重要一环，是在以"流转税"为主体的背景下进行改革的。在税收结构转变的过程中，伴随着流转税和所得税的具体税收制度的改革，所以，我国的个人所得税制度的改革应与税收结构优化同步进行，一方面通过具体的制度设计逐步提高所得税的比重，另一方面通过降低流转税的税率等措施减少流转税的比重，形成直接税与间接税的均衡布局，使我国以"流转税"为主体税制格局转为真正的"双主体"税制格局，从整体上优化税收结构，促进国民经济和社会的协调发展。

（六）便于征管的原则

个人所得税是对个人所得的征收，因此对个人收入的掌握程度就成为个人所得税制度运行的重要约束条件之一。目前我国纳税人纳税意识不高，不是所有的人都能够主动向税务机关报告个人所有的收入，部分个人为了逃避缴纳个人所得税，存在隐藏收入的现象，而征收机关要想足额征收到个人所得税，通过制定一定的制度、应用一定的技术来全面监控个人的收入就必不可少。税务机关的征管技术水平对实现个人所得税的功能起着保障作用。个人所得税的制度设计必须考虑征收机关的征管技术水平，脱离了征管技术水平而设计的制度难以实现征收个人所得税的目的，个人所得税的功能难以发挥。因此，我国在完善个人所得税税制时，要充分分析征管环境、管理技术等约束效应，加强对各类渠道、途径取得的信息进行比对分析，借鉴国家成功经验，建立优化数据模型，改善税收环境，健全个人所得税征管信息化体系，提高税收征管质量，降低征管成本。

（七）完善配套的原则

针对我国目前普遍存在个人收入分配多元化、隐蔽化且支付方式现金化现象的情况下，使个人收入显性化并不是税务机关一家所能解决的，需要相关部门各种配套措施。首先要完善相关立法，以法制形式保障个人所得税改革的实施，明确征纳双方的法律责任。不仅要对《个人所得税法》等基本法进行修改并与《企业所得税法》实现对接，也要修订《税收征管法》等程序法并制定实施细则，还要与相关法律、法规的制定和修改进行综合考虑、配套设计、整体协调。其次，建立个人财产登记制、个人收入支出监控机制，改革个人现金收支管理制度，完善银行存款实名制，并在条件具备时实行金融资产实名制，建立对个人收入和支出信息的搜集、比对和监控机制，增加个人收入的透明度，堵塞税收漏洞，防止税款流失，提升纳税人的税法遵从度。最后，要明确工商、房地产、金融、海关、出入境管理等部门在提供涉税信息方面的协助义务和法律责任，营造齐抓共管的控管氛围。

（八）有利于纳税遵从的原则

政府和个人作为两个独立的主体，政府的征税行为与纳税人的纳税行为相互影响。既不存在脱离纳税人的政府，也不存在游离于政府管理之外的个人。而纳税意识是纳税人对税的认可或接受程度。现代税收制度的顺利运转和完善离不开纳税人的纳税意识的提高。纳税意识影响纳税人的行为，提高纳税意识，有利于改善纳税人产生有限理性行为的外部环境。个人所得税作为政府制定的用以筹集财政收入、调节收入分配、优化资源配置的重要制度措施，在制定和改革时应有利于改善纳税人的税收行为。因而个人所得税综合征收管理想要达到制度设计的目标，需要纳税人由“被动纳税”到“主动纳税”，纳税人的纳税意识是必须要加以考虑的重要因素之一。纳税意识较高，有利于个人所得税制度的顺利运行。纳税意识与一个国家税收的发展、一个国家历史文化的发展有较强的联系，纳税意识的提高不是一朝一夕能够实现的。纳税意识已经成为个人所得税制度设计的外部约束条件。个人所得税的制度设计要建立在“纳税意识”约束的基础上，应正视纳税人税收行为的有限理性，尽量消除信息不充分和不确定性，增强税制透明度，提高税收遵从水平。

由于纳税的对象是个人，我国人口众多，所以涉及面比较广，情况复杂，因此需要坚持不懈地进行宣传工作。第一，需要因地制宜，采用与实际情况相符合的方式，有针对性地宣传税收知识，从而促使缴税义务人增强纳税意识，提高税收遵从度。第二，对于工资所得、金融债券利息收入、股利所得以及取得没有扣缴义务人的应税所得等等需要缴纳个人所得税的政策规定需要有重点地、突出地进行宣传，可以通过媒体、网络、广告、报刊等各种渠道进行宣传，贯彻落实税收政策，让纳税人熟悉税收的计算方法、申报和缴纳程序等涉税事项。第三，开展纳税典型的宣传教育活动，例如在纳税人同意的情况下，对优秀纳税人提出公开表扬，树立纳税先进 + 个人的典型，营造纳税光荣的氛围，对于偷税漏税的现象则及时地披露、曝光，并对其进行纳税教育，纠正其错误，补缴税款。

三、个人所得税改革的目标

为了适应收入分配和经济税源结构的深刻变化，个人所得税改革应当以有利于建立橄榄型社会分配模式为目的，以量能负担和普及公民纳税遵从观念为宗旨，以加强高收入阶层税收调节为重点，以强化信息技术管税为手段，实施普遍征收、突出重点调节、优化税率结构、扩大民生扣除、注重申报管理、完善信息共享，逐步建立健全面向未来、适合国情、综合与分类相结合的个人所得税制度。

（一）近期目标

1. 我国现期应选择建立“分类与综合相结合”个人所得税制，引入以家庭为单位申报纳税，以分项和综合相结合为税前扣除方式进行个人所得税税制改革，实行分类代扣代缴，年终汇算清缴的征收模式，对纳税人以家庭为单位的住房、未成年子女教育费用等进行扣除。这套模式符合我国当下国情，而且既符合税收公平，又兼顾了税收效率，是一套比较优越的个人所得税税制模式。

2. 我国现期应大力推广双向申报管理制度，扩大现行代扣代缴所得项目的范围，采用年度申报，将全体居民纳入年度申报的范围，实行严格的纳税人奖惩制度，培养纳税人良好的纳税意识；并且实行个人纳税编码制度，建立个人所得税纳税资料数据库，并与相关部门实现数据横向联网、数据共享，通过金融部门对个人所得进行实时监控，运用多种信息化手段堵塞征管漏洞，提高征管效率，维护社会公平。

3. 通过修订相关法律，加强各部门间的协作，建立个人信用体系等完善相关配套措施，改善税收外部环境。

（二）远期目标

1. 逐步扩大综合征收的所得范围，建立覆盖个人全部收入的综合所得税税制模式。综合考虑成本费用、地区差别、物价水平及家庭负担等方面具体情况，合理制定纳税人家庭费用、医疗费用、教育性支出等有利于家庭和社会稳定的具体扣除项目及其标准，完善税前扣除制度；课税对象可自行选择个人或家庭申报纳税。

2. 全国范围内推行非现金结算；引入财产登记和收入评估制度。

3. 完善监控体系，建立起一套全面、科学、高效的申报、评估、稽查等征管体系。

第二节 个人所得税改革的总体思路

2015 年 9 月 8 日财政部发布《财政支持稳增长的政策措施》，要求实施更有力度的财政政策，提出加快税制改革，研究个人所得税改革方案。个人所得税改革要把公正、公平、公开原则贯穿改革全过程，不断增强个人所得税改革的及时性、针对性和有效性。

一、个人所得税的功能定位

政府开征每一个税种都有特定的目的，个人所得税亦是如此，它从最初仅仅作为筹集战争经费的临时性税种，发展到今天具有筹集财政收入、调节收入分配、稳定经济等多功能的重要税种，其间经历了漫长的过程。根据一个国家的经济社会发展需要，明确税种功能定位，即改革后形成的新个人所得税的主要职能是什么？这是设计个人所得税制度需要解决的首要问题。

（一）个人所得税基本功能概述

一般地，个人所得税具有组织财政收入和调节个人收入分配两大基本功能。

1、组织财政收入功能。税收并不是现代文明的产物，税收的产生与发展和国家政权的产生是息息相关的。在不同时代，只要存在政权，就会有税收，只是表现形态不同，例如在我国封建社会的盐税、关税等。不管是何种形态的税制还是税种，其基本的功能都是为国家提供可持续的财政支持。在现代文明社会以前，组织财政收入功能是税收的基本也是主要功能。税收发展到现在，虽然其税制上更为复杂化，功能上更加贴合经济社会发展的需要，但组织财政收入功能仍然是其基本的主要的功能。

2. 调节个人收入分配功能。个人所得税税制的不断完善，是经济社会进步的客观需要，同时，也不断强化了个人所得税的组织财政收入功能，而在这个过程中，个人所得税的调节功能也得到了体现和实践。个人所得税的调节功能体现在两个方面：首先，其在对公民所得征税时，是按能征收，收入多的人多缴税，收入少的少缴税，聚集财政收入，直接调节纳税人收入；其次，是在取得财政收入后，通过财政支出的再分配效用，间接调节居民间的收入差距。个人所得税的调节效用是贯穿其整个财政收支的过程中的，体现了政府对再分配的参与。

（二）个人所得税功能定位的选择

自 1994 年现行税法实施以来，国内专家学者关于个人所得税功能定位问题的研究和讨论便没有停止过，仁者见仁、智者见智。有的观点主张进一步扩大个人所得税征税范围，把组织财政收入作为基本职责和征管重心，使个人所得税逐步扩大为“国民税”；相反的观点则认为，在我国目前贫富差距较大的背景下，应当更加注重调节收入分配功能，强化个人所得税作为“富人税”的调节功能。此外，还有的观点则坚持组织财政收入与调节收入分配并重。准确把握我国个人所得税功能定位，是制定个人所得税制度的首要因素。

1. 关于个人所得税功能定位的三种观点。

（1）第一种观点：以组织财政收入功能为主，其次是调节个人收入分配功能。受社会主义初级阶段、税制结构、征管水平、纳税意识和国际税收竞争等综合因素影响，当前我国个人所得税定位仍应以组织财政收入为主，调节收入分配为辅。造成我国居民收入差距的原因是多方面的，既有市场经济原因又有制度机制原因，既有增量原因影响又有存量因素影响。于国安（2010 年）将收入分配不合理问题产生的主要原因归结为六类：“梯度推进”

的区域经济发展战略和长期以来以“二元经济”为主的城乡分割发展战略、以市场为主导的初次分配体制不规范、以政府为主导的再分配体系不完善、以社会力量为主导的第三次分配体系不健全、经济体制转轨过程中的制度性缺失以及其他非制度性因素。因此，在初次收入分配环节形成的收入分配过大差距，难以通过个人所得税在再分配环节进行调节。刘尚希、应亚珍（2003 年）认为，我国高收入阶层的收入来源的复杂性决定了其极大部分收入是个人所得税所无法调节的，而高收入者对税收的有意逃避更使个人所得税的高边际税率成为“聋子的耳朵”。①

个人所得税作为我国现行税制中的第四大税种，其收入规模增长很快，随着居民收入水平的提高，税收收入增长的潜力无限。改革现行的个人所得税制度，应逐渐增加个人所得税乃至所得税的收入，实现税制结构向真正的“双主体”税制结构转变。一方面，在我国以流转税为主体的大背景下，个人所得税在税收收入中的比重还比较低，我国个人所得税对收入分配的调节，具有一定效果，但不明显，对社会公平的实现没有发挥积极推动作用。另一方面，20 世纪 80 年代以来，世界税制改革在公平与效率选择上更加重视效率，税收朝着功能单一化和中性化方向发展。在世界减税浪潮大环境下，过于强调税收调节收入分配职能，不利于提高我国税制竞争力，也容易扭曲市场经济行为，增加税收成本，降低税收效率，无益于公平的实现。所以将其主要功能定位在组织财政收入上，进而简化税制，是较为现实的选择。

（2）第二种观点：以调节个人收入分配功能为主，其次是组织财政收入功能。进入 20 世纪 90 年代中期后，我国经济快速增长，居民收入明显提升，但渐进式改革和经济转轨所积累的收入分配矛盾也开始激化，收入分配格局整体出现比较明显的失衡现象，收入分配不公、贫富差距过大等社会问题凸显为重大社会矛盾。同时，因为历史、文化传统、体制等多方面因素，我国社会对公平的尺度较为敏感，社会普遍要求采取更为有效的缩小收入及财富差距的经济调节杠杆。为了维护社会的公平、促进社会和谐，个人所得税作为国家调节居民收入分配的重要手段，势必成为人们关注的焦点。而在具有一定调节功能的其他税收，如消费税，还不能正常发挥公平收入再分配的情况下，个人所得税应理所当然地担当起公平收入分配的重任，进一步加

① 刘尚希、应亚珍：“个人所得税：功能定位与税制设计”，《税务研究》2003 年第 6 期。

强调节收入分配功能，缩小收入差距。刘丽坚（2006年）认为，我国居民收入分配差距正在逐步拉大，并呈现不断加速的态势，对我国的基尼系数处于国际公认的警戒线0.4甚至超过的观点已无争议，这不仅影响了我国投资与消费规模的不断扩大，也正在成为我国社会稳定与经济可持续发展的重大隐患。我国现行税制中调节个人收入的税种主要依赖于个人所得税，在此情况下，个人所得税首先必须要重点发挥其调节职能，并不断加大对高收入者的调节力度。① 高培勇（2011年）认为，作为直接税类下的个人所得税，不仅在中国，而且在全世界，从来都是主要基于调节居民收入分配和实施宏观调控的目的而课征的。围绕它的调整事项，当然要基于调节居民收入分配和实施宏观调控的需要而展开。② 贾康、梁季（2011年）也认为，我国个人所得税的理论定位和现实状况都决定了其以调节分配职能为主要职能。同时，我国财产税体系完善尚需时日，在一个相当长的阶段中，个人所得税改革的重点必须是促其尽可能发挥收入分配再调节作用，待财产税基本到位后，未来个人所得税的定位也仍将成为调节分配的税种。③

个人所得税的税制特征决定了其收入再分配能力比较突出，调节收入分配是现行税制结构赋予个人所得税的主要功能，充分发挥缩小收入分配差距是中国个人所得税改革的基本取向。随着收入差距的进一步扩大，无论从理论还是现实来看，强调个人所得税的调节功能都是合理的选择。要发挥个人所得税的调节收入分配功能，应增加对高收入群体的课税，增加对财产所得、经营所得的课税，减轻对普通工薪阶层税收负担。

（3）第三种观点：是组织财政收入功能和调节个人收入分配功能并举。从理论上分析，个人所得税财政收入功能、收入分配调节功能的实现，都要取决于一定条件。组织财政收入功能在整个财政格局中的影响要具备两个前提：一是在当期收入分配格局中个人所得所占的比重较大；二是当期个人所得税收入规模较大，或在未来预计增速较快，财政收入对个人所得税收入具有较大依赖性。只有满足上述两个前提条件时，强调个人所得税财政收入功能才有实际意义。调节收入分配功能的作用有多大，主要看纳税人收入是否

---

① 刘丽坚："论我国个人所得税的职能及下一步改革设想"，《税务研究》2006年第8期。

② 高培勇："迈出走向综合与分类相结合个人所得税制度的脚步"，《中国财政》2011年第18期。

③ 贾康、梁季："关于个人所得税改革的国际经验借鉴及引发的思考"，《中国总会计师》2011年第5期。

全部被列入纳税范围，而且纳税人所纳税额占其收入比重是否足以影响其经济行为选择等等。再透过个人所得税发展阶段来看，其功能在实践中的演变趋势为由组织财政收入到调节收入分配再到多元化功能相互协调。

从数据上分析，2003 年我国人均 GDP 历史性地突破了 1000 美元，2008 年人均 GDP 达到 3315 美元，2013 年达到 6807 美元，这表明我国社会总体上已基本摆脱了贫困，走过温饱阶段，初步实现了小康，这为我国个人所得税的征收提供了日益丰富的税源。但与此同时，收入分配不公问题也越来越突出，收入分配调节力度需要进一步加大。由于目前我国个人所得税收入占 GDP 的比重太低，所以通过个人所得税来调节宏观经济波动在当前阶段的意义还不太大。因此近中期我国个人所得税应定位于组织财政收入功能和调节个人收入分配功能并举。

2. 适合我国国情的个人所得税功能定位。上述三种观点各有道理。笔者认为，我国个人所得税的功能应定位为组织财政收入功能和调节个人收入分配功能并举，个人所得税的组织财政收入功能是第一位的，调节功能是第二位的，税收调节属于再分配，再分配功能的强弱是基于其参与再分配的深度和广度，即组织财政收入功能的强弱。因此，为了促进发挥个人所得税的稳定经济作用，个人所得税的调节收入分配功能必须以收入功能为基础。当然，如果一味地强化组织财政收入功能，强调对中、低收入者普遍征税原则，有可能在一定程度上弱化对高收入者的调节力度，减弱收入差距的调节程度。所以说，个人所得税的组织收入功能和分配调节功能二者是密不可分的，组织收入功能是基础，分配调节功能贯穿于组织收入的全过程，两种功能并行不悖。当个人所得税渐变成为一个重要税种，筹集的收入越来越多时，其调节收入分配的功能也会日益增强。因此，笔者认为现阶段我国个人所得税功能应定位为组织财政收入功能和调节个人收入分配功能并举。

二、我国个人所得税税制改革模式选择

理论研究通常将个人所得税课税模式划分为综合税制与分类税制、二元税制与单一税制。但从各国个人所得税的立法实践来看，各种课税方式的融合现象越来越突出。严格地税，除严格实行分类税制或单一税制的极少数国家外，绝大多数国家个人所得税课税模式都或多或少地具有综合与分类相结合税制的特征。基于我国当前国情、社情和民情，借鉴 OECD 国家立法经

验，实行综合与分类相结合税制，是我国个人所得税制度改革的最优选择。

（一）税制模式比较分析

如前所述，征收个人所得税有三种类型或模式可供选择，即分类所得税制、综合所得税制、与综合相结合所得税制。三种模式各有特点。

1. 分类所得税制。分类所得税制的特点是只对税法上明确规定的所得分别课税，而不是将个人的全部所得合并纳税。它通常是以个人作为纳税申报的单位，采用源泉课征法，主要实行比例税率。我国现今采用的就是分类所得税制模式。

此征税模式的优点：一是根据源泉课征，能够控制税源；二是征收简便，征收成本较低，能有效防止偷税漏税，有利于保证财政收入。其缺点在于脱离了纳税人的综合纳税能力，尤其是未考虑居民个人的家庭负担实际，不能真实反映纳税人的实际纳税负担，不能体现公平税负原则和量能课税原则，不利于发挥调节收入分配的功能，缩小收入差距。

2. 综合与分类相结合所得税制。综合与分类相结合所得税制的主要特点是对同一所得进行两次独立计算税额，即按纳税人各项有来源的所得先实行分类征收，从来源扣缴，然后再综合纳税人全年所得计算税额。该税制既坚持了按支付能力课税的原则，对纳税人不同来源的收入实行综合计算征收，又坚持了对不同性质的收入实行区别对待的原则，对所列举的特定收入项目按特定办法和税率课征。

此征税模式的优点是：既保留了分类所得税制模式的特点，对纳税人不同来源的收入所得进行分类课征，又体现了综合制模式的公平性，在年度终了时将纳税人该年的所得进行汇总征税，量能课税，稽征方便，有利于平均分配以及减少偷漏税，是一种比较科学合理的征税模式。其缺点是：这种综合与分类相结合的所得税制较为复杂，税收管理难，征收成本高。

3. 综合所得税制。综合所得税制的特点是将来源于各种渠道的所有形式的所得加总课税，不分类别，除列举的免税收入项目外，其余的都作为一个整体所得来对待，统一扣除，再以减除各项法定的费用扣除额和生计扣除额后的净额，按统一的税率课征纳税，即“反列举”。这种课税模式的税基比较宽，采用累进税率，要求纳税人自行申报。实证研究表明，在一国的总体收入水平提高、大多数居民的收入来源多元化时，采用综合所得税制更合理。综合所得税制模式在国际上特别是在发达国家，如：美国、加拿大等，得到了广泛运用。

这种税制的优点：一是税基宽，能较好地反映纳税人的综合纳税能力，特别是顾及个人经济情况和家庭负担能力等状况，给予一定的费用扣除，符合量能负担原则；二是对总的净所得采取累进税率，能够充分维护低收入人群的权益，做到低收入者轻税负，高收入者重税负，可达到调节纳税人之间所得税负担的目的，减少贫富差距，成为调节社会经济的“自动调节器”，达到实现社会公平；三是税源比较广泛，有利于增加国家财政收入。其缺点是：这种税制模式实行起来难度较大，征管程序较复杂，对税收征管的要求较高，即征税机关需具有先进的征管技术手段和较高的信息化水平。同时，也对社会纳税遵从度要求较高，即要求纳税人具有较高的纳税意识，有利于税务机关能更加全面地掌握纳税人的收入来源。

（二）适合我国国情的个人所得税税制模式

个人所得税税制模式的选择是一个系统而复杂的过程，是多种现实因素共同作用的结果。主要有以下方面的因素。

1. 我国现行分类所得税存在缺失。在本文第一章对我国个人所得税制度、征管现状、问题进行了分析，反映出我国分类所得税制模式引发的严重的税负不公和贫富差距扩大的现象，这说明在我国经济发展、人民收入大幅度提高以及收入来源逐渐丰富的情况下，我国一直沿用的分类所得税制模式越来越不适应我国经济的发展要求，分类所得税制模式下的个人所得税也越来越难以发挥出其应有的职能，分类所得税制模式亟待进行改革和完善，这样才能适应不断发展的经济和不断提升的人民收入水平。

2. 我国实行综合税制模式条件不足。综合所得税制模式是将个人所有来源和类型的收入全部加总起来扣除必要的费用作为应纳税所得额，按照统一的税率计算个人所得税。此税制模式的实行需要具备一定的现实条件，但有些条件在我国现阶段还难以达到和实现。(1) 综合所得税制要求税务机关具备完善的个人收入监控体系。综合所得税制模式是根据纳税人的所有来源收入加总来计算个人所得税的，因此税务机关必须能够全面掌握纳税人以及其家庭的各类收入信息，以便进行计算征收和核对。同时，个人和家庭的所有收入也需透明化和货币化，以便申报和核查。然而，随着我国多种所有制经济的共同快速发展和多种分配方式的共存，我国居民的收入来源越来越多元化，并且存在许多隐蔽性强的实物形式的收入，这种情况下税务机关很难掌握纳税人的全部收入信息，也就难以实现综合征收的方式。(2) 综合所得税制的建立要求纳税人普遍具有较高的纳税意识和系统的社会信用体系。这是综合所得税制模式实现的必要的客观环境条件。但是，我国现行的不完善的税制模式形成了收入来源单一的工薪阶层中低收入者多纳税，而收入来源多的高收入人群少纳税的反常现象。这导致大部分中低收入者存在严重的厌税心理，而中低收入者又占到我国纳税人的绝大部分，因此我国居民普遍纳税意识较低，偷逃税现象也较严重。(3) 综合所得税制要求税务机关拥有先进的征管手段和严密的征管体系。综合所得税制模式要求税务机关全面掌握纳税人的所有收入信息，这就需要税务机关拥有先进的信息系统和严格的稽核体系，并结合其他政府职能部门和银行系统对纳税人的收入和信用情况进行实时跟踪监控，以防止偷漏税现象的发生。由于我国税务机关的征管技术水平有限，信息系统不发达，征管手段较落后，现有的条件还无法满足综合所得税制模式的高标准和严要求，无法保证对综合收入的有效掌握和监控。

综上所述，我国目前还不具备实行综合所得税制模式的条件，如果强行实施，税务机关的征管难度会非常大，对税源无法形成全面的掌握和有效的监控，最终只会导致偷漏税现象更加严重，造成个人所得税税款的严重流失和财政收入的重大损失。因此，综合所得税制模式目前不适合我国当前的国情，但可作为我国个人所得税税制模式改革的未来发展方向。

3. 综合与分类相结合的所得税制是我国个人所得税税制模式的必然选择。综合与分类相结合的所得税制模式既保留了分类所得税制模式的特点，对纳税人不同来源和性质收入所得区别对待，又体现了综合所得税制模式的公平性，在年度终了时将纳税人该年的所得进行综合计征，它是我国个人所得税从分类所得税制模式向综合所得税制模式过渡阶段的良好选择。

(1) 我国当前国情下实行综合与分类相结合的所得税制模式的必要性。

第一，综合与分类相结合的所得税制的实施，有利于体现公平。根据三种税制模式的比较，综合所得税制模式是最能体现公平性原则和量能负担原则的税制模式，但是我国现有的人力和技术条件还达不到综合所得税制模式的要求，因此，要想解决现有的分类所得税制模式所引发的税负不公和贫富差距扩大的问题，使个人所得税能够更好地发挥调节收入分配的作用，将分类所得税制模式过渡为综合与分类相结合的混合型所得税制模式，是我国现阶段个人所得税制的较好选择。综合与分类相结合的所得税制采取先分类，再汇总的方式，每年年终，都要将纳税人的全年所有来源和性质的收入汇总计算，这样不仅可以避免由于分类所得税制模式下税基较窄、分类不全面而引起的横向不公平，多处收入来源的税收流失等现象，也不会出现因收入较低并且来源单一的工薪阶层多纳税，而收入渠道较多的高收入人群少纳税而引发的纵向不公平现象，从而从税收上有效地抑制了收入差距的扩大。

第二，综合与分类相结合的所得税制的实施，有利于提升纳税积极性。我国现行的分类所得税制模式，在税收征收方式上一直采取源泉代扣代缴为主。这种方式下，纳税人在拿到收入时，其税收都已经被扣缴义务人扣过了，因此纳税人根本不用担心自己的税额是多少以及如何计算税额，一定程度上造成了纳税人的纳税意识较低。同时，由于分类所得税制模式所引发的严重税负不公问题，使得大多数的中低收入纳税人都普遍存在厌税心理，更加降低了纳税人的劳动和纳税积极性。综合与分类相结合的所得税制下，纳税人的收入先通过分类被源泉扣缴，年终时纳税人需要汇总综合自行申报，并且关心收入被源泉扣缴了多少，年终能否获得退税，这样，纳税人在慢慢深入了解个人所得税的过程中，也提高了纳税意识。并且，综合与分类相结合的所得税制能够很好地改善目前存在的税负不公现象，减轻中低收入工薪阶层的厌税心理，从而提高其纳税积极性。

第三，综合与分类相结合的所得税制的实施，有利于为实现综合所得税制奠定基础。综合与分类相结合的所得税制的最终发展目标，是综合所得税制。在这个转变过程中，个人所得税的费用扣除制度和税率结构能够得到完善，个人所得税税制模式的设计也能够进一步的系统化和规范化。同时，税务机关的征管水平和工作效率也能够随着个人所得税制的不断转变和完善得到提高，从而进一步增强我国居民的纳税意识。如果我国通过综合与分类相结合的所得税制模式的实施和完善，能够积累经验，实现以上这些条件，那么从综合与分类相结合的所得税制过渡到综合所得税制模式，也就具备了现实可行的客观条件。因此，综合与分类相结合的所得税制的推行和稳定实施，是我国个人所得税实现综合所得税制模式的坚实基础和铺垫。

（2）我国当前国情下实行综合与分类相结合的所得税制模式的可行性。单从理论的角度分析比较不足以说明问题，我们还必须对综合与分类相结合的所得税制在我国的可行性进行分析。

第一，国家对个人所得税的重视为实施综合与分类相结合的所得税制提供了政策条件。1994 年的税制改革刚刚完成之时，我国就在《关于国民经济和社会发展第九个五年计划纲要》中表述道：“建立覆盖全部个人收入的分类和综合相结合的个人所得税制"；九届全国人大第四次会议批准的《中国国民经济和社会发展第十个五年计划纲要》中做了如下表述："建立综合与分类相结合的个人所得税制度"；十届全国人大四次会议通过的"十一五规划"中讲到"实行综合和分类相结合的个人所得税制度"；中共十六届六中全会强调我国要实行综合与分类相结合的个人所得税制度，加强个人所得税的征管和调节作用；2011 年，国家在"十二五规划"中再次强调了我国要逐步建立和完善综合与分类相结合的个人所得税制。这几次规划建议的提出为我国个人所得税改革指明了基本方向。2013 年中央十八届三中全会提出，财政是国家治理的基础和重要支柱，科学的财税体制是优化资源配置、维护市场统一、促进社会公平、实现国家长治久安的制度保障。要改进预算管理制度，完善税收制度，建立事权和支出责任相适应的制度。其中深化税制改革的重点内容之一就是加快完善个人所得税征管的配套措施，逐步建立健全综合与分类相结合的个人所得税制度。2014 年 6 月，中共中央政治局召开会议审议通过的《深化财税体制改革总体方案》，再次明确提出"逐步建立综合与分类相结合的个人所得税制"。从上述会议、文件可看出我国对于"个人所得税综合与分类相结合的所得税制模式"目标的追求，迄今已跨越了四个五年规（计）划，这表明了国家推行分类综合个人所得税制改革的坚定立场和决心。

第二，源泉扣缴与自行申报相结合的管理模式为推行综合与分类相结合的所得税制奠定了征管基础。综合与分类相结合的所得税制是对纳税人采取源泉扣缴和个人申报相结合的征税方式，即对分类所得在取得时采取代扣代缴单位源泉扣缴或个人自行申报的方式，而对综合所得需要纳税人年终自行申报汇缴纳税。我国现行税制模式采取的是源泉扣缴与自行申报相结合的征管模式。源泉扣缴是指所得支付者代扣代缴个人所得税，在全国范围内推行全员全额明细申报；自行申报制度是指对年所得 12 万元以上以及从 2 处以上取得所得的个人采用自行申报制度。源泉扣缴与自行申报相结合的管理模式的制定和执行，为综合与分类相结合的所得税制的实行奠定了基础，提供了实践经验。

第三，我国户籍制度、身份登记制度、纳税档案的建立为综合与分类相结合的所得税制的推行提供了信息保障。早在民国时期，我国就开始实行户籍制度，对居民的家庭人口状况进行登记、统计和档案管理。完善的身份登记制度有利于税务机关联合金融机构等其他职能部门获取纳税人的重要收支情况，全面掌握纳税人的个人信息。户籍制度的实行使税务机关不仅能够掌握纳税人的个人信息，而且能够了解其家庭成员信息，为自然人信息库的建立提供了保障，这也为纳税单位由个人向家庭的转变奠定了基础。

国家税务总局于2001年就要求加强对高收入行业、高收入者的税源管理和监控，采取建立和完善收入申报试点，对纳税人和扣缴义务人实行编码制度，以及对高收入行业强化和落实代扣代缴工作。同时，我国近年来实施的财产实名制也为完善个人纳税档案提供了保障。我国金融机构规定，居民在开立存款账户时，必须持本人身份证，金融机构人员需要核实居民所填信息与身份证上信息是否一致。2008年央行建立身份识别制度，所有金融机构都必须安装身份验证系统，对居民在实施实名制之前开立的账户进行再一次的身份确认。金融机构可以实时登录公安部身份证系统对居民身份证进行识别和验证，保证了居民存取个人收入信息的真实性。存款实名制的实行，有助于金融机构汇总计算每个纳税人的收入，从而建立和完善纳税人的信息档案，并且保证了信息的真实准确性。随着我国税收征管水平的不断加强，许多省市的地方税务局已经为企业高级管理人员等高收入行业群体建立了个人所得税纳税信息档案，对纳税人和扣缴义务人也逐步建立税收编码制度，为推行综合与分类相结合的个人所得税制提供了信息保障。

第四，我国的信息化水平的不断发展和进步为综合与分类相结合的所得税制的实施提供了技术支持。近年来，我国政府的各个职能部门，其中包括税务机关和金融机构等，都在不断的加强信息化建设，提高自己的计算机网络信息技术和水平。例如2005年人民银行建立个人征信系统，采集了包括个人基本信息、信用交易信息、公共记录信息和公用事业信息等在内的重要个人信用记录，承载人数逾8亿人，这种权威的第三方信用信息系统为税务机构监管个人所得税提供了诸多便利；为增值税征管建立网络信息系统的“金税工程”项目等等。据统计，目前网上缴税系统已经覆盖了我国22个地区的国家税务局与17个地区的地方税务局，个人所得税网上申报和缴税软件能够使纳税人的纳税申报和缴纳通过网络实时完成，这样不仅方便了居民，而且方便了税务人员通过网络实现对纳税人账户收支信息的实时监控。由此可见，我国目前税务部门和政府其他职能部门之间对纳税人的信息共享程度已有较大提高。

综上所述，我国目前已经基本具备了实施综合与分类相结合的个人所得税制的现实条件，为了改善我国现行分类所得税制所引起的税负不公和贫富差距扩大现象，我国个人所得税制亟待向综合与分类相结合的所得税制转变。

三、个人所得税申报征收方式设计

综合与分类相结合的所得税制相对于分类所得税制而言，对税收征管水平要求较高，对纳税人自行申报有很强的依赖性，对税务审计有较高的要求，尤其要求有精确的纳税人信息等。建立科学高效的税收管理体系是综合与分类相结合的所得税制构建的重要内容。因此，建立优质高效的税收征管体系是个税改革成功的关键。笔者认为综合与分类相结合的征收模式下征管制度的建立可以围绕以下几个方面：

（一）个人申报与家庭申报相结合

作为经济社会的主体，通常是以家庭为单位的，纳税申报主体的确定，要将我国纳税人的家庭结构状况考虑在内。家庭结构可以充分反映纳税人的基本生活。与以个人为单位课征个人所得税相比，以家庭为申报主体的最大优点在于，反映了纳税人的实际支出情况，充分考虑了纳税人的家庭状况和实际的税收负担，保证了税收的公平性。因此，个人所得税的改革要合理设定申报主体。引入家庭作为纳税单位体现了支付能力原则，更能真实地反映个人的纳税能力，并且能够与现今社会发展水平相适应。从税收公平的角度讲，税收必须要充分考虑纳税人的支付能力原则，税基、税率的设计一贯秉承这一原则，所以纳税单位的选择也应该与其他税制要素保持一致性，才能真实地反映个人的支付能力。如果选择个人作为纳税单位，单身的个人和家庭中的个人支付能力和费用支出等不在同一水平线上，这就造成了局部不公平。所以，以家庭作为纳税单位既符合税制设计要素逻辑的一致性，又与税收公平支付能力原则的理论基础相匹配。一方面，大大降低了偷税的可能性，防止逃税，保证了中低收入者的基本生活能力，另一方面，也对家庭的整体税负承担能力有了全面的了解，更能真实地反映个人的纳税能力，与现今社会发展水平相适应。

（二）预征与汇算相结合

我国可以通过法律规定，所有获得收入的个人，都必须定期向税务机关申报个人收入的有关情况，着力做好对纳税人申报方式优化、申报真实性、准确性监督工作，要鼓励纳税人采用网络申报方式，并为之提供相应的服务措施；要通过分析评估加强对长期零申报、申报变化异常纳税人的监控管理，未按规定申报的要受到处罚。可以采取与企业所得税汇算清缴相似的办法，对综合所得采取源泉扣缴，在支付或取得所得时预扣、预缴税款，由收入支付单位或个人对应税项目的收入实际按率预征预缴，扣缴义务人按月向税务机关申报代扣代缴的预征情况，年终纳税人按年度申报个人的收入情况、应税项目的收入、纳税情况等，进行汇算清缴，多退少补。这样既可以保证税款的及时征收，防止偷逃税款，又可以公平税负、提高征税效率、减少征税成本。而且简化退税手续，纳税人可以直接在税务局申请退还错缴或多缴的个人所得税，可以选择多种申请退税方式，如电子填写、人工邮寄或者直接在网上申请办理，必须在规定的时间内，尽可能快地将审批通过的退税款通过银行直接汇入纳税人户头，减少纳税人获取退税款的难度，提高汇算效率。而对于不按时进行个人所得税申报预缴的个人，年底进行汇算清缴时，不可办理退税，以此来加强公民的纳税意识，相应堵塞申报中的漏洞。

（三）按年与按次征收相结合

综合所得可分为劳动所得（工资、薪金所得，劳务报酬所得，稿酬所得）、经营所得（个体工商户的生产、经营所得，对企事业单位的承包经营、承租经营所得）项目。分类所得可分为资本所得（特许权使用费所得；利息、股息、红利所得；财产租赁所得；财产转让所得）、其他所得（偶然所得；其他所得）项目。

1. 对综合所得实行按年征收。考虑到高收入者兼有综合所得项目中的多项收入，如果减除基本扣除和附加扣除，将会出现化整为零、偷逃预缴税款的问题，可尝试对不同应税项目采用不同预扣预缴办法。对劳动所得项目，以纳税人的月工资、薪金收入、劳动报酬等减除基本扣除和附加扣除后的余额，按照税法规定的超额累进税率按月预扣和预缴税款，在年底将不同来源的各种所得综合起来，减去规定的扣除项目和减免的数额，就其余额按照累进税率计征个人所得税，与已扣缴的税款比较，多退少补。这样处理，既不会因预缴税款而影响广大工薪收入者的基本生活支出，又能把大部分靠工薪收入生活的低收入者排除在外，大大缩小年终汇算清缴时的退税面；对经营所得项目，以当期实际应纳税款数或上年实际缴纳税款数和主管税务机关认可的其他方法按月或按季预缴，年度终了后进行汇算清缴。

2. 对分类所得实行按次征收。对资本所得以及其他所得类项目，即特许权使用费所得，利息、股息、红利所得，财产租赁所得，财产转让所得，偶然所得，其他所得可实行按次征收。特许权使用费所得，以一项特许权的一次许可使用所取得的收入为一次；利息、股息、红利所得，以支付利息、股息、红利时取得的收入为一次；财产租赁所得，以一个月内取得的收入为一次；财产转让所得，以转让有价证券、股权、建筑物、土地使用权、机器设备、车船以及其他财产取得的收入为一次；偶然所得，以每次收入为一次；其他所得，以每次收入为一次。

（四）自行申报与代扣代缴相结合

从开征至今的个人所得税征管经验表明，个人所得税征管离不开源泉扣缴。该方法仍然是税务机关掌握个人收入信息的重要渠道，也是大部分个人所得税征收的主要手段。所以，个人所得税纳税申报制度继续采取由支付单位源泉扣缴和纳税人自行申报两种方法。可以借鉴美国等发达国家征管制度的经验，改革我国现行的个人所得税申报制度，加强我国税源的有效控制，细化源泉“代扣代缴”和自行申报的申报体系。

1. 日常自行纳税申报的对象和范围。我国现行的个人所得税采取“源泉扣缴为主，自行申报为辅”的征收办法，在综合与分类相结合的所得税制的改革下同样适用。自行申报将逐渐成为高收入阶层个税征管的主要方式，目前我国只对年所得超过 12 万元的纳税人实行自行申报制度，在综合与分类相结合的所得税制下应扩大自行申报对象的范围，可以延伸到没有扣缴税款的和生产经营所得的纳税人。同时，可以大力推广例如美国的“纳税人与雇主双向申报制度”、“家庭联合申报机制，即家庭联合申报机制要求纳税人以家庭为申报主体对家庭的各项收入进行年度申报”等，这种申报机制符合我国个人所得税从分类计征模式向综合与分类相结合计征并存模式的转变，同时也保证了社会公平。并将全体居民纳入年度申报的范围，采用年度申报制度，分类征收代扣代缴，年终汇算清缴，凭借税务机关开具的个人所得税完税证明作为抵扣税款的凭证，多退少补。出国移民者需在离境前进行个人所得税纳税清算。增设个人所得税代征点，加强纳税人自行申报制度的宣传。对虚假申报、逾期申报和不申报的纳税人一经查出，从严处罚；对按照规定诚信申报的纳税人给予一定比例的现金返还，培养整个社会诚信纳税的意识。

2. 代扣代缴义务人履行扣缴明细申报。源泉征收法是指纳税人在取得收入时，由其收入的支付者根据税法规定在收入总额中扣除应纳税的数额，然后将税后的收入支付给收入的取得者。最典型的如工资、利息、股息的取得者，由公司等支付方支付时，先将应纳税款扣除，再将剩余的部分支付给纳税人。就源泉扣缴的基本含义来说，这种方法仅适用于对几种特殊类型的收入的征收，即只要有支付个人收入的原则上支付人先行扣缴，如工资和薪金、金融投资的收益等。代扣代缴规定应要求雇主从每个雇员的收入中代扣代缴该所得应纳税额，并将该代扣代缴税款解缴给国家，同时，纳税人在这一过程中多缴的税款，国家应及时进行退税。

四、个人所得税改革配套措施

建立综合与分类相结合的个人所得税制是一项系统工程，必须建立和完善相关法律、法规，并营造部门之间密切协作的外部环境。在我国目前普遍存在个人收入分配多元化、隐蔽化且支付方式现金化的情况下，应通过完善相关立法，加强个人所得税控管，来增加个人收入的透明度，堵塞税收漏洞，防止税款流失，提升纳税人的税法遵从度。

（一）法律法规配套

推进个人所得税制改革，完善相关的法律体系，不仅要对《个人所得税法》等基本法进行修改并与《企业所得税法》实现对接，也要修订《税收征管法》等程序法并制定实施细则，还要与相关法律、法规的制定和修改进行综合考虑、配套设计和整体协调。

1. 完善个人财产实名登记制度。一方面，要抓好《不动产登记暂行条例》的落地工作，尽快制定相关实施细则。通过建立统一的不动产登记信息管理基础平台，实现国家、省、市、县四级登记信息的互通互享。各地应对各类不动产登记操作系统软件进行融合，支持与本级税务部门的业务协同，及时提供本级不动产登记信息。另一方面，要在实行储蓄存款实名制的基础上，全面推行金融资产实名制。个人的存款、股票、债券等金融资产及其与金融机构间的一切金融往来，均应使用真实姓名和身份证号，从而使税务机关及时掌握个人的金融资产及资产信息情况，为实行个人所得税的综合征收提供信息支撑。

2. 健全个人收入支出监控机制。通过修订《现金管理暂行条例》等法律、法规，加强对个人收入和支出的管理，对自然人购买大额商品或服务强制转账、大额存取款上报和保存记录等出台相关规定，为税务机关全面掌握个人收入，建立综合与分类相结合的个人所得税制提供制度保障。自然人在购买商品和服务时，单笔交易金额达到一定数额以上，应当通过转账结算办理。自然人单笔交易金额超过一定数额，销售商品或提供服务的法人、其他组织应当按规定向银行报告并保存交易记录。金融机构办理单一客户当日累计达到一定数额以上的现金交易，应当按规定向银行报告和保存交易记录。从国家层面来看，应当加速推进金融与税务的信息共享，使税务机关及时掌握纳税人的收支情况，实现对自然人税源的有效监控。

（二）加强国际协作

在经济全球化和区域经济一体化过程中，国家之间的经济联系日益增多，依赖程度不断提高，税收权益分配领域的矛盾和冲突频繁发生。针对国际税收领域出现的税收问题和不断加剧的国际税收竞争，可以通过相互协商与合作的方式来应对税收现实和潜在威胁，进一步扩大我国国际税收征收网络，提高我国对跨境纳税人的税收征管和服务水平。所得税国际协调活动需要不断展开并深入。首先，我国与其他国协调跨国纳税人的税收管辖权，采取有效措施减轻或消除国际重复征税。其次，展开国家间的税务合作，采取针对性的措施并相互提供税收信息，维护我国权益。我国作为世界第二大经济体，随着对外开放的不断深入，在经济全球化进程中占据着越来越重要的地位，在跨国公司对华投资不断增长的同时，近年来我国对外投资也有迅猛的发展。加强国际协作，标志着以税收情报交换为主要内容的国际合作进入了新阶段，特别是对我国反避税工作具有重要的意义，既有利于提升税务机关应对跨境逃避税收的能力，维护国家税收权益，同时也有利于税务机关进一步提高对跨境纳税人的税收服务水平，营造公平透明的税收环境。

（三）建立第三方信息共享机制

个人所得税征管质量的提升不仅仅只是税务部门的工作，特别是高收入群体的个人所得税征管问题作为个人所得税改革中的重点和难点，更是需要社会各部门的通力协作。个人所得税的有效征管需要对纳税人的基本信息、职业、各方面的收入来源以及家庭等因素进行全面的掌握，而只靠税务部门很难对上述信息进行有效获取，因此，建立第三方信息共享机制显得尤为重要。

1. 建立部门协作关系。可以通过联合发文等形式建立信息共享机制，即与其他政府部门之间信息共享，可以从工商、银行、住建、海关、电信、律师和会计师事务所等多处获得税收信息。委托金融部门对纳税人的账户进行监管，如果有涉及个人所得税资金往来的可以代征个人所得税。

2. 搭建平台。通过与新闻媒体、银行、财政、工商等各部门建立起良好的信息共享平台，在严格尊重法律、个人合法隐私权利的前提下，全面掌握纳税人，尤其是高收入人群的收入来源。可以充分借鉴个人信息中心的经验，比如可以建立起中央至省一级别的纳税人个人所得税信息库，将个人所得税征管信息与纳税人的银行信息关联起来，对于在银行内有着较为频繁存入活动的纳税人，进行重点征管。税务部门还可以向工商行政管理部门了解个体户，私营企业主的登记、变更情况，向证券监管部门获得纳税人的投资收益状况，向海关部门获取纳税人的进出关情况，向房管局了解其在房地产市场上的买卖、出租等方面的收益状况。

（四）健全社会信用环境建设

税收信用是社会信用体系的一个重要组成部分，在维护税收正常秩序中起着非常重要的作用。个人所得税税收信用程度的高低直接关系到整个社会信用的有序性。建立良好的个人所得税税收信用体系是推进纳税人依法纳税的重要途径，对个人所得税法的实施具有非常重要的意义。

1. 开展信用等级评定，推进税收信用体系建设。积极开展对纳税人的信用等级评定工作，对纳税人实行分类管理。对不同类别纳税人实施分类管理和服务的措施，对纳税信用良好的纳税人，优先、预约及上门办理各项涉税事宜，使守法、重诚信的纳税模范受到“优待”。对信用低的个人，实施严格监控和管理，打击涉税违法案件，推进税收信用体系建设。

2. 建立失信惩罚机制，促进诚实守信氛围的养成。建立失信纳税人公告制度，利用新闻媒体、网络等工具公布失信纳税人“黑名单”，对失信纳税人采取一定的惩罚机制，追缴欠税款，并处罚纳税人；在与工商、海关等政府职能部门建立信息互通机制的基础上，进一步扩大范围，在信用等级评定及管理上进行联合操作，对失信纳税人采取联合制约惩罚机制；建立税收信用破产惩罚与商业信用挂钩机制，多管齐下，进行全方位的信用破产惩罚，使失信惩罚机制的作用范围在社会上全面渗透。

第三章 个人所得税税制要素的改革与完善

一国税收制度的实体由一个一个的税种组成，税种又是由若干要素构成的，换言之，税制要素构成了每一种税的基本元素，具体规定了纳税人应当依法履行的纳税义务，直接关系到对谁征收、征多少税和怎么征税等问题。在《个人所得税法》的诸要素中，当以纳税人、课税范围、计税依据、税率，以及税收优惠等要素最为基本、最为重要。因此，我国个人所得税制要素改革必须充分考虑我国具体国情，并在借鉴欧美发达国家个人所得税改革成熟经验的基础上，结合实际，探讨我国个人所得税的税制要素改革。

第一节 个人所得税纳税人

个人所得税的纳税人，是指取得收入所得的自然人。纳税人依据什么样的标准确定和应当承担什么样的纳税义务，尤其是居民纳税人与非居民纳税人应按什么样的标准予以确认、如何区分，世界各国的税收立法和税收政策有所不同。为了有效地行使税收管辖权，我国个人所得税可以根据国际惯例，对居民纳税人和非居民纳税人的划分，采用国际上通用的住所标准和居住时间标准。

一、居民纳税人与非居民纳税人的划分

现行《个人所得税法》规定了中国境内所有自然人应依法申报纳税，与世界各国《个人所得税法》的通行做法有了相应的衔接。居民纳税人与非居民纳税人的划分，其意义在于：一是明确税收管辖权范围。当一个国家行使居民征税权时，这个国家必须承担对该居民所缴纳的外国税款予以抵免的义务，这也是符合所得来源地征税权优先于居民征税权原则的要求；二是避免出现国际双重征税。采用居民纳税人与非居民纳税人划分标准，避免对某一纳税所得的双重或多重征税；三是维护国家征税主权。税收的权力是一个国家主权的重要组成部分，也是在国际经济贸易中合理平衡国际收支，保护国家合法权益的有力武器。

为了有效地行使税收管辖权，根据国际惯例，对居民纳税人和非居民纳税人的划分采用各国常用的住所和居住时间两个判定标准。

住所标准，通常是指公民长期生活和活动的主要场所，住所又分为永久性住所和习惯性住所。《个人所得税法》里所说的“住所”是税法的特定概念，它不是说居住的场所和居住的地方，而是指：“因户籍、家庭、经济利益关系而在中国境内习惯性居住”。目前，我国采用的住所标准是习惯性住所标准。采用这一标准，就把中国国内公民、港澳台同胞和外籍人员区别开来。

户籍，人们通常称为户口，中国公民通常在我国是有户口的，但在我国常驻的外籍个人，虽因领取了长期居留证、暂住证等而纳入我国户籍的管理范围，但由于其家庭或主要经济利益不在中国境内，故通常不视为在我国境内有住所。

经济利益，一般是考虑个人的主要财产、经营活动中心等因素。

习惯性居住，根据现行税法的有关规定，是居民或非居民在法律意义上的判定标准，不是指实际居住或在某一个特定时期内的居住地。通常理解为个人在一地完成工作任务、一项事务或滞留一段时间后，必然要返回该居住场所。如因学习、工作、探亲、旅游等而在中国境外居住的，在其原因消除之后，必须回到中国境内居住的个人，则中国即为该纳税人习惯性居住地。

居住时间标准，是指个人在一国境内实际居住的天数。在中国境内居住满一年，是指在一个纳税年度中在中国境内居住 365 日，达到这一标准的个

人即为居民纳税人。对居住时间内临时离境的，即在一个纳税年度内，一次不超过 30 日或者多次累计不超过 90 日的离境，不扣减天数，连续计算。

住所标准和居住时间标准，是判定居民身份的两个并列的标准。个人只要符合或达到其中任何一个标准，就可被认定为居民纳税人，否则被认定为非居民纳税人。

二、我国的纳税人及其纳税义务

（一）居民纳税人

居民纳税人负有无限纳税义务。其所取得的应纳税所得，无论是来源于中国境内还是中国境外，都要在中国缴纳个人所得税。现行的《个人所得税法》虽然没有明确提出居民纳税人的概念，但税法的内容中实际引用了居民纳税人的判别标准，即“在中国境内有住所或者无住所而在境内居住满一年的个人”。

居民纳税人的具体判断标准，分为住所和居住时间标准。结合以上标准，个人所得税的居民纳税义务人可以包括以下两类：

1. 在中国境内定居的中国公民和外国侨民。但不包括虽具有中国国籍，却并没有在中国大陆定居，而是侨居海外的华侨和居住在香港、澳门、台湾的同胞。

2. 从公历 1 月 1 日起至 12 月 31 日止，居住在中国境内的外国人、海外侨胞和香港、澳门、台湾同胞。这些人如果在一个纳税年度内，一次离境不超过 30 日，或者多次离境累计不超过 90 日的，仍应被视为全年在中国境内居住，从而判定为居民纳税义务人。

关于“中国境内”的概念，是指中国大陆地区，目前还不包括香港、澳门和台湾地区。

同时，对在中国境内无住所而居住满 1 年构成中国居民纳税人的，给予一定的优惠照顾：如果在中国境内居住满 1 年但不满 5 年的，其境外所得，只就由中国境内公司、企业，以及其他经济组织或个人支付（或负担）的部分在中国纳税，境外支付部分免税。如果居住满 5 年的，从第六年起的以后各年度中，凡在境内居住满 1 年的，应合并其境内和境外所得在中国纳税；不满 1 年的，其境外所得免税，仅就境内所得纳税；不满 90 天或 183 天的，其境外的所得免税，境内所得，仅就由境内企业支付或负担的部分纳税，由境外雇主支付的部分免税。5 年期间的计算如果中间有中断，则重新计算 5 年期间。

（二）非居民纳税人

非居民纳税人，是指不符合居民纳税人判定标准的纳税义务人，非居民纳税人承担有限纳税义务，即仅就其来源于中国境内的所得，向中国政府缴纳个人所得税。

《个人所得税法》也没有明确规定非居民纳税义务人的概念和标准，但税法中引用了国际非居民纳税义务人的判定标准，即“在中国境内无住所又不居住或者无住所而在境内居住不满 1 年的个人”。也就是说，非居民纳税义务人，是指习惯性居住地不在中国境内，而且不在中国居住，或者在一个纳税年度内，在中国境内居住不满 1 年的个人。在现实生活中，习惯性居住地不在中国境内的个人，只有外籍人员、华侨和香港、澳门、台湾同胞。因此，非居民纳税人，实际上只能是在一个纳税年度内，没有在中国境内居住，或者在中国境内居住不满 1 年的外籍人员、华侨和香港、澳门、台湾同胞。

（三）所得来源地的判定

判定所得来源地，是确定该项所得是否应该征收个人所得税的重要依据。对于居民纳税义务人，因为要承担无限纳税义务，其取得的所得无论境内、境外都应承担纳税义务，因而判断其所得来源地的问题，相对来说不那么重要。但是判定所得来源地对于非居民纳税义务人来说，由于只就其来源于中国境内的所得征税，判断其所得来源地，就显得十分重要。因此，所得来源地的判断和境内所得与境外所得的划分，是国家对其居民纳税人行使居民税收管辖权和对非居民纳税人行使来源地税收管辖权的前提，无论对居民纳税人还是非居民纳税人都很重要。依据所得来源地的判断来征收个人所得税，既反映了经济活动的实质，也遵循了方便税务机关实行有效征管的原则。

1. 所得来源地判定的标准。个人所得税判断所得来源地遵循以下原则：

（1）因任职、受雇和提供劳务取得的所得，以任职、受雇或者提供劳务的所在地为所得来源地。

（2）生产、经营所得，以从事生产、经营的所在地为所得来源地。

（3）出租财产取得的所得，以被出租财产的使用地为所得来源地。

（4）转让房屋、建筑物等不动产取得的所得，以被转让不动产的坐落地为所得来源地；转让动产取得的所得，以转让地为所得来源地。

（5）提供特许权的使用权取得的所得，以该项特许权的使用地为所得来源地。

（6）利息、股息、红利所得，以使用资金并支付利息或者分配股息、红利的公司、企业、经济组织或者个人的所在地为所得来源地。

（7）得奖、中奖、中彩所得，以所得的产生地为所得来源地。

2. 来源于中国境内所得的判定。根据上述原则，下列所得不论支付地点是否在中国境内，均为来源于中国境内的所得，应在中国境内缴纳个人所得税：

（1）因任职、受雇、履约等而在中国境内提供劳务取得的所得；

（2）将财产出租给承租人在中国境内使用而取得的所得；

（3）转让中国境内的建筑物、土地使用权等不动产或者在中国境内转让其他财产取得的所得；

（4）许可各种特许权在中国境内使用而取得的所得；

（5）因持有中国的各种债券、股票、股权而从中国境内的公司、企业或者其他经济组织以及个人取得的利息、股息、红利所得；

（6）在中国境内参加各种竞赛活动取得名次的所得，参加中国境内有关部门、单位组织的有奖活动取得的中奖所得，以及购买中国境内有关部门、单位发行的彩票取得的中彩所得；

（7）在中国境内以图书、报刊方式出版、发表作品取得的稿酬所得。

3. 来源于中国境外所得的判定。下列所得，不论支付地点是否在中国境外，均为来源于中国境外的所得：

（1）因任职、受雇、履约等而在中国境外提供劳务取得的所得；

（2）将财产出租给承租人在中国境外使用而取得的所得；

（3）转让中国境外的建筑物、土地使用权等财产或者在中国境外转让其他财产取得的所得；

（4）许可各种特许权在中国境外使用而取得的所得；

（5）从中国境外的公司、企业以及其他经济组织或者个人取得的利息、股息、红利所得。

（四）扣缴义务人

依照现行税法规定，凡支付个人应纳税所得的企业（公司）、事业单位、机关、社团组织、军队、驻华机构（不包括外国驻华使领馆和联合国及其他依法享有外交特权和豁免的国际组织驻华机构）、个体工商户等单位或者个人，为个人所得税的扣缴义务人。

代扣代缴个人所得税是扣缴义务人的法定义务，必须依法履行。扣缴义务人向个人支付应纳税所得（包括现金、实物和有价证券）时，不论纳税人是否属于本单位人员，均应代扣代缴其应纳的个人所得税税款。

三、如何完善纳税人的确认标准

现行国际税收协定中的居民纳税人与非居民纳税人是一个非常重要的概念，世界各国普遍遵循其定义标准。此轮个人所得税改革正式引入居民纳税人与非居民纳税人的概念，十分必要，这对于我国更好地行使居民管辖权、所得来源管辖权和确保我国的征税权益有着重要意义。

（一）部分国家关于居民纳税人的认定标准

综观大部分国家《个人所得税法》实践，对于自然人居民身份确认标准的规定各不相同，总的归纳起来，采用的标准主要有以下几种：

1. 住所标准。一些采用住所标准的国家如中国、日本、法国、德国和瑞士等国，规定一个自然人如果在本国境内拥有住所，即构成本国税法上的居民。住所是指自然人设立其生活根据地并愿意永久地、固定地居住的场所，通常为配偶和家庭所在地。

但住所作为一种法定的个人永久居住场所，并不完全能反映出某个人的真实活动场所。因此，不少国家通过税法做了补充性的规定。如美国纽约州税法规定，凡在本州境内拥有一永久性住宅，且在纳税年度内又在本州境内居住6个月以上，则应视为本州居民。英国税法规定，凡在英国拥有住宅的，不论其居住时间长短，只要在纳税年度曾在英国境内停留，即确定为英国居民。

2. 居所标准。国际税收协定一般采用这一标准，该标准以自然人在本国境内是否拥有居所这一法律事实，决定其是否为本国居民。采用居所标准的国家，主要有英国、加拿大、澳大利亚等国。

居所作为确定个人居民身份的标准，在很大程度上反映了个人与其主要经济活动地之间的联系，这是它比住所标准显得更为合理的地方。但这种标准的缺陷在于个人的经常居住的场所，往往由于缺乏某种客观统一的识别标志，从而在实际应用中具有较大的弹性，容易引起纳税人与税务当局之间的争议。

3. 居住时间标准。指某一自然人在一国境内拥有居所并且居住时间达到法定期限即构成该国税法上的居民，即以一个人在征税国境内居留是否超过一定的期限，作为划分其为居民或非居民的标准，并不考虑个人在该国境内是否拥有财产或房屋等因素。

对于居住时间的长短，不同国家有不同规定，大多数国家规定为半年或1年。例如英国、加拿大和瑞典等国的税法规定，居住达到6个月者，即为该国居民；美国、新西兰和巴西等国税法规定，居住达1年以上者，为该国居民。

4. 国籍标准。根据本国国籍法应为本国公民的自然人，即构成税法上的居民。国籍是一个人同某一特定国家的固定的法律联系。如美国税法规定，凡属美国公民，无论其居住在国内或国外，对居住在国外的美国公民，亦不论其居住时间长短，都要按其世界范围的所得向美国政府纳税。采用这一标准，并不考虑纳税义务人与征税国之间是否存在着实际经济利益联系，纯粹以公民与国籍国之间的法律关系作为税收管辖权的依据。这不仅在执行中将遇到困难，而且将在国家间的税收关系上引起更多的矛盾与冲突，使国际税收关系更加难以调整。目前，这种标准仅有美国、墨西哥等极少数国家采用。

目前，国际上采用最广泛的是住所标准和居住时间标准，且有许多国家将住所标准与居住时间标准结合起来，综合确定纳税人的居民身份。也有些国家还同时采用居住意愿标准，即把在本国有长期居住的主观意图或被认为有长期居住的主观意图的自然人规定为本国税法上的居民。例如瑞士税法规定，凡在国内有永久性住所，或在本国停留6个月以上或在国内占有自己住宅3个月以上，均为瑞士居民，负无限纳税义务。

（二）我国现行居民纳税人确认标准存在的问题

我国现行个人所得税居民纳税人标准是在1993年立法确定的，历经22

年发展，但其划分标准基本框架没有改变。但随着我国经济体制改革的不断深化，纳税人的形式多样化不断涌现，现行的居民纳税人标准在税收管理权、居民纳税人认定、税源来源地的判定等方面存在着诸多问题。

1. 居民税收管辖权行使的范围太窄。从居民纳税人的认定标准来看，虽然我国《个人所得税法》没有引入“居民纳税人”的概念，但明确界定了“居民纳税人”认定标准，而且概述得相当具体、简明，但事实上“居民纳税人”认定标准比世界上其他很多国家却窄得多。如欧美大多国家的认定标准都明显低于我国的标准；又如美国持有绿卡的外国人被认定为美国居民纳税人，两年内累计在美国境内居住满 183 天的外国人也被认定为美国的纳税公民。

2. 纳税人的居民身份易于变更。一个人无住所连续在华居住满五年后，则从第六年起在任何纳税年度内在华居住不满 90 天，不再作为居民纳税人对待，重新作为非居民纳税人对待，其 5 年期限也重新计算。这无疑表露出我国的《个人所得税法》中极易为人所利用的漏洞。

3. 国内外居民税前扣除适用不同的标准。目前我国《个人所得税法》对国内、外居民纳税人的费用扣除采取了不同的标准，国内居民纳税人工资薪金所得费用扣除标准为 3500 元，外籍非居民纳税人增加附加扣除 1300 元，从而造成居民纳税人与非居民纳税人之间的不公平，不符合税收的国民待遇原则，形成了对本国居民的税收歧视。

4. 所得来源地判定标准不合理。一是虽然明确规定了在中国境内提供各种劳务而取得的劳务报酬所得为来源于中国境内，但个人所得是否为来源于中国境内的标准没有明确规定；二是现行《个人所得税法》规定租金所得和特许权使用费所得“来源于中国境内、境外”的判断标准分别是出租财产或特许权的使用地，而《企业所得税法》规定是租金或特许权使用费的负担者或支付者的居住地。当财产或特许权的使用地与租金或特许权使用费的负担者或支付者的居住地不一致的情况下，同一种性质的所得，个人所得税和企业所得税对其来源地判断的标准规定不同，不符合税收公平原则。

5. 居住时间标准不合理。一是比较国际上大多数国家采用的“183 天标准”，而我国《个人所得税法》采用的“365 天标准”是较为宽松的，这样会损失一部分税收利益，也给跨国纳税人进行避税活动提供了可乘之机。二是把临时离境限定为在一个纳税年度中一次不超过 30 日或者多次累计不超过 90 日的离境，该规定采用了既按次数多少作为标准，又按离境时间长短作为标准，结果产生了多次离境累计不超过 90 日但同时又一次超过 30 日的个人，是否应作为居民纳税人的歧义。

（三）完善我国居民纳税人认定标准的建议

纳税人是个人所得税的课税主体，为纳税义务的具体承担者。将纳税人分为居民纳税人和非居民纳税人，居民纳税人负有无限纳税义务，非居民纳税人负有限纳税义务，是各国通行的做法。一个国家如何有效地行使税收管辖权，关键在于在尊重国际惯例和国际规则的同时，从争取和维护国家税权的角度出发，依法确定本国居民纳税人的判定标准以及对他们的征税权限。

居民纳税人是指在中国境内有住所或者无住所而在境内居住一年内超过 183 天的个人，从中国境内和境外取得的所得，依照本法规定缴纳个人所得税。

符合下列情形之一的，从第 6 年起不论其在中国境内居留的时间长短，均为永久中国居民纳税人：

1. 在一个纳税年度内居住不满 183 天，但在 5 年内每年来华居住超过 90 天或累计超过 1 年的个人；

2. 到中国并愿意在中国永久定居或至少居住 5 年的个人。

在中国境内有住所的个人，是指因户籍、家庭、经济利益关系而在中国境内居住的个人。在中国境内有居所的个人，是指在中国习惯性、经常性居住的个人。

在境内居住超过 90 天的个人，是指在一个纳税年度中在中国境内连续或累计居住满 90 天的个人。

“中国境内”的概念，是指中国大陆地区，目前还不包括香港、澳门和台湾地区。

如果纳税人不符合上述标准，则为非居民纳税人。非居民纳税人，是指在一个纳税年度中在中国境内无住所又不居住或者无住所而在境内居住不满 183 天的个人，就其从中国境内取得的所得缴纳个人所得税。也就是说，习惯性居住地不在中国境内的个人，只有外籍人员、华侨或香港、澳门和台湾同胞。因此，非居民纳税人，是指在一个纳税年度内不在中国境内居住，或者在一个纳税年度内在中国境内居住不满 183 天的外籍人员、华侨或香港、澳门、台湾同胞。

（四）居民纳税人纳税义务的确定

按照国际惯例，居民纳税人负有无限纳税义务，即对本国居民纳税人取得来源于全世界范围的所得实施征税权。因此，中国居民纳税人，就其从中国境内和境外取得的所得均应在中国境内履行纳税义务，但境外所得允许进行相应的抵扣；非居民纳税人，就其从中国境内取得的所得在中国境内履行纳税义务。

（五）所得来源地的判定

个人所得税的课税原则有“属地主义原则”和“属人主义原则”课税之分。按照属地主义原则只对来源于本国的收入征税，而不论纳税人是否属于公民还是居民；按照属人主义原则只对本国的公民或居民征税，而不论其收入来源于国内还是国外。本次税制改革中我们建议我国个人所得税仍采用“属地主义原则”，判断所得来源地应遵循以下原则确定：

劳动所得，按照任职、受雇或者提供劳务的所在地确定。

经营所得，按照从事生产、经营的所在地确定。

财产转让所得，房屋、建筑物等不动产转让所得按照被转让不动产所在地确定；动产转让所得按照转让动产的企业或者个人所在地确定；权益性投资资产转让所得按照被投资企业所在地确定。

股息、红利等权益性投资所得，按照分配所得的企业或个人的所在地确定。

利息所得、租金所得和特许权使用费所得，按照利息、租金和特许权使用费的负担者或支付者的企业或个人居住地确定。

得奖、中奖、中彩所得，按照所得的产生地确定。

第二节 个人所得税课税对象及范围

课税对象是税收制度的基本要素之一，是区别一个税种与另一个税种的主要标志，体现不同税种课税的基本范围和界限。其他要素的内容一般都是以课税对象为基础确定的。每一税种都有其特定的课税对象，课税对象实质上规定了不同税种的征税领域。个人所得税也一样，国家为了筹措财政资金和调节经济的需要，可以根据客观经济状况选择课税对象，正确选择课税对象，是实现税制优化的关键。

一、课税对象的确认

课税对象又称征税对象，是税法中规定的征税的目的物，是国家据以征税的依据。个人所得税的课税对象是纳税人取得的全部应纳税所得额，通常情况下是指广义上的个人所得，是指个人在一定的期间内通过各种来源渠道或方式获得的一切经济利益。不论这种利益是临时还是偶然取得的，是以货币、有价证券形式还是实物形式表现的，都属于个人所得税课税对象。课税对象按取得所得的性质可具体分为劳动所得、经营所得、资本所得和其他所得。

如何确定应税所得，目前经济学界有两种观念：一种是“所得来源说”即认为只有从一个可以获得固定收入的永久性“来源”中取得的收入，才应被视为应税所得；另一种是“净增值说”即认为应税所得应包括所有的净收益和由第三者提供劳务以货币价值实现的福利，所有的赠与、遗产、中奖收入、投资收入和年金等各种周期性收益，但要从中扣除所有已支付的利息和资本损失。同时还可以将个人取得的各种所得分为毛所得和净所得、非劳动所得和劳动所得、经常所得和偶然所得、自由支配所得和非自由支配所得、交易所得和转移所得、应收所得和实现所得、名义所得和实际所得、积极所得和消极所得等等。

二、应税范围的划分

本次税制改革的目标模式应当是综合与分类相结合的个人所得税制度，实行“大分类（总体分类），小综合（主体综合）”的方式，即将个人所有的劳动所得和经营所得以“综合所得”的方式计征，而对资本所得和其他所得则仍然采用分类计征的方式。具体范围：

劳动所得，是指个人通过劳动获取的各种报酬，在任职、受雇、履约等实际劳务中取得的劳务报酬，包括非独立劳动所得（现行税法规定的工资薪金所得），即个人因任职或者受雇而取得的，除本法明示列举的免税项目以外的所得；独立劳动所得（现行税法规定的劳务报酬所得和稿酬所得），即个人非因任职或者受雇，由于提供某种形式的劳务而取得的，除本法明示列举的免税项目以外的所得。具体表现为单位发放的与劳动密切相关的各种福利和非货币利益，以及个人利用业余时间从事相关劳动获得的稿酬、讲课费、咨询费、劳务费，如免费使用的车辆、住房、餐饮，可报销的个人费用，如交通费、餐饮费、住房补贴、教育费、通讯费、搬迁费、各类商业性保险、无息或低息贷款等；社会保险费；公积金；退休金；失业补偿金等等。

经营所得，是指个体工商户、个人独资和合伙企业、承包、承租人从事生产经营取得的所得，包括工商户生产经营所得、个人独资和合伙企业生产经营所得、企事业单位承包和承租生产经营所得。

资本所得，是指资本所有人运用货币资本、实物资本、某种权利等项目获取的所得，包括现行税法规定的特许权使用费所得，利息、股息、红利所得，财产租赁所得，财产转让所得。具体分为两类：银行、保险、证券、信托、基金等各类金融品种的股息、利息、红利所得；转让股票、债券、房屋、土地、机器设备、贵金属、艺术品、收藏品等资本性资产而取得的所得等。

其他所得，是指个人得奖、中奖、中彩以及其他偶然性质的所得。主要包括中奖奖品、奖金、礼品、博彩收入、偶然所得、赠与等等。

我国现行《个人所得税法》采用的是正列举方式加概括法，列举法规定了 11 个应税项目，但对于今后可能出现且需要征税的新项目以及个人取得难以界定应税项目的个人所得，规定了“国务院财政部门确定征收的其他所得”。列举法主要采用正列举方式，在确定税基范围上限制了征税范围的扩大，虽然用概括法规定了其他认定的应税项目，避免了税基流失，但是因其规定的模糊性，易在征纳过程中引起征纳双方的纠纷和纳税人逃避纳税行为的发生。随着社会经济的发展，必然产生许多新型的个人收入，特别是资本、技术等生产要素可参与收入分配，我国居民的收入呈现出收入来源、收入形式多元化的发展趋势，个人收入的类型、来源、形式、性质等进一步呈现出多样性的特点，相应会出现越来越多的应税项目。这些不断出现的应当征收个人所得税的收入应该列入应税项目，但在现行个人所得税制下都无法自动地成为个人所得税的应税项目，使得所得税的税基过于狭窄。如雇主提供给雇员的附加福利，包括公车私用、员工持股、福利分房等；在目前法制不健全的社会主义初级阶段，对灰色收入征税并不是承认其合法，只是从税收角度加以弥补和补救。因此，在综合与分类所得税制模式下，应改变现行我国《个人所得税法》所得的正列举法，采取概括性更强的反列举法。一是税法列举项目中规定除本法明示列举的免税项目以外的所得，无论是现金、实物还是有价证券，无论是公开透明的收入，还是灰色的收入，都应作为个人所得税应税所得的范围。二是对某些特殊类型的个人所得，除本法明确规定不征收个人所得税的所得外，都属于应纳税所得范围。

三、应税收入的确定

目前，国际上的个人收入确认方法有两种：权责发生制和收付实现制。而我国个人收入的确认方法是权责发生制与收付实现制并用，在不同的环境下采用不同的确认方法，现代财务会计中一般是按照权责发生制来确认收入和费用的。

（一）收入确认的原则

1. 收付实现制原则。收付实现制又称现金制，是以现金的实际收付为标准来确定本期收入的实现和费用的发生，收入和费用的归属期与现金的收付行为的发生紧密地联系在一起。在收付实现制下，对收入和费用的入账是按照款项实际收到或支付的日期为基础来确定它们的归属期的，也即款项收到时作为收入入账，而款项支付时则作为支出入账。

2. 权责发生制原则。权责发生制是以权责关系来确认收支的，也就是按收款权利和付款责任来确认收支的。权责发生制的核心是，根据权责关系的实际发生和影响期间来确认企业的费用和收益。具体说来，凡应属于本期的收入和费用，不论其款项是否已经收付，只要发生均应作为本期收入和费用处理；反之，凡不属于本期的收入和费用，即使其款项已在本期收到或付出，也不作为本期的收入或费用处理。

本次税制改革中个人收入的确认仍建议遵循权责发生制与收付实现制并用的原则，同时考虑到个人收入变现和支付能力，以及我国当前个人收入形式的多样化和诚信体系不完备的现状，结合实质重于形式的原则，劳动所得、资本所得、偶然所得的收入确认应遵循收付实现制原则，该类收入相对易于确认，在支付所得时确认。经营所得的收入确认应遵循权责发生制原则，其经营收入主要是指从事生产经营活动所取得的销售产品或提供劳务的收入。众所周知，经营收入是产、供、销一切生产经营活动的联合结果。是在其生产完工时确认收入，还是在其销售或收到货款时确认收入，应该在同时满足下列两个条件时确认收入的实现：其一是为取得该收入的所有事项都已经发生；其二是应该确认的收入在金额上能够被合理地、准确地确定。

3. 收入确认的时间。

（1）劳动所得的收入，按照个人实际收到劳动报酬所得的日期确认收入的实现。

（2）经营所得的收入，按照产品（商品）物权发生转移和取得销货款或取得索取货款的权利的日期确认收入的实现。

（3）股息、红利等权益性投资收益，按照被投资方作出利润分配决定的日期确认收入的实现。

（4）利息收入，按照合同约定的债务人应付利息的日期确认收入的实现。

（5）租金收入，按照合同约定的承租人应付租金的日期确认收入的实现。

（6）特许权使用费收入，按照合同约定的特许权使用人应付特许权使用费的日期确认收入的实现。

（7）财产转让收入，按照合同约定的财产所得权和使用权发生转移的日期确认收入的实现。

（8）接受捐赠收入，按照实际收到捐赠资产的日期确认收入的实现。

（9）偶然所得收入，按照实际收到偶然所得的日期确认收入的实现。

（10）特殊收入的确认时间：以分期收款方式销售货物的，按照合同约定的收款日期确认收入的实现；企业受托加工制造大型机械设备、船舶、飞机，以及从事建筑、安装、装配工程业务或者提供其他劳务等，持续时间超过 12 个月的，按照纳税年度内完工进度或者完成的工作量确认收入的实现；采取产品分成方式取得收入的，按照企业分得产品的日期确认收入的实现，其收入额按照产品的公允价值确定。

（二）综合所得的范围

综合与分类相结合的计税就是要将个人收入分成两部分，一部分是把劳动所得类和经营所得类部分个人收入归并为综合计税，其余部分个人收入分类计税。因此，本次改革首先要解决的问题就是确认收入的范围，其次是应把哪些个人收入归并综合计税，哪些个人收入分类计税。

1. 个人收入的范围。现行个人所得税制把个人收入划分为11类，采用超额累进税率和比例税率两种税率分别对不同类别收入课税。这种收入划分是以当时个人收入来源结构特征为依据做出的选择，其后的个人所得税制改革始终没有触及个人收入分类。在设计综合与分类相结合税制如何征税时，如果个人收入类别的划分与我国实际情况相脱节，那么，不仅税收征收管理难以操作，而且会因制度缺失直接导致税收流失。目前个人收入分为11类基本合理，其中部分收入类别是永远存在的，如工薪所得、生产经营所得、财产转让所得、利息股息所得等。但也有些个人收入类别已名存实亡，如企事业单位承包经营所得，现实经济生活中企业已不再把资产包给个人去经营，而是按照《公司法》重组后让个人以参股方式获取企业税后收益，或是按部门绩效核定个人收入，收入多少计入个人工薪所得课税。事业单位改革至今，已不允许把单位资产包给个人去经营，至于单位下属经营性机构部门管理者的收入，虽与绩效挂钩，也是被归入工薪所得。可见，这类收入划分没有保留的必要。再如稿酬所得，也属于劳动报酬，可以合并为一类收入。因此，现在确有必要重新设定个人收入分类。

个人收入分类，归并一些个人收入综合和分类分别计税，就是把同质性收入归到一起综合计税。从我国实际情况看，把同质性收入纳入综合课税是务实的选择。原因在于：一是便于核定扣除额；二是同质性收入来源相对容易确认，从而便于确定具有针对性的税率。因此，把劳动所得和生产经营所得归总为个人综合计税范围，涉及现行工资薪金收入，劳务报酬收入，稿酬收入，个体工商户生产经营收入，对企事业单位承包承租经营收入，个人独资、合伙企业生产经营收入等收入。把资本所得和其他所得归总为个人分类计税范围，资本所得涉及现行特许权使用费所得，利息、股息、红利所得，财产租赁所得和财产转让所得四类收入；其他所得涉及现行偶然所得和其他所得两类收入。

2. 家庭收入的范围。目前，我国现行个人所得税制是以个人为纳税单位的所得税制模式，该税制没有考虑家庭间经济负担的差异，也没有从公平角度考量每个人的实际税负能力，从而偏离了个人所得税调节居民收入、实现收入公平分配的目标。要改变现行税制模式，设计符合我国国情且以家庭为纳税单位的税制模式，首先面临的实际难题是如何界定作为纳税主体的家庭范围问题。

首先是界定纳税家庭。确定个人所得税的“纳税家庭”，应遵循以公平为主同时兼顾效率的原则。以家庭为申报单位时，根据我国实行的计划生育基本国策，家庭为两代三口之家的结构，即由夫妻双方和其未成年孩子组成，一旦子女成年且具有获取经济所得的能力，视其为“单身”。其次还应考虑到家庭需要抚养子女和赡养父母的情况下，按照综合的纳税能力来确定家庭的应纳税额，实现有相同或近似收入并存在相同或近似的经济负担的家庭，所缴纳的个人所得税额也基本相同，使家庭人均可支配收入大致相当，在生活水平上能够尽量缩小差距。因此，新税制在界定纳税家庭成员时，纳税家庭应以婚姻关系为基础形成的核心家庭，家庭成员基本定位于夫妻及其未成年子女、没有收入来源或收入来源低于当地政府确定的最低保障收入的父母、丧偶和离异后直接抚养的子女。

按家庭计税与现行申报纳税明显不同，本次改革如果按照家庭计税来设计应如何归集家庭收入，以及如何划分。在综合与分类个人所得税制下，申报综合所得时选择申报单位由现行的个人改为家庭，其收入归集由原个人分项目收入为征税单位相应改为以家庭成员的综合收入为征税单位。家庭收入就是家庭成员一年所有综合所得的收入累加起来，其范围也是家庭成员个人收入的范围，具体划分收入的范围为新设计税制的劳动所得和经营所得，对照现行税法规定分项目的收入划分，包括工资薪金所得，劳务报酬所得，稿酬所得，个体工商户的生产经营所得，个人独资、合伙企业的生产经营所得、对企事业单位承包承租的生产经营所得。需要说明的是，由于我国农业生产力还比较低下，城乡收入差别较大，对直接从事农业经营的小规模家庭暂不纳入个人所得税纳税主体。

（三）分类所得收入的范围

分类课税则是针对某类收入课税。本次税制改革的综合与分类所得税制中分类所得为资本所得和其他所得。资本所得范围为现行税法规定的特许权使用费所得，利息、股息、红利所得，财产租赁所得，财产转让所得；其他所得为现行税法规定的偶然所得和其他所得。分类所得一般具有偶然性和不稳定性。分类课税能提高征管效率。纳入分类课税的收入属于特定来源收入，选择往往带有政策意图。

本次税制改革对分类所得征税，其分类所得课税存在税收优惠，也相应存在需要加强调节的高收入个人所得。因此，对分类所得征税“次”的确定要求为一定期限内所得。本次税制改革的分类所得“次”，是指纳税人在一个月内取得来源于中国境内、外的资本所得和其他所得为一次。分类所得“次”的确定：一是明确了分类所得征税的期限，让纳税人知道取得的分类所得在什么时间进行纳税申报，申报的期限有多长；二是明确按次纳税的所得范围，同类别分类所得归集在一起按次进行纳税申报；三是规定了分类所得的区域范围，只要取得分类所得都要按次纳税，突破了现行税法规定按“次”纳税的区域范围，即县（市、区）取得的分类所得扩展为境内、境外取得的分类所得。

第三节 个人所得税扣除项目

个人所得税不是对个人收入的总额课税，而是在总收入减除生计费用和其他必要扣除项目后，对其余额即应纳税所得额予以征税。费用扣除的主要目的是保证纳税人及其家庭维持基本、正常的生活需要。因此，确定个人所得税征税范围后，在计算应纳税所得额时，必须要考虑各种费用的扣除问题。在现实生活中，由于每个纳税人为取得相同数额的所得而支付的必需费用占所得的比例各不相同，甚至相差较大，因而规定所有纳税人都从所得中扣除相同数额或相同比例的费用，显然是不合理的。那么，在计算家庭应纳税所得额时，应扣除哪些项目，合理的扣除标准应当是多少？

一、现行个人所得税规定的税前扣除情况

费用扣除制度已成为个人所得税制度的重要组成部分之一，它直接决定税基，影响税负水平和税制公平。我国个人所得税的费用税前扣除主要包括三个部分：一是为取得生产、经营收入而必须支付的必要费用。这部分费用扣除主要体现净所得原则。税法中明确规定了费用准予扣除的项目。费用准予扣除的项目具体包括哪些费用是全额扣除，哪些费用是部分扣除，以及费

用核定扣除的依据、比例等等。同时，还明确了与取得收入无关的个人消费支出、为他人利益而支付的费用等不允许扣除。该项扣除适用于生产经营费用扣除、特许权使用费所得、财产租赁所得和财产转让费用扣除。二是生计费用（基本扣除）的扣除，即指纳税人为维持自身和家庭成员生存所必需的最低费用。该项扣除适用于工资薪金所得、劳务报酬所得、稿酬所得。三是其他法定或政策鼓励的必要项目可以据实全额扣除，如捐赠、社会性保险金等扣除。

费用扣除标准方法有两类：一类是定额扣除法，即工资薪金所得项目采取定额扣除法（3500 元/月）、个体工商户业主和对企事业单位承包承租人采取定额扣除法（42000 元/年）；二类是定额与定率扣除法，即劳务报酬所得、稿酬所得、特许权使用费所得、财产租赁所得采取定额与定率扣除法（收入不超过 4000 元的扣除 800 元/月次、超过 4000 元的按收入 20% 比例扣除费用）。

为了达到使高收入人群税负适当增加、中低收入人群税负相应减轻的目的，近年来我国个人所得税制度在费用扣除标准方面进行了改革并取得了一些进展。比如老百姓最为关注的工资薪金的费用扣除标准以及个体工商户、个人独资、合伙企业业主的费用扣除标准和对企事业单位承包承租经营者的费用扣除标准都进行了一系列调整。1980 年我国开征个人所得税时，工资薪金所得费用扣除标准为 800 元/月，到 2006 年 1 月 1 日调整为 1600 元/月，间隔达 26 年；2008 年 3 月 1 日个人所得税的工资薪金所得费用扣除标准提高到 2000 元/月；2011 年 9 月 1 日个人所得税的工资薪金所得费用扣除标准再次调整为 3500 元/月。同时，个体工商户、个人独资合伙企业的业主费用扣除标准和对企事业单位承包承租经营者费用扣除标准也相应进行了调整。但是，从上述调整可以发现我国个人所得税的费用扣除标准调整时间跨度大，与经济发展不同步，远低于经济的发展速度。

现行费用扣除方法优点也很突出，分项目扣除标准统一、简单明了，具有透明度高、征纳双方易于掌握的特点。但这种过于简化的扣除法并不能很好地贯彻税法的公平、效率和社会政策原则，税收宏观调控的功能也难以实现，也反映了仅仅调整费用扣除标准不能解决根本问题，说明了当前税制的费用扣除标准调整方法存在很多弊端。目前，我国费用扣除形式存在的主要问题如下：

1. 费用扣除标准单一，造成税收负担不公平。我国现行的个人所得税对工资薪金所得项目采取“定额扣除法”，即全国按统一的扣除标准确认纳税人的生计费用。这种方法以固定数额作为扣除标准，未能适时与物价指数挂钩，难以适应通货膨胀带来居民生活费用不断上涨的实际情况；同时对所有纳税人采取统一的费用扣除标准，没有考虑纳税人之间家庭结构和家庭负担的不同，从而造成不同纳税人之间税收负担不公平。

2. 费用扣除范围过窄，扣除标准未考虑量能负担。我国现行的个人所得税在费用扣除上，执行的是固定的税前扣除标准和税前扣除项目，导致扣除范围很窄，同时，扣除时采取“一刀切”的方式，完全不考虑地区经济差异、纳税人家庭人口多寡和生活负担、纳税人生计费用和特殊费用等因素，一律实行定额扣除的做法，不能真实地反映纳税人的实际负担能力，造成收入相同的纳税人由于家庭支出不同而导致的税负不同。尤其在家庭人员负担差异很大时，税收负担的差异表现得更为明显，税收的不公平性更加突出。

3. 费用扣除“内外有别”，不尽公平。现行《个人所得税法》对在中国境内工作的外籍人员（包括香港、澳门、台湾的同胞）计算其个人所得税应纳税所得额时，其税前扣除费用为4800元/月，比我国普通居民纳税人多了1300元/月的附加扣除费用；对外籍人员取得房补、洗衣费、探亲费、子女教育费等允许在税前扣除。这种“内外有别”的规定在国际上是没有的，完全是“超国民待遇”，它违背了税法所倡导的公平原则。

4. 分项扣除费用，造成税收流失。现行税制按不同所得项目适用不同的费用扣除方法，在客观上造成不同类别的收入存在不同的扣除标准与税收优惠，不仅形成计征口径不一，容易因纳税人分解收入、多次扣除费用或者不同性质的收入之间转移税负造成税款的流失，也给税务部门增加了征管的难度。

二、部分国家或地区扣除项目及启示借鉴

（一）部分国家或地区个人所得税扣除项目情况

1. 美国个人所得税的扣除：一是宽免额。对每个纳税人及其抚养的家属都给予了个人宽免额，但每年均有所调整。另外，美国的个税扣除对纳税人的生计问题考虑得比较周到，在宽免额中考虑了家庭总收入、抚养未成年子女、赡养老人支出等因素，切实把量能纳税的原则贯彻到制度中去。二是费

用扣除。扣除分为标准扣除和分项扣除，纳税人可视情况选择其中一种。标准扣除是对纳税人规定一个标准扣除额；分项扣除即把某些支出项目累加起来一并扣除，包括医疗费用、家庭住房抵押贷款利息、偶然损失、慈善捐赠、某些税款及其他杂项费用。此外，美国的个税扣除还实行税收指数化，即根据物价指数或通货膨胀的幅度等对宽免额或扣除标准额进行略微调整。

2. 英国个人所得税的扣除：一是费用扣除，是指与取得收入有关的一些费用支出，可从总收入中扣除，但这些费用必须是“全部”和“完全”为经营目的而发生的支出。二是税收宽免或称生计扣除。此类扣除考虑了纳税人年龄、婚姻和纳税人是否残疾等因素。三是考虑通货膨胀率等因素，每年的税收宽免数额与前一年的零售物价指数挂钩，与其上升幅度保持一致。可以看出，英国个人所得税扣除项目在确定时考虑了更多的相关因素，较好地体现了纳税人的实际税收负担能力。

3. 法国个人所得税的扣除：一是工作费用扣除。雇员可以选择按照工资、薪金的10%作为工作费用从个人所得税应纳税所得额中扣除，也可以选择工作费用据实列支的方法从个人应纳税所得额中扣除。二是标准扣除。购买法国境内或者境外机构的社会保障费、失业保险费、养老保险费等保险费用也在扣除范围中。三是贷款利息。包括居民支付的房屋抵押贷款的利息，可以从应纳税所得额中扣除。四是其他扣除。包括居民对慈善机构的捐款、家庭雇佣服务员所发生的费用、学生教育费用、照料孩子的费用和离婚赡养费用。五是被抚养人扣除。18岁以下的儿童、残疾孩子（不论年龄大小）属于被抚养人。18岁至21岁的孩子、21至25岁的全日制学生，可以申请为被抚养人。拥有被抚养人的家庭，每年可以从应纳税所得额中扣除2159欧元，而超过两个孩子的家庭可以扣除4318欧元。

4. 日本个人所得税的扣除：一是成本扣除。日本将纳税人的所得分为10大类的主要目的是合理扣除与取得各种收入直接相关的成本与劳动付出，以客观反映各项所得。二是综合扣除。该项扣除分为对人的扣除和对事的扣除两类。对人的扣除包括基本扣除、配偶扣除、抚养扣除、老人扣除及残疾人、寡妇、鳏夫、打工学生等扣除，家庭负担越重，则扣除越多；对事的扣除包括医疗费、社会保险费、人寿保险费、财产保险费、捐款、小企业互助基金及灾害损失等7个方面的支出，并按一定标准予以扣除。

5. 我国台湾地区个人所得税的扣除：一是纳税义务人可以按规定减除其本人、配偶及扶养亲属的免税额，纳税义务人本人及其配偶若年满70岁，则免税额增加50%。二是标准扣除额（或列举扣除额）。纳税义务人单身者扣除44000元，夫妻合并申报者扣除67000元。列举扣除的项目为：教育、文化、公益、慈善机构或团体的捐赠；人身保险、劳工保险；医药费及生育费；遭受不可抗力之灾害损失；向金融机构借款所支付之自用住宅购买借款利息；在境内租屋用于自住、非营业或执行业务使用者，所支付的房屋租金。三是特别扣除额。该项扣除共有五项，即财产交易损失、薪资所得特别扣除、储蓄投资特别扣除、残障特别扣除以及教育学费特别扣除。

（二）启示

综合部分国家（地区）的个人所得税扣除制度，虽然因国情不同而扣除制度各异，但基本都包括了以下三部分内容：一是为取得收入所必须支付的有关费用（以必要费用为主）；二是个人及被抚养人或被赡养人的生计费用；三是特别费用。而且各国的个人所得税扣除都体现了个人所得税所奉行的量能赋税原则和公平原则以及与当代社会政策相一致的宗旨。所以，总结归纳各国通用的个人所得税扣除精髓，对我国个人所得税扣除制度改革有一定借鉴意义。

1. 税制模式大多以混合税制或综合税制为主。目前，主要国家的税制模式大多为混合税制或综合税制，像我国实行分类制的国家已经很少了。尽管世界各国的经济发展状况、税收结构等国情都不尽相同，但其个人所得税的费用扣除方法，对于我国来说仍然具有很大的借鉴意义。鉴于我国现行的分类所得税制费用扣除方法弊端较多，必须从根本上来解决它，以避免产生更多的社会不公问题。因此我国税制模式的确定可以借鉴国外经验。

2. 在生计费用的设计上考虑家庭因素。实行混合税制或综合税制国家设计生计费用扣除时均考虑了家庭因素。比如美国十分重视家庭其他成员情况，尤其是孩子的数量情况。同等收入的两对夫妇，有孩子和没有孩子所交纳的税收相差很大；而日本的个人所得税扣除充分体现了量能赋税原则，费用扣除充分考虑了纳税人负担的家庭成员的具体情况，包括基本扣除、配偶扣除、抚养扣除、老人扣除及残疾人、寡妇、鳏夫、打工学生等扣除，家庭负担越重，则扣除越多。家庭生计扣除各国规定的范围不太相同，大体包括纳税人的配偶、家庭须抚养或赡养者数量、残疾人等，同时，家庭生计扣除只有在纳税人以家庭为单位进行纳税申报时才有意义。而中国不考虑家庭成员、老人、儿童等情况且以个人为单位进行纳税申报，一律按照相同费用扣除办法和税率计算纳税，则明显存在很大的缺陷。

3. 费用扣除项目比较详尽。国际上的个人所得税扣除项目比较多，涉及居民生活的方方面面，主要包括三部分：一是纳税人为获取收入而支付的成本费用，一般是实际列支或者限额扣除。二是生计费用，即劳动者及家庭成员的基本生活费用，一般包括个人宽免和家庭扣除两部分。个人宽免通常是规定一个免税额，并且与 CPI 联动；家庭扣除则根据纳税人的家庭各方面状况而定。如美国实行的是“宽免额分段扣减法”，当个人收入达到一定水平以后，个人宽免额部分要按一定比例减少；当收入达到更高的一个水平后，个人宽免额要全部取消。法国实行的是按家庭成员确定家庭系数，即成人系数为 1、小孩系数为 0.5，其应税所得就是以家庭总所得除以家庭系数。三是其他法定或政策鼓励的必要项目可以据实全额扣除。总之，值得我国批判地借鉴。

4. 费用扣除标准采用弹性机制。考虑到社会物价水平对人们生活的影响，大部分国家或地区都建立了所得税费用扣除的弹性机制，即将扣除额与 CPI 联动。这种做法的目的是减少由于物价上涨和通货膨胀对人们生活造成的冲击，保证人们基本的生存和发展。从 20 世纪 70 年代开始，大多数发达国家就探索且采取税收指数化措施。目前，美国、英国、加拿大、法国等国家都已经实现了扣除额与 CPI 挂钩。美国于 1981 年首次立法通过了税收指数化方案，这个方案在 1985 年开始正式实施，1986 年的税制改革又规定了劳动所得抵免的指数化。英国于 1982 年开始实施指数化，每年都按照前一日历年度的零售物价指数来调整其税前扣除额。加拿大则给 CPI 规定了一个临界点，如果 CPI 高于 3%，则按高出的部分来调整税率的档次级距以及扣除额。

5. 不存在“内外有别”的制度。国际上个人所得税费用扣除，没有发现外籍人士或者非居民纳税人与国内居民纳税人税收政策存在区别对待的问题，即便是对外国人才有特殊的优惠政策，但是就扣除额而言，国内外是完全一致的。因此，这种有违纳税横向公平的税收政策，在个人所得税制改革设计费用扣除时，有必要进行纠正。

（三）我国扣除项目选择需要考虑的主要因素

税前扣除的选择，既影响到个人所得税收入的规模，又影响到收入分配的公平，可见科学确定个人所得税税前扣除标准至关重要。为此，我国个人所得税制改革在设计选择费用税前扣除时，要适应当前经济社会发展需要，合理设计税前费用扣除，满足居民基本生活支出，体现国家向中低收入群体倾斜精神，减轻中低收入者负担。其选择的主要理由如下：

1. 费用扣除标准调整，要考虑纳税人的负担能力。在发达国家的个人所得税中，一般都会针对纳税人不同的社会负担情况而规定相应的扣除标准。而我国现行的个人所得税在费用扣除上，由于税基不宽，导致扣除范围也很窄，扣除时采取“一刀切”的方式。同时，我国个人所得税只对个人基本扣除进行考虑，没有充分考虑纳税人的婚姻状况、负担人口，有无孩子、老人、残疾人等等。这样会造成收入相同的纳税人由于家庭支出不同而导致的税负不同，从而形成不公，阻碍了公平原则的实现。尤其在家庭人员负担差异很大时，税收负担的差异表现得更为明显，税收的不公平性更突出。

2. 费用扣除标准调整，既要考虑纳税人减负需要，又要考虑财政承受力。从财政承受力的角度考虑，过高的税前扣除标准不仅会增加财政负担，而且不利于宏观调控的实施及财税体制的深化改革。据测算，2011 年扣除费用标准提高到 3500 元以后，湖北省工薪阶层需要缴纳工资、薪金个人所得税的比重下降近一半，税基大幅缩减。反观发达市场经济国家，个人所得税之所以能够成为主体税种，一个重要原因在于税基较宽。如果大幅提高个人所得税税前扣除标准，将造成个人所得税收入大幅下降，再加上增值税转型改革等一系列减收增支因素，财政负担过重。这个问题如果处理不好，势必会影响国家各项改革措施的出台实施，尤其是当前我国实施积极的财政政策。因此，提高费用扣除标准尤需慎重。

3. 费用扣除标准调整，要考虑优化税前扣除项目，有利于完善税制结构。在经济发达国家的税制体系中，个人所得税大都为主体税种，在承担国家财政收入主要来源的同时，又是政府调节收入分配的主要手段。但我国目前仍是以流转税为主体税种的税制结构，增值税、消费税、营业税三项合计占税收收入的比重超过 60%，而个人所得税收入规模较小，在全年税收收入中占比不到 6%，一定程度上限制了个人所得税调控国民收入再分配的效力。因此，个人所得税能否建设成为我国税制体系中的主体税种，一个决定性因素在于优化扣除项目。如果税前扣除项目太多太细，很多纳税人没有能力填表、计算，就会大大增加征税成本和纳税人的奉行成本。

4. 费用扣除标准调整，要考虑逐步取消费用扣除的“超国民待遇”问题。目前我国对在中国境内工作的外籍人员每月税前扣除额为 4800 元，比我国普通居民纳税人多了1300元的附加扣除费用。这种“内外有别”的个人所得税扣除费用形式在世界其他国家是没有的，从我国改革开放的实际情况出发，给予外籍居民以“超国民待遇”，此举是为了吸引外资和外国人才，但它违背了税法所倡导的公平原则。

5. 费用扣除标准调整，要适当考虑通胀因素。由于我国的费用扣除方法以固定数作为费用扣除标准，而没有考虑到，伴随着物价的上涨，纳税人的基本生活费用也在相应增加，而个人所得税的费用扣除标准却没有改变，这显然不尽科学合理。因此，确定费用扣除标准后，在一定期间要考虑通胀因素适当调整费用扣除标准。

借鉴国际上个人所得税前扣除的做法，我国实行综合与分类个人所得税制下适应我国征管实际的税前扣除选择包括三个方面：一是成本费用的扣除，即指为取得生产、经营收入而必须支付的必要费用。该项扣除适用于经营所得，对于生产经营费用扣除，按照纯收入征税原则和一般国家的通行做法，可采取据实列支或在限额内列支办法扣除。二是生计费用（基本扣除）的扣除，即指纳税人为维持自身和家庭成员生存所必需的生计费用。该项扣除适用于劳动所得。三是专项扣除，即其他法定或政策鼓励的必要项目可以据实全额扣除。

三、个人所得税扣除项目的调整优化

由于现行的成本费用扣除（包括财产租赁项目和财产转让项目）已经有较为完善的扣除办法，下面介绍税制改革的重点之一，即涉及劳动所得费用扣除问题。可以考虑将劳动所得的费用扣除分为基本扣除和专项扣除两大类：基本扣除实行以家庭为申报单位来计算确定；专项扣除是在基本扣除的基础上，再区别纳税人的家庭人口、赡养、抚养、就业、教育、是否残疾等不同情况予以确定。

（一）基本扣除

基本扣除，是为了维持最低生活保障费用的扣除。主要体现在基本扣除标准的确定和社会保险的扣除以及影响扣除的其他因素。本次税制改革的基本扣除建议按以下类别确定：

1. 基本扣除的确定。具体包括基本扣除标准和各种社会保险（养老保险金、医疗保险金、失业保险金、住房公积金等)。基本扣除标准是个人为赚取所得必须支出的衣、食、住、行费用和教育费用、医疗费用等。它不仅反映社会某一个时期中一个典型家庭维持基本生活所必需的支出，还能够反映出不同纳税人之间纳税能力的差异，以及能够考虑到不同家庭各自的特殊因素。从现行的个人费用扣除标准看，2011 年扣除费用标准已提高到 3500 元/月，即 42000 元/年，而 2013 年城镇居民的衣、食、住、行消费家庭支出仅为 13909 元/年[①]；同时考虑到我国个人所得税仍实行重点调节贫富差距为目标，再次提高个人费用扣除标准则要考虑财政承受力，又影响个人所得税调节功能的实现。因此，仍将家庭劳动所得的基本扣除标准维持确定为 8.4 万元/年；个人预扣申报的基本扣除费用标准为 3500 元/月；在全国统一基本扣除标准的基础上，各省市根据本地区经济发展情况在此基础上下浮动 10% 以内来确定扣除标准；同时根据国民待遇原则，中国国内公民、外籍人员、华侨以及港澳台同胞的基本扣除费用标准一致。

2. 社会保险的扣除。按照国家规定，单位为个人缴付和个人缴付的基本养老保险费、基本医疗保险费、失业保险费、住房公积金，允许在税前扣除。

3. 影响基本扣除因素。影响基本扣除因素主要是对费用扣除标准实行指数化调整，将通货膨胀与税收结构联系起来，具体做法可以采用“指数化”的方法，每 3 ~5 年由财政部或国家税务总局公布按物价水平调整指数，即个人所得税应税收入、级距、费用扣除等均与通货膨胀率同时增长。

(二) 专项扣除

专项扣除，主要考虑本次税制改革按家庭申报时纳税人的收入水平不同，家庭支付能力也不一样，其综合负担能力也不同，应该按不同标准进行扣除，建议在家庭申报时税前扣除：

1. 捐赠扣除。个人将其所得通过中国境内的社会团体、国家机关向教育和其他社会公益事业以及遭受严重自然灾害地区、贫困地区的捐赠部分，可以从其应纳税所得额中扣除。

2. 家庭附加扣除。赡养老人支出：赡养收入来源低于城镇居民最低生活标准或无收入来源的纳税人及配偶的父母、祖父母、外祖父母，每赡养一位

---

① 数据来源：国家统计局年度数据查询。

老人，税前扣除可以参照当地政府确定的最低生活标准或者由财政部定期发布调整的每年赡养老人费用扣除标准。

教育支出：纳税人自身职业培训教育费用超过公费支付部分可以进行税前扣除；未成年子女或已年满 18 周岁未满 25 周岁正在接受正规学历全日制教育的子女，或身有残疾或者精神不健全不能参加工作的子女，在义务教育阶段的学杂费可以按实际发生额全额扣除或者由财政部定期发布调整的每年教育费用扣除标准。

医疗保险支出：纳税人本人、配偶、子女和赡养的亲属的医疗费用超过报销部分和医疗保险的部分可以申请税前扣除或者财政部确定的允许税前扣除的医疗保险品种。

住房支出：在一个纳税年度内纳税人作为唯一居住的住宅所支付的贷款利息或租金，可以申请税前扣除。

（3）其他扣除。意外事故带来的重大损失等超过赔偿后的部分可以申请税前扣除。

第四节 个人所得税税率

税率是个人所得税制度的核心要素之一，直接影响纳税人的税收负担，关系到国家财政收入，所以，此轮个人所得税制改革必然涉及税率的调整优化问题。改革的一个重要目标就是调整税率，适当加大对高收入阶层的调节力度，对中低收入群体的负担，谋求藏富于民、共同富裕，实现收入分配的公平化和税收负担的合理化。

一、我国个人所得税税率现状

（一）现行个人所得税税率

我国现行个人所得税使用两种税率，即超额累进税率和比例税率。2011 年 9 月 1 日实施的新《个人所得税法》，将工资、薪金所得由 9 级超额累进税率修改为7级，税率分别为3%、10%、20%、25%、30%、35%和45%；个体工商户生产经营所得和企事业单位承包、承租经营所得适用5级超额累进税率，税率分别为5%、10%、20%、30%和35%；劳务报酬所得适用3级超额累进税率，税率分别为20%、30%和40%；对个人稿酬所得，特许权使用费所得，利息、股息、红利所得，财产租赁所得，财产转让所得，偶然所得和其他所得，适用20%的比例税率，其中，稿酬所得按应纳税额减征30%，实际税率为14%。

（二）现行税率存在的问题

从现行税率中可以看出，我国现行个人所得税税率设计存在不合理的地方：

1. 对于工资薪金所得设计了7级超额累进税率，而世界上大多数国家只规定了3~6级的超额累进税率，级数过多不仅不便于计算而且意义不大。

2. 工资薪金的税率级距设置不合理。低税率的级距小，这使得中低收入的工薪阶层成为被调控的对象。

3. 个人所得税税率按所得项目的不同分别确定，包括比例税率和超额累进税率，而超额累进税率根据两类不同所得项目分为7级和5级，结构相当复杂。

4. 最高边际税率定得过高，尤其是工资薪金所得的最高边际税率高达45%，而一些非劳动所得的最高边际税率却比较低，这样很难调动劳动者工作的积极性，也有失公平。

5. 对个体工商户的生产经营所得和对企事业单位的承包经营所得、承租经营所得适用5级超额累进税率和工资薪金所得的7级超额累进税率相比较，税负下降较大，难以实现预期的调节过高收入缓解个人收入分配不公的既定目标。

6. 现行个人所得税对工资薪金所得和劳务报酬所得分别课征，缺乏科学依据。二者同属于劳动所得却在税率上有很大的差异，这样会在税负上造成不公。另外对劳务报酬一次收入很高的要加成征收。具体内容对纳税人一次取得劳务报酬所得的应纳税所得额在2万元到5万元的，加成50%，超过5万元加成100%。相反，偶然所得属于非勤劳所得，但对它没有加成征收的规定，这似乎让人觉得税法是支持非勤劳所得的。

二、个人所得税税率调整的国际经验与借鉴

（一）税率改革国际趋势和国际税率比较

20世纪80年代以来，由于世界经济长期发展缓慢，西方国家进行了以大幅度降低所得税税率为主要内容的税制改革。以经济合作与发展组织（OECD）30个老成员国的中央/联邦个人所得税最高边际税率的变化为例，2000～2008年，最高边际税率提高的只有葡萄牙1个国家，而下降的有21个，占绝大多数；30个国家的平均最高边际税率从2000年的40.7%下降到34.9%，降低了5.76个百分点，平均每年约下降0.72个百分点。此外，在税率大幅度下降的同时，级距也明显减少。比如，20世纪80年代末，OECD有16个国家的级距平均从10级以上减少到不足6级。其中，英国从10级减少到2级。俄罗斯还实行了单一税率。尤其自2008年下半年国际金融危机爆发以来，各国纷纷对税收政策做出调整。危机爆发初期，普遍采取了临时性减税措施。个人所得税是这次国际金融危机中变化较大的税种之一。一方面，为应对金融危机，不少国家采取退税、提高扣除额或抵免额标准等临时性减税措施，减轻居民特别是中低收入阶层的税负，以稳定消费信心。另一方面是税率调整。各国个人所得税税率调整内容差异较大（见表3－1）：从调整范围看，有全面调整税率表的，如匈牙利、希腊，也有只对部分税率进行调整的；从税率变化看则是有升有降。

表3－1　2008年国际金融危机以来部分国家个人所得税政策的变化

国家	调整时间	个人所得税政策变化
德国	2009.1.1	最低档税率从15%降至14%，提高各档起征额
澳大利亚	2008.7.1	逐步提高30%以上税率档的起征额
	2009.7.1	40%税率档降至38%，2010年7月1日起再降至37%；逐年提高低收入者的抵免额
	2013.7.1	利息所得：减半
匈牙利	2011.1.1	综合所得适用的两档累进税率由18%、36%降至17%、32%；分项所得适用的一般比例税率从25%降至16%
俄罗斯	2001.1.1	实行13%比例税率，股息所得税税率：9%
	2010.7	外国专家预提税：13%（普通预提税：30%）

续表

国家	调整时间	个人所得税政策变化
巴西	2009.1.1	提高各档起征额；增加7.5%、22.5%两档新税率
希腊	2008.1.1	中等收入适用的29%、39%两档税率降至27%、37%，2009年进一步降至25%、35%
	2010年	2009年以年收入超过10万欧元者：1%一次性特别税；税率表：由原来的27%～40%三级变为18%～45%八级累进；提高利息税税率；银行业资金税：税率90%
爱尔兰	2007年	最高边际税率由42%降至41%
	2009.1.1	开征个人所得特别税：2%、4%、6%；存款利息税：普通存款由20%增至23%，投资基金等由23%增至26%。2009年4月7日起，再分别提高至25%和28%
	2010年	40万欧元以上高收入者有效税率：由20%提高至30%；开征居所税
	2011.1.1	降低起征额；普通存款利息税：由25%增至27%
英国	2009.4.6	按指数调整提高各档起征额
	2010.4.6	起征额不变，对年所得超过15万英镑的部分，适用的最高边际税率由原来的40%提高到50%

资料来源：国家税务总局税收科学研究所课题组："国际金融危机以来世界税收政策变化的特点与启示"，《税务研究》2011年第10期。

从表3－1中可以看出，通过提高个人所得税最高边际税率，增加对高收入阶层的征税就成了部分国家应对金融危机的重要选择，特别是希腊、西班牙、葡萄牙等面临主权债务危机的国家；有的国家虽然没有提高边际税率，但推迟了减税改革进程，如匈牙利将原计划于2009年实施的个人所得税减税改革推迟到2010年。从OECD 30个老成员国看，在2008～2010年期间，虽然仍有波兰、挪威、新西兰、匈牙利、芬兰和丹麦6个国家降低了最高边际税率，但也有英国、西班牙、葡萄牙、希腊、冰岛和墨西哥6个国家提高了最高边际税率，而且提高的幅度要略高于下降的幅度，因此，30个OECD老成员国的平均最高边际税率从2008年的34.9%略微提高到2010年的35.1%。但这并不意味着在全世界范围内个人所得税减税步伐的停止，而只是受金融危机的一种临时影响。因为促使个人所得税减税的原动力——经济全球化发展背景下争夺优质劳动力的税收竞争因素并没有消失，相反存在强化的趋势。实际上，如墨西哥，其提高边际税率本身就是临时性的，于

2014 年恢复到原来的税率水平；又如希腊，在危机之前就实施了减税改革，危机后由于巨大的财政赤字压力才被迫转向增税之路。由此可见，当金融危机的负面影响消退，财政状况得到改善以后，个人所得税的减税趋势仍将延续。

（二）部分国家资本利得税税率

1. 税率现状。英国：资本所得税设定年度豁免额，采用了超额累进税率，设定了四个税级：0%、10%、20% 和 40%。

美国：资本所得税分为长期资本所得税与短期资本所得税。长期资本所得税的税率只有较低的两个档次：15% 和 5%；而短期资本所得税率则遵循普通个人所得税率，税率高于长期资本所得税率，最高税级为 35%。从 2011 年开始，美国联邦税务局决定将短期资本所得税税率提高至 20%，并设定为统一比例税率。这一计划是在 2003 年做出的。

日本：资本所得税实行统一税率 20%。日本原减半征收的优惠政策已于 2008 年年底到期。

加拿大：资本所得的 50% 按普通所得税率课征。目前，在加拿大，没有长期资本所得与短期资本所得的税率差别。

意大利：资本所得税实行统一税率 12.5%。

法国：资本所得税率为统一税率 26%，年度豁免额为 5600 欧元。

德国：资本所得税只对短期资本所得征税。对股票持有期超过一年的资本所得以及对不动产持有期超过 10 年的资本所得，统称长期资本所得，不课征资本所得税。2009 年，资本所得税率由 25% 提高至 28%。

印度：长期资本所得的“持有期”主要有两种不同的规定：股票持有期超过一年的资本所得为长期资本所得；而其他资本投资持有期在 3 年或 3 年以上的资本所得为长期资本所得。过去，印度资本所得税只对短期资本所得征税，税率为 10%。从 2006 年开始，长期资本所得也开始征税，税率为 10% 或 30% 两档。

澳大利亚：没有单设资本所得税，而是将资本所得归并到个人所得税体系之中征缴。自 1999 年 9 月 21 日起，净资本所得作为纳税年度的应税所得，持有期在一年以上的，个人所得纳税人可以扣减 50%，养老基金则可扣减 33.33%。在纳税年度的净资本损失可以转移至下一个纳税年度冲抵投资利润。

巴西：资本所得税率为15%。

丹麦：资本所得不足45500克朗（2007年规定，每年调整）按28%的税率课征；资本所得超过45500克朗的部分按43%的税率课征。从2008年1月1日开始，将再增加一个税率档次，即资本所得超过10万克朗的部分按45%的税率课征。

芬兰：资本所得税率为28%。

匈牙利：自2006年1月1日起，资本所得税率执行统一税率20%，它包括股票、债券、共同基金，也包括来自银行的存款利息。

爱尔兰：资本所得税实行统一税率20%。

新西兰：只对经常性的股票交易征收所得税，但不单设资本所得税。

挪威：个人资本所得税实行统一税率28%。但资本所得不包括不动产、债券和利息。

波兰：自2004年以来，资本所得税实行统一税率19%。它包括股票、债券、共同基金和来自银行存款的利息。

俄罗斯：资本所得税实行统一税率，分两种情形：居民纳税人的资本所得税率为13%；非居民纳税人的资本所得税率为30%。

瑞典：资本所得税实行统一税率30%。

泰国：没有单设资本所得税，但所有资本所得必须按普通收入征缴所得税。

2. 国外设计资本利得课税税率因素分析。对资本所得和其他的课税，实践中各国做法不一。一些国家将个人的全部资本利得包括在应税所得之中，还有一些国家只将一定比例的资本利得纳入应税所得。部分国家对资本利得课税的税率设计主要考虑四个因素：

（1）对资本利得课税的税制模式。英国对资本利得设置单独的税种，其税率与普通个人所得税的税率无关。澳大利亚、加拿大等国对资本利得适用综合所得税制，将应税资本利得包括在个人总所得之中，适用普通个人所得税税率。而采用二元所得税制的北欧国家，则将资本利得与利息、股息等其他资本所得合并，适用区别于劳动所得的税率。以芬兰为例，2009年包括资本利得在内的资本所得适用28%的比例税率，而劳动所得适用7%～30.5%的累进税率。

（2）资本性资产持有时间的长短。许多国家在确定税率时将资本性资产持有时间作为重要的考虑因素。持有时间越长，处置时资本利得的税率越低。例如，美国规定个人出售公司股票时，若持股时间小于等于1年，其收益为短期资本利得，按个人所得税的普通累进税率计算纳税；若持股时间超过1年，收益为长期资本利得，则按15%的比例税率纳税。

（3）资产的性质。由于公司股票与公司债券性质相似，许多国家对这二者的资本利得适用相同的税率。对个人处置住房，澳大利亚、德国等国根据住房的使用性质确定税率。用于个人居住的，处置时获取的资本利得免税或适用低税率；用于经营或出租的，处置时要按基本税率纳税。

（4）纳税人的个人状况。决定个人纳税能力的是其总所得，因此，一些国家在确定资本利得税率时还考虑到个人总所得因素。如美国对低收入纳税人的资本利得，适用较低税率，甚至零税率。德国则考虑到纳税人的年龄或身体状况，实行不同待遇。55岁以上或丧失工作能力的纳税人，在处置经营资产时可享受一次资本利得免税的照顾。我国对资本利得课税时，将全部利得纳入应税所得，无法对特定性质的利得和低收入人群提供优惠。为此，可设计资本利得减免税或减少税率，使中低收入者免于就资本利得纳税。这样，既能促进社会财富的公平分配，使更多群众拥有财产性收入，又可提高税务管理效率。

（三）启示

借鉴个人所得税税率改革的国际理念，对我国个人所得税税率设计有以下启示：

1. 家庭申报的综合所得采用累进税率。实行综合与分类个人所得税制将采用家庭合并申报纳税，即意味着在确定适用于家庭的税率时，仍应以累进税率为基础。由于夫妻合并申报后，其收入总额远远大于夫妻的各自收入，如完全适用个人单独申报的税率，合并课税必然因适用的累进税率过高而遭受税收惩罚。因此，有必要单独规定对家庭适用的税率。家庭共同申报所适用的税率适用于两个人，亦即夫妻的应纳税所得额。为避免家庭合并申报制度的“婚姻惩罚”效果，夫妻适用税率应当比个人单独纳税所适用的税率低，而且夫妻之间的收入悬殊越大，夫妻共同纳税适用税率所带来的税收上的利益也应当越大。对于高收入的家庭而言，夫妻共同纳税适用较低税率也能降低以家庭为单位的整体税收负担。此外，夫妻共同申报的起征点也应当是个人独立申报的两倍。

2. “降低税率、减少级次”已是个人所得税税率改革大势所趋。实行综合与分类个人所得税引入“家庭”征税单位之后，可将超额累进税率与比例税率进行适度的整合，对个人经常性、主要收入的净所得采用超额累进税率，设计统一的按年征收的超额累进税率表。在税率级次方面，减少税率级次有利于简化税制，提高征管效率。目前多数国家税率级次为3～5级，因此，我国个人所得税累进税率的级次由现行的7级减少至5级。在边际税率方面，从30个OECD老成员国看，平均最高边际税率为35.1%，过高的税率容易带来替代效应，刺激纳税人逃税，结果可能事与愿违。从实际情况来看，我国现行个税的最高边际税率为45%，缴纳该档税率的纳税人寥寥无几，且与发达国家相比，该档税率也偏高。因此，进一步降低最高边际税率的比例至35%（或40%）为宜。在税率级距方面，在简化税制的基础上，通过对低收入群体设置低税率的级距较大的办法，来降低普通工薪阶层的税收负担。

3. 分类所得适用比例税率。目前，对资本利得课税是各国目前普遍的做法，但绝大多数国家只选择将几种特定的资本利得作为课税对象，其中被普遍征税的是出售公司股票、债券的利得，以及处置个人住房和经营性资产的利，而且大多数国家实行比例税率，平均税负20%左右。我国《个人所得税法》明确规定，财产转让所得（也就是我们所说的资本所得，包括证券交易所得、房产交易所得）应按20%的固定税率征缴个人所得，但同时证券类资本所得税暂被国务院批准豁免。

（四）适合我国国情的税率选择

税率模式的选择，不仅直接影响纳税人的税收负担，而且关系到政府的一些政策目标能否顺利实现。要发挥好个人所得税调节收入分配的功能，就应当对中低收入群体结构性减税，以期实现收入分配的公平化和税收负担的合理化，这是税制改革的一个重要目标。其理由如下：

1. 现行税制下绝大部分纳税人来自中低收入群体且纳税占个人所得税的80%以上，这意味着个人所得税的主体部分落在了中低工薪阶层。比如，据统计，湖北省地税部门2013年共征收个人所得税144.30亿元，其中约60%来自工资薪金所得的纳税人，其中适用于3%和10%两档税率的人群纳税占40.70%；适用15%～25%税率的人群纳税占43.31%；适用30%以上税率的人群纳税占15.59%。因此，按照遵循“量能负担”的原则，在税率及级距设计上要体现不同的人群税收负担不同。

2. 现行税制税率种类多、分段过多过细。工资薪金所得项目适用3%～45%七级超额累进税率，经营所得适用5%～35%五级超额累进税率，劳务报酬适用20%～40%三级超额累进税率，其他类别所得一律适用20%比例税率，加大了征收成本并且不利于征管水平的提高。此外还有流转税税负重、占比高，整个社会保障水平低、收费比例高等问题。通过减少税率级次，扩大税率级距，对高收入者的个人收入实行适度再调节，提高经营所得起征点，实现相同性质的所得税负相同，减轻了纳税人的税收负担，这样既能平衡税负又能调节高收入，最终缩小贫富差距。

3. 从世界性的税制改革的主要特征看就是降低税率，特别是降低最高边际税率。45%的最高边际税率，从国际上看，采用这么高税率的国家不是很多，OECD各国目前平均水平也仅在43%左右。税率越高，会影响投资的积极性，逃税的动机越强。通过降低边际税率，可吸引和留住国际人才，增强国家税收竞争力，有利于促进经济发展和提高税收的行政效率，这也是贯彻公平原则的重要要求。

4. 现阶段我国高收入者取得高收入的主要来源就是资本所得，这是当前个人所得税调控的重要对象，但税制对个人取得的资本所得无论多少，所得是否已纳税，一律适用20%的比例税率计算征税，既没有考虑各种资本所得的税收负担水平，又没有发挥个人所得税分配调节功能，也体现不出加大高收入者征管调控的对象。

5. 现行的股息、红利所得是在企业征收企业所得税后再对分配给股东的股息征收个人所得税，也就是说对投资取得的资本回报分别征收了企业所得税和个人所得税，即对一种所得进行了双重征税。这既不利于鼓励纳税人税后利润用于再投资，也不利于引导国际资本向我国流动和国内资本扩大投资。

三、个人所得税税率调整的建议

关于如何科学设计个人所得税税率的问题，应当考虑全球个人所得税改革的基本趋向，考虑当前我国收入分配的现状，结合税收模式的要求进行统筹谋划。总体目标是，有利于建立“中间大，两边小”的社会阶层结构，形成以中等收入阶层占主导地位的普遍富裕社会。技术上的总体考虑是，继续实行超额累进税率与比例税率并行，以超额累进税率为主的税率结构。具体改革设想是，降低综合所得税率，减少级距档次，扩大级距，综合所得税率适用3% ~35%（或40%）五级超额累进税率；同一级距内适用相同的税率，还根据纳税人的不同申报身份规定不同的级距，即家庭申报的基本费用扣除标准和级距是个人申报的2倍；资本所得和其他所得适用15% ~28%（或35%）三级超额累进税率，税率级距根据纳税人月（次）取得所得的多少适用不同的级距。

（一）综合所得税率设计

在具体设计上，对按年计征的综合所得税率，实行3% ~35%（或40%）的5级超额累进税率：年应税综合所得额在2.5万元以下的，税率为3%；超过2.5万~10万元的部分，税率为10%；超过10万~50万元的部分，税率为20%；超过50万~100万元的部分，税率为30%；超过100万元的部分税率为35%（或40%）；按月预扣的综合所得税，实行3% ~35%（或40%）的5级超额累进税率：月应税综合所得额在2000元以下的，税率为3%；超过2000~8000元的部分，税率为10%；超过8000~4万元的部分，税率为20%；超过4万~8万元的部分，税率为30%；超过8万元的部分税率为35%（或40%）。

（二）分类所得税率设计

分类所得的税率适用20%的比例税率。为了照顾低收入人群的利益，保障低收入人群生活日常需要的支出，对月应纳税所得额不超过5万元的分类所得，优惠减按15%的税率征收个人所得税；为了加大对高收入者个人所得税的征管，缓解贫富差距，对月应纳税所得额超过20万元的资本所得的部分，按28%（或35%）的税率征收个人所得税。

为了体现公平原则并鼓励风险投资，培育我国资本市场，吸引国际资本注入，对部分资本项目所得实行一定税收优惠：

1. 对上市公司股息分红实行差别化征税，即个人从公开发行和转让市场取得的上市公司股票，持股期限超过1年的，股息红利所得暂免征收个人所得税；持股期限在1个月以内（含1个月）的，其股息红利所得全额计入应纳税所得额；持股期限在1个月以上至1年（含1年）的，暂减按50%计入应纳税所得额。

2. 个人发生当年未抵减的资本损失，准予向以后年度结转，用以后年度的所得弥补，但结转年限最长不得超过五年。

3. 对用于再投资的资本性资产转让的所得，准予实施延期或分期5年内纳税。

第五节 个人所得税税收优惠

对特殊所得项目和特殊社会群体给予个人所得税优惠是世界各国通行做法，也是个人所得税调控个人收入分配职能的必然要求，体现了税收公平原则。为此，参照国际上个人所得税优惠通常做法，在设计个人所得税优惠时应以“缩小范围，减少项目”的要求设计税收优惠。

一、个人所得税现行优惠政策

现行《个人所得税法》规定有10条免税项目，3条减税项目，还有其他税收法规暂免征收个人所得税政策和减免税优惠政策。

（一）特殊群体的税收优惠

现行个人所得税优惠对象主要有以下特殊群体：

1. 外交人员：依照中国有关法律法规规定应予免税的各国驻华使馆、领事馆的外交代表、领事官司员和其他人员的所得。

2. 协议规定的人员：中国政府参加的国际公约、签订的协议中规定免税的所得。

3. 外籍人员：以非现金形式或实报实销形式取得的住房补贴、伙食补贴、搬迁费、洗衣费；出差补贴等生活费用，外籍个人按合理标准取得的境内、外出差补；外籍个人取得的探亲费、语言培训费、子女教育费等，经审核批准为合理的部分，股息红利所得。外籍个人从外商投资企业取得的股息、红利所得。

4. 外籍专家：根据世界银行专项贷款协议由世界银行直接派往中国工作的外国专家；联合国组织直接派往中国工作的专家；为联合国援助项目来华

工作的专家；援助国派往中国专为该国无偿援助项目工作的专家；根据两国政府签订的文化交流项目来华两年以内的文教专家，其工资、薪金所得由该国负担的；根据中国大专院校国际交流项目来华工作的专家，其工资、薪金所得由该国负担的；通过民间科研协定来华工作的专家，其工资、薪金所得由该国机构负担的。

5. 转业复员军人，其转业费、复员费免税。

6. 干部和离退休人员、延长离退休年龄的高级专家，其在延长离休、退休期间的工资、薪金所得，视同离休、退休工资免征个人所得税：按国家统一规定发给干部、职工的安家费、退职费、退休工资、离休工资、离休生活补助费。

7. 下岗职工人员、随军家属、退役士兵、转业干部等，从事个体经营的，三年内免征个人所得税。

8. 残疾、孤老人员和烈属，取得的劳动所得减税。

（二）特殊项目的税收优惠

现行个人所得税优惠项目主要有以下特殊项目：

1. 奖金：省级政府、国务院部委和军队军以上单位，以及外国组织、国际组织颁发的科学、教育、技术、文化、卫生、体育、环境保护等方面的奖金；见义勇为奖金；个人举报、协查各种违法、犯罪行为而获得的奖金；

2. 债券利息：国债和国家发行的金融债券利息；

3. 补贴津贴：按照国务院规定发给的政府特殊津贴和国务院规定免税的补贴、津贴；

4. 福利费、抚恤金、救济金：根据国家有关规定，从提留的福利费或工会经费中支付的个人生活补助费；民政部门支付给个人的救济金以及抚恤金；

5. 中国政府参加的国际公约、签订的协议中规定免税的所得；

6. 转让房产所得：个人转让自用达5年以上，并且是家庭唯一生活用房取得的所得；

7. 手续费：个人办理代扣代缴税款手续费，按规定取得的扣缴手续费；

8. 转让股票所得：对个人转让上市公司股票的所得，暂免征个人所得税；

9. 自然灾害：因自然灾害造成重大损失的；

10. 房屋租赁：个人取得的房屋租赁所得，按10%税率征税；

11. 中奖：个人购买体育彩票一次中奖收入不超过1万元的，暂免征收个人所得税；

12. 捐赠扣除：纳税人将其所得通过中国境内的社会团体、国家机关向教育和其他社会公益事业以及遭受自然灾害地区，贫困地区的捐赠，其捐赠额不超过年应纳税所得额30%的部分，可以据实扣除。

税法规定的比例准予扣除的捐赠项目：国家重点交响乐团、芭蕾舞团、歌剧团、京剧团和其他民族艺术表演团体；公益性图书馆、博物馆、科技馆、美术馆、革命历史纪念馆；重点文物保护单位；文化行政管理部门所属的非生产经营性的文化馆或群众艺术馆；环保基金；法律援助基金；卫生保健基金；订阅《人民日报》、《求是》杂志捐赠给贫困地区的费用支出等等。

准予全额扣除的捐赠项目：福利性、非营利性的老年服务机构；农村义务教育；中华健康快车基金会和孙冶方经济科学基金会、中华慈善总会、中国法律援助基金会和中华见义勇为基金会；防治“非典”等等。

二、国外个人所得税优惠及其启示

（一）有关国家的税收优惠

1. 美国。税法实行“宽免额分段扣减法”，规定的“宽免额”约为7500美元。当个人收入达到一定水平以后，“宽免额”会随着个人收入的增加而按一定比例减少；当收入高到一定程度后，个人“宽免额”将全部取消。允许扣除的生计费用包括：基础扣除、抚养扣除、劳动所得扣除、老年人扣除、病残者扣除、寡妇（鳏夫）扣除和捐款扣除等。2009年美国共计有47%的家庭不用缴纳联邦个人所得税，这些家庭有的是因为收入过低，有的收入不低但他们有大量的不予征收的应税所得项目、所得扣除项目和税收抵免等优惠政策，因此免缴联邦所得税；2009年在年收入3万美元以下带有孩子的单亲家庭中九成以上的家庭不需缴纳联邦所得税；老人家庭约有55.3%的家庭免交联邦所得税。同时把富人作为纳税的主要目标，2010年美国个人所得税的最高税率将从2009年的35%改为39.6%。

2. 德国。从2010年开始，个人所得税起征点从6322欧元（约合人民币58000元）提升到7664欧元（约合人民币70312元）。同时，政府还根据家庭情况（如单身、已婚无子女、已婚有子女等）采取不同的个税起征点。有几种情形可以减少个人收入所得税，包括：已婚家庭但拥有18岁以下子女，或者子女在27岁以下但仍在上学的以及子女没有收入的；向德国机构捐助政治款项或者慈善款项；不可抗拒的特殊高额开支（如生病）等。

3. 法国。通过发放家庭补贴和各种减税政策减轻负担，并向有孩子的贫困家庭发放补助，缓解其生活压力。法国的收入所得税税率是高额累进制，就单身工作者而言，年收入不足4192欧元（约合人民币38471元）者免税，对年收入低于8242欧元（约合人民币75646元）者开征7.05%的个人所得税，如果年收入超过47131欧元（约合人民币432577元），税率相应升至49.58%。

4. 日本。实施“所得税控除制度”，将纳税者本人生活所需的最低费用、抚养家属所需的最低费用以及社会保险费用等免征所得税。许多日本人尽管年收入相同，但如果抚养子女、需赡养老人的数量不同，需交纳的所得税税款也大为不同。收入越高缴税越多：年收入330万日元（约合人民币26.4万元）以下者缴纳10%；年收入330万至900万日元（约合人民币72万元）者缴纳20%；年收入在900万至1800万日元（约合人民币144万元）者缴纳30%；年收入在1800万日元（约合人民币144万元）以上者缴纳37%。

5. 韩国。为照顾低收入人群和弱势群体，采取免征、低税率、所得扣除等措施。免征是年收入1500万韩元以下的家庭（以四口之家为标准）和年收入482万韩元以下的个体营业者。所得扣除指的是给予一些费用优惠或免征所得税，其中包括一部分家庭生活费、医疗费、学费、保险费、特殊稿费等。低税率：年收入1000万韩元以下税率为8%，收入越高税率也越高，8000万韩元以上的税率为35%。

6. 印度。2011～2012年提高个税起征点，基本个税起征点由年收入16万卢比（约合人民币2.3万元）提高到18万卢比（约合人民币2.6万元）；老年公民起征点由年收入24万卢比（约合人民币3.5万元）提高到25万卢比（约合人民币3.6万元）；妇女起征点维持在年收入19万卢比（约合人民币2.8万元）。对于巨富阶层，也就是每年收入超过百万卢比的，政府还可以酌情加收10%。由于起征点规定得比较高，印度只有大约3000万人具有纳税人“资格”。

（二）国外经验的启示

部分国家税收优惠政策的确立方法和思路，为我国个人所得税制改革提供了很好的借鉴方式和制定税收优惠政策的思路。

1. 扩大税基，减少优惠。扩大税基是世界各国的普遍共识，从上述各国的实际做法来看，将免税项目之外的一切收入都纳入征税范围，而且免税范围有限、界定非常明确清晰，优惠政策的对象弱势群体。相反我国没有把财产继承所得、儿童入托、差旅费、免费就餐以及单位提供的实物福利等计入个人收入，优惠对象过宽，如离退休人员、军人、外籍人员等。

2. 体现公平，缩小差距。世界各国普遍认同国民纳税人享受的税收政策一致，不存在外籍纳税人享受超国民待遇现象，收入也不存在合法与非法收入之分，只要是纳税人取得收入就应申报纳税。而我国大陆居民纳税与外籍居民纳税人差异较大，不仅扣除标准“起征点”不一致，费用扣除项目也不一致，如外籍个人以非现金形式或实报实销形式取得的合理的住房补贴、伙食补贴、搬迁费、洗衣费、出差补贴等生活费用、探亲费、语言培训费、子女教育费等，暂免征收个人所得税。

3. 政策引导，区别对待。世界各国制定个人所得税优惠政策：一是引导国内产业政策，如避免双重征税；二是增加弱势群体收入，例如增加老年人扣除、病残者扣除、寡妇（鳏夫）和捐款等扣除。但我国个人所得税优惠政策对象较多，既没有体现产业政策导向，也对弱势群体倾斜不够，如《个人所得税法》规定对于省级政府、国务院部委、军以上组织等颁发的科学、教育等方面的奖金予以免税，按国务院规定发放的政府特殊津贴予以免税，进行免税双重鼓励，但意义不大；捐赠分对象扣除标准有全额扣除与30%扣除之分，在客观上对不同项目所得进行区别充分对待。

三、调整和完善个人所得税优惠政策

当前的税收优惠政策扶持社会、照顾特殊社会群体的做法没有得到很好的政策引导效应，无法从根本上实现扶持特殊社会群体的目的。因此，调整和完善个人所得税优惠政策是本次税制改革的必然要求。调整和完善减免税优惠政策主要体现在对低收入弱势群体和国际税收协定规定的特殊人群的照顾，具体需要特殊照顾的人群和特殊项目所得：

1. 特殊所得项目。因严重自然灾害造成重大损失的；转让自用5年以上且是家庭唯一生活普通住房取得的所得；纳税人将其所得通过中国境内的社会团体、国家机关向教育和其他社会公益事业以及遭受自然灾害地区、贫困地区的捐赠，其捐赠额不超过年应纳税所得额30%的部分，可以据实扣除；其他经国务院财政部门批准减税的；企业税后利润分配的股息，用于国内再投资的股息可以全部（实业投资）或部分（非实业投资）扣除利润承担的企业所得税，避免双重征税。

2. 特殊社会群体。依照我国有关法律规定应予免税的各国驻华使馆、领事馆的外交代表、领事官员和其他人员；中国政府参加的国际公约、签订的协议中规定取得免税所得的人员；残疾、孤老人员和烈属；取得遗产不超过100万元的继承直系亲属和抚养人或赡养人；取得从事种（养）殖业的小规模纳税人；个体工商户达不到增值税营业税起征点的纳税人暂不征收个人所得税。

第四章

个人所得税征管制度改革

税制优化的一个基本标准就是税制的可行性，而税制的可行性很大程度上受制于税收征管能力。无论是税制优化的实践还是理论研究，都需要同时研究降低税收成本、强化税收征管的途径和方法。如果说个人所得税制度要素的设计是关于“做什么”的设计，那么税收征管制度的设计就是关于“怎么做”的设计。

第一节 个人所得税征管制度概述

个人所得税自开征以来，征管制度不断完善，有力地促进了税收职能的发挥，但是与建立在分类税制基础上的征管制度和税制改革对征管机制提出的要求，仍存在一定的差距，所以，对个人所得税征管制度进行相应改革是非常必要的。

一、个人所得税征管模式发展沿革

个人所得税在管理上实施什么样的征管体制，在征收上采取什么样的征管模式，它是与个人所得税的税制架构相适应的，是由当时的经济社会背景及国家政策决定的。新中国成立伊始，原政务院颁布了《全国税政实施要则》，决定开征14种税，其中对个人所得征税的税种确定为薪给报酬所得税和利息所得税。1955年，《关于个人所得税的方案》第一次提出开征个人所得税。由于当时我国经济社会发展水平较低，并且实行高度集中的计划经济体制、平均主义的分配制度和低工资制度，尽管设立了这一税种，但一直没有开征。利息所得税也于1959年停征。皮之不存，毛将焉附，没有税，当然无所谓“征”。所以，这一时期基本上没有考虑个人所得税的征管方式问题。

我国对个人所得税征管模式的探索始于1980年。伴随着改革开放，1980年、1986年分别出台《个人所得税法》、《城乡个体工商业户所得税暂行条例》和《个人收入调节税暂行条例》。这三部法律法规和1986年、1992年分别出台的《税收征收管理暂行条例》、《税收征管法》共同构成我国个人所得税征管模式确立的法律依据。这一时期，除个人收入调节税对工资薪金收入、承包转包收入、劳务报酬收入、财产租赁收入四项合并采取综合征管模式外，个人所得税、城乡个体工商业户所得税以及个人收入调节税其他税目仍采取分类征管模式。个人所得税分类征管模式在这一时期的主要特征在于：一是将纳税人各种来源不同、性质各异的所得进行分类，以各自独立的方式计算缴纳税额，不同收入类别之间互不交叉。二是采用源泉扣除为主、自行申报为辅的税收征纳方式。个人所得税和个人收入调节税规定个人自行缴纳和代扣代缴两种征收方式，城乡个体工商业户所得税规定个体工商业户自行缴纳和税务机关主动征收两种方式。

现行个人所得税的征管模式是从1994年开始实行的。新修订的《个人所得税法》将1980年开征的个人所得税、1986年开征的个体工商业户所得税和个人收入调节税合并为统一的个人所得税。此后，为适应经济社会形势的发展和国家宏观经济政策目标的需要，个人所得税制要素虽然历经数次修改，但个人所得税制的基本内容没有发生实质性变化，与之相适应的个人所得税征管模式也没有发生太多的实质性突破，基本沿袭了既有的个人所得税分类征管模式，即个人所得税代扣代缴制度与纳税申报制度并行的征管模式。在此期间，分类征管模式下的具体细节制度和征管方式方法进行了两次重要的强化和完善：一是2005年颁布的《个人所得税管理办法》对代扣代缴制度进行了完善，提出实行全员全额扣缴申报，使个人所得税代扣代缴制度朝着合理、更加高效的方向发展；二是2006年颁布的《个人所得税自行纳税申报办法》对自行申报制度进行了完善，首次提出年收入12万元以上纳税人自行申报制度，这为下一步个人所得税分类征管模式逐步走向综合与分类相结合的征管模式奠定了一定的基础。

二、税制改革与征管改革的关系

税收制度和税收征管存在两个层面的互动关系：一方面，科学、完善的税制可以为税收征管创造良好的基础；另一方面，有效的税收征管是实现税收制度与政策目标的必要手段和保证。[①] 综合与分类相结合的个人所得税制对税收征管理念、手段、技术和制度等各方面提出了更高、更新和更加规范化的要求。

（一）征管制度科学化

税制要素中与征管活动关系较为紧密的有纳税义务发生时间、纳税环节和纳税地点。尽管在税制设计时，已经根据税种的原理、特点和要求设计了相对合理的各个税制要素，但是，分税制下的税收收益权的归属使得税收征管活动有可能偏离税制要素的设计。在既要提高征管效率，又要降低征管成本的目标下，征管制度科学化成为必然要求。尽管目前个人所得税某些税制要素的设计与分类征管的要求相适应，但随着个人所得税制改革的深入推进，原有部分征管方式方法将会偏离原来税制设计要求和原则，虽然简化了征管方法，但在一定程度上阻碍了个人所得税制公平作用的发挥。

（二）信息披露常态化

在综合与分类相结合的个人所得税制下，税务机关直接面对自然人纳税人的申报信息，将面临管理对象呈几何级次增长。不断激增的个人收入信息流是税务机关面临的大问题。在纳税人众多的现实约束下，税务机关自身的管理资源有限，要获取所有纳税人的涉税信息，单靠自身的力量根本无法完成，必须拓宽获取信息的途径，充分利用其他部门的力量，特别是利用与纳税人有直接交易往来的经济主体和个人以及掌握相关税源信息的政府部门，将散落在各地的个人信息整合起来。通过其他部门提供的信息与纳税人申报信息进行比对，从中发现申报不实、税法遵从程度不高的纳税人。

---

① 张贵："论税收制度与税收征管的协调"，《内蒙古财经学院学报》2004 年第 2 期。

（三）税源监控精细化

税源监控是对税收收入来源的现状和发展变化进行监督、预测、统计和分析的过程，是税收管理体系的核心内容。税源监控能力是税收征管能力的重要组成部分，对个人所得税征管尤为重要。个人所得税税源广泛，具有分散性、流动性和隐蔽性等特点，经过多年的努力，我国对工薪阶层个人所得税税源基本纳入监控视野，对除工薪阶层以外的纳税人税收调节取得了一定效果，但对这些群体监控乏力的现象没有得到根本改善。综合与分类相结合的个人所得税制改革对个人所得税税源监控精细化提出全新要求，除继续加强对工薪所得进行有效监控外，要进一步加强对高收入行业纳税人和私营企业管理层监控，及时掌握纳税人收入财产增减变化。

（四）纳税服务社会化

随着市场经济的发展，我国个人收入来源渠道日益多元化。在这种收入格局和趋势下，综合与分类相结合的个人所得税制要求纳税人自行计算，自行申报个人或者家庭的综合收入并自行计算应纳税额。随之而来的是更多利益相关者参与到涉税活动中来，仅凭税务机关一方提供有限的纳税服务远远不够，还需要其他非营利纳税服务机构为纳税人提供各种纳税服务。这种纳税服务是经济社会发展到一定阶段的必然产物，是和发达的市场经济相适应的，是整体纳税服务工作重要的、不可或缺的组成部分。

三、个人所得税征管制度改革总体思路

世界各国个人所得税改革的成功经验和实践表明，科学严密的征管制度设计是推进个人所得税制改革的基本前提和重要保证。个人所得税制从分类向综合与分类相结合转变，随之而来的税收征管制度设计必须在综合与分类相结合的个人所得税制框架内进行。税收征管制度设计既包括纳税义务发生时间、纳税期限、纳税地点等具体征管要素设计，同时也包括税务登记、申报纳税、税额确认、税务检查、法律责任和争议处理等程序制度设计。借鉴国际个人所得税征管制度设计的主要先进经验，结合我国基本国情，我国个人所得税征管制度设计的总体设想是：围绕服务科学发展、共建和谐税收的工作主题，适应优化税收整体结构、公平个人所得税制和推进政府职能转变

的要求，构建以完善税务登记制度为前提，以健全申报纳税制度为核心，以确立税额确认制度为重点，以明确纳税义务发生时间、纳税期限、纳税地点等为基础，以细化税务检查、法律责任和争议处理为保障，以信息化为支撑的个人所得税征管制度。

第二节 个人所得税登记制度

税务登记制度是税务机关对纳税人的生产经营内容进行登记管理，掌握辖区内税源分布情况和纳税人生产经营活动的一项基本制度。税务登记在税收管理中占有重要的基础性地位。个人所得税纳税人税务登记与其他税种纳税人税务登记具有一定的同质性，其法律依据都是税收征管法及其实施细则。就税务登记制度而言，目前，我国主要税种都是建立在以企事业单位为征管对象的基础之上的，即使是个人所得税，虽然纳税人是自然人，但征管对象也主要为代扣代缴单位，而不是自然人。个体工商户纳税人虽然属于自然人，其有别于其他非从事生产、经营自然人纳税人的不同之处是，必须先进行税务登记；相反，其他非从事生产、经营的自然人纳税人则不需要进行税务登记。当前，我国所缺乏的正是这种针对自然人税务登记和税收征管的制度设计。个人所得税征管模式从分类迈向综合与分类相结合，当务之急和首要之举是借鉴国外先进经验，迅速建立健全自然人税务登记制度，其核心就是全面建立纳税人识别号制度，即为每一个个人所得税纳税人赋予一个全国统一的纳税人识别号，用于其办理税务登记、申报纳税、申请退税等各个方面事项。

一、国外纳税人识别号制度

（一）美国

1913 年，美国通过第一部《个人所得税法》，实行综合税制。美国现行个人所得税课税模式主要依据 1986 年美国国内收入法个人所得税，采取综合征收模式。在美国，除了小孩外，几乎每个成年居民都要缴纳个人所得税。根据税法规定，只要是美国公民或者绿卡持有人，美国政府都要对纳税人的收入征税；即使绿卡持有人不居住在美国，也必须为其海外收入向美国缴纳个人所得税。在税务登记阶段，美国国内收入局建立唯一的纳税人识别号制度，税务机关通过纳税人识别号把不同来源的同一纳税人的涉税信息进行归集，以便通过计算机程序与纳税人申报信息进行比对，这个编号与社保号相互对应。在美国，每个公民在出生后就必须申请一个社会保险号码，在美国工作的外国人和得到美国大学奖学金资助的外国学生也不例外。该社会保险号码用处非常广泛，涉及申请工作、发放薪金、填写纳税申报表、银行存款开户、申请信用卡、购买各类保险、购买房产或者汽车、领取驾驶执照、登记犯罪记录等各个方面。任何人在涉及上述事项时都需要填写社会保险号码并被输入计算机。

（二）瑞典

瑞典公民一出生就有10位数字的终身税务号码，用于税务申报和一切经济活动，所有部门都要使用这个号码，而且管理严格。税务部门可以通过税务号码掌握纳税人的一切经济活动、收入来源和财产状况。纳税人去世后，税务机关还要按照其财产、负债征收遗产与赠与税后，再核销该号码。同样，当一个新公司申请成立时，也有一个统一的税务号码。每年年底，银行会将个人和公司的财产、收入情况提供给税务部门。根据税务号码，税务部门可以随时查阅纳税缴税情况。税务号码成为个人和企业生存的基础，银行开户、社会保险缴费等日常经济生活都需要税务号码，个人和企业的不良信息也可以通过税务号码查询。

（三）澳大利亚

个人税号是澳大利亚个人所得税征收得以顺利进行的最基本环节。每个澳大利亚公民自出生之日起，均有一个伴随自己一生的个人税号。任何一个进入澳大利亚的外国人，只要在澳大利亚有收入，就应当申请个人税号。个人税号准确记录纳税义务人的所有资信。澳大利亚的数据匹配系统授权包括税务机关在内的政府机关将公民的个人收入、家庭情况（包括要抚养的未成年人）、信用状况等内容，根据个人税号详细记录在案。澳大利亚个人所得税征管相关法律规定，纳税义务人在投资或受雇时应向银行或雇主提供个人税号。如果纳税人提供了个人税号，银行或雇主在付利息或发工资时，会在税额额度范围内按照最低个人所得税税率对其扣缴；若未能提供，就会按照最高税率进行扣缴。

（四）印度

印度与我国同是发展中大国。印度政府强制推行个人永久账号制度。凡纳税人必须向税务机关申请一个10位数的个人永久账号。这个账号伴随纳税人一生。个人永久账号帮助印度税务部门掌握个人财务往来资信，如汽车交易、医院记录、饭店消费、银行账户、电话账单、股市交易等，这样纳税人的各项收入支出一目了然。通过个人永久账号严密监控资金往来颇丰的印度中上流阶层和外企职员等。印度税务机关规定，凡个人年收入达到5万卢比（目前1元人民币约为10印度卢比）、个人经营公司当年营业额超过50万卢比，都必须向税务机关申请个人永久账号；凡是超过50万卢比的房地产交易、汽车交易、2.5万卢比以上的饭店账单、费用在2.5万卢比以上的国外旅游信息，都必须记录在纳税人个人永久账号上。税务机关通过个人永久账号可以从纳税人的收入、消费、资金往来等信息核查其是否如实申报纳税。

（五）越南

越南政府的税号管理办法规定，纳税人应在所得给付单位或者税务机关办理登记核发税号手续，每个纳税人仅获核发唯一的税号，并准予使用于申报及结算税款。规定有所得的个人必须办理税务登记，并领取税务代码。雇主可代办此项登记和领取，并在工薪支出时，扣缴雇员的个人所得税。雇员如果不通过雇主扣税，可以直接向税务机关报缴所得税。

二、我国的纳税人识别号制度

统一的纳税人识别号是构建个人所得税综合与分类相结合征管模式的基础性工作。我国应该借鉴国外个人所得税征管先进经验，为每一个个人所得税纳税人建立一个具有唯一标识的纳税人识别号。同时应该规定，纳税人在经济生活中的所有资金往来均可以据此识别号厘清。纳税人识别号制度建立健全后，税务机关可以快速准确地掌握纳税人的各项收入和支出信息，同时结合各个方面的涉税信息，有效控管和审核纳税人个人所得税缴纳情况。目前，国家层面应该尽快施行统一的纳税人识别号制度，并规定纳税人识别号由税务机关统一登记管理。银行和其他金融机构应当在从事生产、经营的纳税人的账户中登录纳税人识别号，并在税务登记证件中登录从事生产、经营的纳税人的账户账号。纳税人签订合同、协议，缴纳社会保险费，不动产登记以及办理其他涉税事项时，应当使用纳税人识别号。

建立自然人纳税人识别号最简单便捷的方式是与公安机关联网，将公民身份证号码作为自然人纳税人识别号。这在个人社会保障方面已有成例。我国公安部门的个人身份证系统的管理数据已经实现全国联网，就可以将纳税人身份证号码作为个人所得税纳税人终身唯一的识别标识，也不需要另起炉灶，重新建立纳税人识别号编码规则。可以说，目前与公安部门的身份证系统对接，在技术层面不会存在任何障碍。对于外籍人员和港澳台人员，直接使用其护照号码，对于无国籍人员，可以比照国内人员申请全国唯一的纳税人识别号。

三、建立健全我国个人所得税税务登记制度

根据当前我国身份证管理实际情况及借鉴国外个人所得税登记管理经验，建议以身份证号码作为纳税人识别号，建立全国统一的自然人涉税信息库，该信息库能自动进行排他性纠错、重复性判断、完整性检测检验功能，个人登记信息一次性录入并保存至信息库。

2015 年 6 月 29 日，国务院办公厅印发《关于加快推进“三证合一”登记制度改革的意见》（以下简称《意见》），意见明确，通过“一窗受理、互联互通、信息共享”，将由工商行政管理、质量技术监督、税务三个部门分别核发不同证照，改为由工商行政管理部门核发一个加载法人和其他组织统一社会信用代码的营业执照，即“一照一码”登记模式。实行“三证合一”登记制度改革后，企业的组织机构代码证和税务登记证不再发放。企业原需要使用组织机构代码证、税务登记证办理相关事务的，一律改为“三证合一”后的营业执照办理。2015 年 10 月 1 日起，在全国全面推行“一照一码”登记模式。根据国务院商事登记制度改革的相关规定，税务部门原有的登记制度也要相应地进行调整。

（一）境内纳税人（个人）办理纳税识别号登记制度

1. 业主代办纳税人识别号登记。

（1）已经办理“三证合一”营业执照的企业，为个人所得税代扣代缴义务人，税务机关不再核发扣缴税务登记。扣缴义务人应当在办理营业执照30日内，将单位自然人投资者、任职、受雇人员身份证等信息报送至主管税务机关，代为其办理纳税人识别号登记。

（2）可不办理营业执照的社会组织、国家机关等单位，是个人所得税的扣缴义务人。应当自扣缴义务发生之日起30日内，向机构所在地主管税务机关申报办理扣缴税务登记，将单位自然人投资者、任职、受雇人员身份证等信息报送至主管税务机关，代为其办理纳税人识别号登记。

2. 自行办理纳税人识别号登记。

（1）从事生产经营的个体工商户，自领取营业执照30日内，向其经营地主管税务机关办理纳税识别号登记。

（2）在境内发生纳税义务或在境外取得所得没有扣缴义务人的，应当自首次纳税义务发生之日起30日内，自行向纳税义务发生地或经常居住地主管税务机关办理纳税人识别号登记。

（3）个人发生较大消费支出，未办理纳税人识别号的，应当在发生消费之日起30日内向户籍所在地或经常居住地税务机关办理纳税识别号登记。

（二）外籍人员和港澳台人员纳税识别号登记

1. 外籍人员和港澳台人员在境内任职、受雇的，由其任职、受雇单位为其办理纳税人识别号登记，纳税识别号为其护照号码。

2. 外籍人员和港澳台人员在境内无任职、受雇单位的，应当自首次纳税义务发生之日起30日内向所得税来源地主管税务机关办理纳税识别号登记。支付所得的单位或个人凭纳税识别号支付所得并进行代扣代缴。

第三节 个人所得税纳税申报制度

纳税申报是税收法律关系产生的基础性行为。“纳税申报制度体现了以纳税人为主体的纳税义务确定方式，纳税人的自主申报是纳税人与税务征管机构产生具体的税收法律关系的基础性法律要件，同时具有确定应纳税额的效力……在纳税申报过程中，确定纳税义务原则上由纳税义务人自己主动进行，只要纳税人的申报符合税法的要求，无怠于申报、过高或过低申报之情形，税收征管机关就无介入的必要和权力，而申报的结果因此产生公法上的确定效力，税收征纳的双方据此而履行各自的权利、义务。"① 个人所得税征管制度改革的核心在于纳税申报制度的改革，个人所得税与其他税种制度的主要不同之处也表现在纳税申报制度上，而全员全额申报、家庭申报、双向申报、申报激励等制度的完善与创设是申报制度改革的重要环节。目前，我国个人所得税纳税申报实行自行申报和代扣代缴两种制度，但申报、审核、扣缴制度等都不健全，既难以实现现行个人所得税征管的预期效果，又难以满足综合与分类相结合的个人所得税制改革的需要。

一、现行纳税申报存在的主要问题

（一）自行申报主体有限

现行个人所得税自行申报制度的主要法律依据是《个人所得税法》及其实施条例、《税收征管法》及其实施细则。2006 年，国家税务总局颁布《个人所得税自行纳税申报办法（试行）》，其中对自行申报主体等作了较为明确的规定：一是年收入 12 万元以上的；二是从境内两处或者两处以上取得工资、薪金所得的；三是从中国境外取得所得的；四是取得应纳税所得，没有扣缴义务人的；五是国务院规定的其他情形。纳税人自行纳税申报办法的实施，在个人所得税代扣代缴"一枝独秀"的特殊时期，对于培养个人所得税纳税人主动申报意识，促进纳税遵从起到了一定的积极意义，但就执行情况看，效果并不理想。一是五类主体除年收入 12 万元以上之外，其他自行申报情形寥寥；二是从 12 万元以上申报情况看，自从 2006 年开始实行此申报制度以来，申报人数从未超过所有纳税人数的 5%。此外，现行自行申报的规定，也与个人所得税全员申报要求相违背，不利于从整体上提高所有纳税人的纳税意识。

（二）申报管理规定落实不力

2005 年的《个人所得税管理办法》、2006 年的《个人所得税自行纳税申

① 刘剑文："纳税申报与纳税人权利保护——《个人所得税自行纳税申报办法（试行）》解读"，《中国税务》2007 年第 2 期。

报办法（试行）》和《个人所得税全员全额扣缴申报管理暂行办法》以及《国家税务总局关于进一步加强高收入者个人所得税征收管理的通知》（国税发［2010］54号）和《国家税务总局关于切实加强高收入者个人所得税征管的通知》（国税发［2011］50号）对个人收入档案管理制度、代扣代缴明细账制度、双向申报制度、全员全额管理、全员全额扣缴申报管理、自行申报管理、高收入者个人所得税征管等都作了较为详细的规定。这些规定，主要还是基于当前分类个人所得税制的管理需求而制定的，并未考虑个人所得税制从分类迈向综合与分类相结合的改革预期。但仅就这些规定执行情况来看，在实践中并没有得到很好的贯彻落实，部分规定执行效果也并不理想。

（三）申报配套制度不全

现行申报配套制度的缺失首要在于申报退税制度。退税是指纳税人缴纳的税款多于其实际应纳税额时，纳税人应当从国家获得多缴部分的税款。将自行申报纳税制度与退税制度结合起来，既是推进自行纳税申报制度的要求，也是体现和保障纳税人权利的要求。其次在于申报激励制度。完善自行申报的激励或者奖励机制，给予诚信申报的纳税人优惠，鼓励纳税人主动履行纳税申报义务，这是个税申报制度路径发展中必不可少的一个改革环节。另外在于申报修正制度。现行个人所得税申报中，只是在《个人所得税管理办法》中提及税务机关要求纳税人、扣缴义务人修正申报，并没有规定纳税人、扣缴义务人主动修正申报的权利。

（四）家庭申报制度亟待引入

家庭申报制度是以家庭生活单位为申报主体。现行个人所得税以个人为纳税单位，表面上是公平的，但事实上掩盖了不公平因素。我国社会主要是以家庭为单位，这就需要从总体上考虑家庭人口数和整体经济状况，而现行的个人所得税申报制度忽略了家庭负担能力的差异。

二、个人所得税纳税申报制度的改革与完善

（一）完善代扣代缴明细申报制度

个人所得税征纳双方存在着明显的信息不对称，因此，如何加强对个人

所得税的征管，是各国征管实践中普遍遇到的难题。其中，在征管中实行源泉扣缴制度，由支付方代扣代缴税款是许多国家普遍采用的基本征管措施。代扣代缴制度不仅适用于分类所得项目的计征，即使在实行综合所得税制的国家，对年终纳入综合计征范围的所得项目也通常要求支付方进行预扣预缴，再按照综合所得税率进行汇算清缴。

从发达国家个人所得税的征管实践看，代扣代缴也是个人所得税征管制度的重要组成部分，但由于实行全部或部分收入项目的综合计征，因此代扣代缴更多的是自行申报制度的补充或辅助措施。美国个人所得税的征收以预扣（缴）申报的源泉扣缴为基础，年度终了后实行汇算清缴，按税法规定填报申报表实行自行申报纳税，其主要做法包括：一是预扣税款。雇主向雇员支付所得时预扣个人所得税，并近期上缴政府。二是预估暂缴。主要适用于事业所得、经营所得。三是申报汇缴。英国个人所得税代扣代缴制度走在欧盟实行综合所得税制国家的前列，其代扣代缴采用以下两种形式：一是对工资和薪金所得的从源扣缴，即所得税预扣法；二是对利息支付的从源扣缴。日本个人所得税是按年为单位核算，依所得来源性质不同而分别采用申报征收法和源泉征收法，即按纳税人的各项收入先课以一定比例的分类所得税，实行源泉征收和预定征收，然后再综合全年各项所得额，如达到一定的课税额度标准，再以统一的累进税率课以综合所得税，并对预缴税款予以扣除。

我国《个人所得税法》及其实施条例对代扣代缴制度进行了明确规定，要求扣缴义务人应当按照国家规定办理全员全额扣缴申报，为了鼓励扣缴义务人的扣缴行为，还规定对扣缴义务人按照所扣缴的税款，付给百分之二的手续费。2005 年的《个人所得税管理办法》和 2006 年的《个人所得税全员全额扣缴申报管理暂行办法》进一步强调和细化了全员全额扣缴申报管理，即扣缴义务人在向个人支付应税所得时，不论其是否属于本单位人员、支付的应税所得是否达到纳税标准，扣缴义务人应当在代扣税款的次月内，向主管税务机关报送应支付应税所得个人的基本信息、支付所得项目和数额、扣缴税款数额以及其他相关涉税信息。可见，我国个人所得税代扣代缴制度设计得较为完备。个人所得税扣缴制度的改革，不应是一种本质的改革，是一种细节上的完善和制度上的强化。在实践中，督促扣缴义务人将扣缴的税款告知纳税人，进一步强化对资本所得项目上的扣缴监管，尤其是与经营活动相关的中小企业主的收入所得、股息红利所得、承包承租所得等，在制度上使劳动所得和资本所得的失衡监管制度得以平衡。

（二）健全现行自行申报制度

自行申报制度是个人所得税制从分类迈向综合与分类相结合进程中征管制度设计的核心。综合与分类相结合的个人所得税制改革，必须要求纳税人自行申报，在源泉扣缴的基础上，积极推行自行申报，鼓励纳税人自行申报，只有将代扣代缴和自行申报有机结合起来，才能确保实现税制改革预期目标。尽管早在《个人所得税法》及其实施条例第一次修订时就对自行申报进行了明确规定，但直到2006年《个人所得税自行纳税申报办法（试行）》颁布，我国才全面拉开个人所得税自行纳税申报工作的帷幕。我国个人所得税自行纳税申报具有以下几个突出特点：一是在分类所得税制基础上“嫁接”综合申报制。二是自行纳税申报是对代扣代缴申报的补充。三是自行纳税申报是一种双向申报。四是自行纳税申报并非仅针对于年所得12万元以上的纳税义务人。五是自行纳税申报的范围不仅是工资、薪金所得，而是包括《个人所得税法》规定的11个应税项目。六是较多强调纳税人的义务。在本节第一部分，我们曾提及现行自行纳税申报是一种主体有限的申报，虽然明确规定了五类必须自行申报的主体，但是给人印象深刻的也就是年收入12万元以上的才有资格进行纳税申报。现行申报集中强化了年收入12万元以上的申报规定，但同时也淡化了其他范围的纳税申报，与个人所得税全员普遍申报原理相违背，不利于整体上提高所有纳税人的申报意识，不利于个税文化的养成，并进而影响个税征收的效率实现。

综合与分类相结合的个人所得税制下，纳税人自行申报和缴纳税款，对税务机关和纳税人双方而言，都是一个极大的转变。从纳税人尤其是工薪族来看，从被动纳税到主动纳税，不仅需要观念转变，更需要掌握税收知识，能够独立完成纳税申报，或者在中介机构的协助下完成纳税申报；对税务机关而言，税务人员要提高工作效率，接受全员申报，整理申报资料，审核纳税人的税额，评估、稽查逃避缴纳税款的纳税人。从我国目前情况看，像发达国家一样要求所有人自行申报并不现实，可以将自行申报主体分为三个层面：

1. 必须申报主体。除继续明确年收入12万元以上、境内两处及以上工薪所得、取得境外收入、没有扣缴义务人而取得应税所得者必须自行申报外，应该明确个人所得税非居民纳税人必须主动自行申报。同时，按照先进“笼子”后规范原则，逐步扩大自行申报主体范围。现阶段，应该借鉴国外先进经验，除收入标准外，应将个人大额消费支出作为必须申报主体的确定标准。比如：一是拥有二套及以上住房的纳税人；二是一次性购买一定标准以上家庭贵重资产的纳税人；三是一次个人出国旅游费用在一定标准以上的纳税人等。同时必须明确规定，纳税人在进行这些消费支出时，卖方必须进行登记，纳税人需要证明资金来源，同时提交以前年度个税完税证明。另外，对于个体工商户，《税收征管法》已经对其申报义务进行明确规定，也应属于必须申报主体。

2. 选择申报主体。现行个人所得税申报主体为单个主体的个人申报，这种申报方式不利于个税公平原则体现在区别的家庭赋税承担中。从世界范围看，在个人自行申报外，大部分国家都引入了家庭申报制度，美国在建立联邦个税时，就考虑了家庭与个人申报的区别特征，确定以家庭为主的申报方式。其制度一直传承到今天，充分显示了制度本身的合理性。德国个人所得税的申报方式可以选择个人单独申报或家庭联合申报。相比个人申报，家庭联合申报更充分地考虑家庭整体的收入和支出，能有效地缩小家庭收入差距，更好体现税收的公平，但也可能存在隐私权的隐患。而德国采取的这种可选择申报方式的做法，给予纳税人更多的尊重和自由，使纳税人既可以选择家庭联合申报以实现税负最小化的目标也可以选择个人申报，捍卫自己的隐私权。与我国近邻，发展水平相近的印度也在50年前就已采用家庭申报方式。在综合与分类相结合的税制模式下，应以个人为基本课税单位，但同时允许纳税人自行选择家庭为纳税单位。

从我国国情来看，我国居民家庭结构复杂，个人家庭信息不完全，难以确定同一课税单位的家庭成员，家庭的收入、支出与财产情况不易确定。在税收征管工作实践中，确定有差异的以家庭为单位的费用扣除标准会大大增加征纳双方的成本，增加税法执行的难度。鉴于当前家庭概念的不确定性，应明确选择家庭作为纳税单位时，现阶段主要采取夫妻联合申报方式进行，即将夫妻双方取得的所得，平时先按照各自取得收入来源分类，由支付者预扣或者自行预缴，年终清缴时，将夫妻全年取得的综合性征税项目所得进行汇总，减除准予扣除项目后，按照适用税率计算应纳税额，最后将应纳税额扣除夫妻两人平时已预扣预缴的税款、可抵免税款，得到当年实际应退（补）税款。

3. 不需要申报主体。现阶段，可以规定除必须申报主体以外的人群可以不需要自行申报缴纳个人所得税，但随着经济社会的发展，应该逐步推行全员自行申报纳税，因为公民有依法纳税的义务，对于低收入者，可以规定减税或者退税。全员自行申报有助于帮助人们建立良好的依法纳税意识，同时也使人们受到最实际的税法教育。

（三）完善双向申报制度

双向申报制度是指纳税人和扣缴义务人按照法律、行政法规规定，分别向主管税务机关办理纳税申报，税务机关对纳税人和扣缴义务人提供的收入、纳税信息进行交叉比对、核查的一项制度。也就是代扣代缴单位进行综合和明细申报后，纳税人再进行年终汇总的第二次申报，第二次申报表现为综合申报。双向申报并非增加纳税人的负担，而是减轻纳税人负担，鼓励纳税人综合申报后享受专项扣除和其他扣除，平常多缴的还可退税。

从国外个人所得税双向申报制度设计来看，一方面，预扣制度是基本制度，支付个人收入的雇主必须履行代扣代缴义务；另一方面，纳税人必须自行申报其全年的收入。纳税人自行申报包括两部分：首先是预缴申报。凡没有扣缴义务人的所得均由纳税人自行估算并分期缴纳税款。其次是年终汇总申报。年度终了，不管收入多少，纳税人都必须在规定期限内进行汇总申报，将其所有收入填入相应的纳税申报表中，并通过网络申报、邮寄申报、电话申报等多种方式向税务机关申报。在进行年终汇总申报时，对于雇主预扣缴纳的税款和自行预缴的税款可从全年应缴纳的税款中扣除，实行多退少补。

（四）建立健全申报奖励机制

我国可以借鉴日本、韩国、我国台湾地区的蓝色（绿色）申报制度，对财务制度健全、账簿置备规范、按时申报纳税的纳税人仿效实行蓝色（绿色）申报待遇，给予这类纳税人以申报程序和税收上的优惠。对于财务制度不健全的纳税人，曾经有偷逃个税行为的纳税人，不按时申报的纳税人或有其他不良记录的纳税人实行白色申报，对其不予以任何税收实体或程序上的优惠。完善自行申报的激励或奖励机制，给予诚信申报的纳税人优惠，鼓励纳税人主动履行纳税申报义务，这是个税申报制度路径发展中必不可少的一个改革环节。

（五）建立健全汇算清缴制度和申报退税制度

国外先进成熟的个人所得税申报制度表明，必须建立健全规范化的汇算清缴和退税制度。纳税人将在每年年初对上一年度的总收入及亏损进行核算，对全年的个人所得税进行汇算清缴，多退少补。我国个人所得税应该实行与企业所得税汇算清缴相似的办法，对综合所得采取源泉扣缴，在支付或者取得所得时预扣、预缴税款，年终汇算清缴，多退少补。这样既可以保证税款的及时征收，一定程度上防止偷逃税款，又公平税负，提高征税效率，减少征税成本。由于预征时采取从高税率和没有加计扣除费用的政策，在个人所得税汇算退税时就会出现比较频繁的退税业务。目前，我国退税手续过于复杂，应当简化退税手续，使得纳税人可以直接在税务局申请退还错缴或者多缴的个人所得税税款，还可以选择多种申请退税方式，如电子申请、邮寄申请，或者直接在网上申请办理。对于纳税人信用级别高、数额较小的退税款，可以直接汇到纳税人指定的银行账号；纳税人信用级别低或者数额较大，无法直接审批的退税款，也必须在规定的时间内，尽可能快地将审批通过的退税款通过银行直接汇入纳税人户头，减少纳税人获取退税款的难度，提高汇算清缴和退税的效率。

个人所得税纳税人退税涉及中央与地方、地区与地区之间的利益问题，由于纳税人一般按照收入来源地预扣预缴税款，年度终了汇算清缴涉及退税时，在不同地区分别获得收入的纳税人选择不同地点退税将对不同地区的税收和财政收入产生影响，因此建议，各地征收机关征收时直接按税款的一定比例（建议 20%，全部为中央分享收入）建立专户，专门用于纳税人办理退税事宜并直接划入纳税人账户，不足部分由上级税务机关统筹调剂使用，汇算期结束后结余部分解缴中央金库。这样既保护了地方财力，确保各地税务机关办理退税的积极性，又方便自行申报纳税人，避免因退税出现各地相互争议的现象。

（六）完善税务代理制度

税务代理是指在税收征纳过程中，纳税人依法委托税务代理中介机构代为办理涉税事宜。税务代理是市场经济发展到一定阶段的必然产物，税务代理制度可以进一步降低纳税人在纳税过程中的成本付出，减轻税务机关的工作量，提高税收的征管效率。自行申报要求纳税人自行估税和填报，而现代个人所得税法的复杂程度不可能让纳税人完全依赖个人的力量准确无误地估算和填报，大量的不正确填报只能给征纳双方带来更大的征纳成本。假如没有普遍的、社会化的税收服务中介组织（包括会计师事务所、税务师事务所、律师事务所等），则无法广泛开展纳税人的自行申报。

税务代理制度最早出现在日本，目前日本有税理士5万人，雇员22万人。澳大利亚也充分发挥社会中介机构的作用，目前有2.4万家税务代理机构，80%的个人都是通过税务代理完成纳税申报和退税。韩国也十分重视税务代理制度的发展，早在1961年，韩国便开始实行税务代理制度，现在韩国的税务代理业已十分成熟，有95%的企业委托税务师事务所代理纳税事务。因此，可以借鉴国外税务代理成熟经验和国内企业所得税中介机构汇算的经验，大力推行个人所得税税务代理中介代理申报和年终结算申报，从而提高个人所得税申报质量，降低征纳成本，促进个人所得税征收管理规范化。首先，税务机关应当监督指导税务代理活动的正常开展；其次，税务代理的行业管理机构应加强对代理机构的监管；最后，在税务代理机构内部，要逐步引入竞争机制，培养优秀人才，通过发挥税务代理的积极作用，促进税务机关和纳税人有效沟通，更好地为税收征纳服务。

（七）个人所得税纳税申报具体制度设想

1. 代扣代缴。劳动所得、资本所得、其他所得采取代扣代缴明细申报方式。以支付所得的单位或个人为代扣代缴义务人，每月所扣缴的税款，应当在次月15日内申报缴入国库，并报送扣缴税款明细申报表。

2. 预缴申报。经营所得采取按年计算，分月预缴（分季）申报方式。由纳税人根据月度（季度）经营所得进行预缴申报，税款于次月15日内申报缴入国库，并报送纳税申报表。

税务机关对定期定额缴纳税款的纳税人可实行简易申报、简并征期。

3. 自行申报。纳税人从中国境内两处以上取得劳动所得、从中国境外取得所得，以及取得应纳税所得，没有扣缴义务人的，由纳税人自行申报，于次月15日内申报缴入国库，并报送纳税申报表。

4. 汇算清缴。纳税人应于年度终了后5个月内进行汇算清缴，报送汇算清缴申报表，多退少补。原则上所有纳税人都应当进行汇算清缴。汇算清缴可选择个人单独申报或夫妻联合申报方式。

选择个人单独申报，除以下人群外，其他都应当进行汇算清缴：（1）单纯以农业种养殖业为主要收入来源，且属于小规模纳税人的农民；（2）城市低保人群。

选择夫妻联合申报，除以下家庭外，都应当进行汇算清缴：（1）夫妻双方均为以农业种养殖业为收入来源的农民，且属于小规模纳税人的农民家庭；（2）城市低收入家庭。

5. 修正申报。纳税人、扣缴义务人办理纳税申报后，发现需要修正的，可以修正申报。

税务机关应畅通申报渠道，向纳税人提供包括上门、网上、电话、邮寄、税务代理、银行网点在内的多元化申报方式。

第四节　个人所得税纳税义务发生时间、纳税期限和纳税地点

个人所得税纳税义务发生时间、纳税期限、纳税地点的设计，是个人所得税征收管理的重要基础性内容。

一、纳税义务发生时间的确定

纳税义务发生时间是指税法规定的纳税人应当承担纳税义务的起始时间。规定纳税义务发生时间，一是为了明确纳税人承担纳税义务的具体日期；二是有利于税务机关实施税务管理，合理确定申报期限和纳税期限，监督纳税人依法履行纳税义务，保证国家财政收入。税收法定原则要求课税要素确定、课税金额确定和课税时间确定，明确纳税义务发生时间也是税收法定原则的体现。个人所得税制改革后，个人所得税征管仍应当采取源泉扣缴和自行申报相结合的征管模式。个人应税所得以按次计征、按月计征和按年计征三种方式确定纳税义务发生时间。具体设想是：

1. 按次计征的，每次取得所得的时间为纳税义务发生时间。（1）分类所得实行按次计征，以纳税人在一个月内取得来源于中国境内外的资本所得和其他所得为一次；（2）综合所得中劳务报酬及稿酬所得实行按次计征，以每月取得的收入为一次。

2. 按月计征的，每一月份的最后一日为纳税义务发生时间。综合所得中工资、薪金所得、个体工商户生产经营所得、承包承租经营所得实行分月

预缴。

3. 按年计征的，纳税年度的最后一日为纳税义务发生时间。综合所得实行按年计征，年度终了后5个月内汇算清缴。

二、纳税期限的确定

纳税期限是指税法规定的纳税人向国家缴纳税款的期限。税收的征收与管理都要求政府规定明确的征税或者纳税期限，这是现代会计制度关于永续经营的假设决定的，所以纳税期限与会计制度的期限具有很强的相关性。同时，纳税期限的设计也是税制设计简便与确定性的要求。确定纳税期限，才能保证税收制度设计的各项内容的顺利实施，才有助于政府关于税收公平与效率政策目标的实现。关于纳税期限的具体设想是：

1. 扣缴义务人每月应扣的个人所得税税款，自行申报纳税人每月应纳的个人所得税税款，均应当在次月15日内申报缴纳。

2. 综合所得应纳税款，按年计算，分月（季）预缴，于月（季）度终了15日内申报缴纳，年度终了5个月内综合全年各项综合所得汇算清缴，多退少补。

3. 分类所得应纳税款，按月计算，由扣缴义务人或纳税义务人在次月15日内申报缴纳。

三、纳税地点的确定

由于各地区经济发展的不一致以及收入的多元化现状，个人存在两处或者两处以上取得所得的情形较为普遍，日常申报纳税地点主要以纳税人取得所得所在地进行设定，这样设定的理由是，税收贡献与经济发展相匹配，且一般不容易造成征管困扰。但是，从境外取得所得的和年终进行纳税申报的纳税人，应向境内户籍所在地或者经常居住地税务机关申报纳税。具体设想是：

（一）日常申报纳税地点

1. 代扣代缴税款应在扣缴义务人所在地税务机关申报缴纳个人所得税。

2. 自行申报纳税人应当在取得所得当地的税务机关自行申报缴纳个人所

得税。从两处以上取得所得的，分别向取得所得所在地税务机关进行申报，年终进行汇算清缴。

3. 居民纳税人从中国境外取得所得的，向其经常居住地或户籍所在地进行申报。

4. 非居民纳税人应向取得所得所在地税务机关进行申报。

5. 个人股东股权转让所得个人所得税，纳税人或扣缴义务人应向发生股权变更企业所在地税务机关申报纳税。

（二）汇算清缴申报地点

1. 选择以个人为单位进行年终汇算清缴的，应以个人主体收入所在地为汇算清缴申报地点。

2. 选择以夫妻联合为单位进行年终汇算清缴的，应以夫妻家庭主要居住地为申报地点；夫妻不在一地的，以主要收入方居住地为申报地点。

（三）汇算清缴补、退税地点

原则上在纳税人年终汇算清缴地主管税务机关进行补税、退税。既可方便纳税人，也便于征管。至于退税方式，本章第三节已经就此问题进行阐述，在此不再赘述。

为避免大量退税给税务机关造成的负荷，可以规定对纳税人年度申报后确定为多缴的税款由纳税人自行决定退税还是留抵以后年度应缴税款，对纳税人申请退税的，应按程序在限期内退税，若纳税人没有申请退税，则多缴税款将自动留抵。

第五节　个人所得税应纳税额确认和税款追征制度

实行综合与分类相结合的个人所得税制度，要建立以自然人纳税人和夫妻联合申报为纳税单位的征管模式。面对数以百万计的纳税人和海量的纳税信息，应纳税额确认和税款追征制度设计的目标是：尽可能地实现个人所得税税款的有效征收和管理，保证税收征管制度安排的顺利实施与运行，注重公平，兼顾效率，在确保个人所得税发挥组织财政收入及调节收入分配职能的同时，实现社会福利最大化。

一、个人所得税应纳税额的评估与确认

（一）OECD国家风险管理理念及制度借鉴

运用风险管理理论指导税收征管实践，是目前世界上许多国家有效防范税收流失的普遍做法。从20世纪90年代以来，经济合作与发展组织（OECD）国家开始探索将风险管理理念引入纳税遵从风险管理。许多国家已将其制度化，建立起“信息获取、风险识别、风险评定、制定应对策略、实施监控评价”的风险管理流程。对纳税遵从度不同的纳税人，采取不同的应对手段，把有限的征管资源用于高风险的纳税人。对遵从度高的纳税人，提供优质、高效、便捷或者个性化的纳税服务。对不遵从的纳税人，分为想要遵从却未能遵从、一般性的不遵从、故意欺诈不遵从三种情况，通过思想教育让他不想不遵从，通过强化管理让他不能不遵从，通过打击威慑让他不敢不遵从。将纳税评定纳入征管程序，并作为风险管理、促进遵从的主要手段。通过配备专业的评税人员，设置严密、科学的评税流程，开展评税或评定工作。在纳税人申报纳税后，进行纳税评定，纳税人对申报真实性、准确性负有举证责任。依据纳税人规模或属性，由不同层级的税务机关实行专业化管理，设立专门的评税机构，开展风险分析应对、应纳税额确认等工作。防范和控制纳税人的不遵从行为，以较小代价降低税收流失风险。

2012年以来，国家税务总局提出进一步深化税收征管改革，积极构建科学严密现代化税收征管体系的目标。此次深化税收征管改革的主要亮点是规范税收征管基本程序，将风险管理理念和方法贯穿于税收征管全过程。借鉴国际经验，结合我国征管实际，明确税收征管的基本程序为：申报纳税、税收评定、税务稽查、税收征收、法律救济。其中税收评定（包括风险分析和纳税评估）作为税收征管的必经程序，是深化税收征管改革内容的核心。纳税人自我评定、自行申报纳税后，税务机关开始启动风险管理流程，并将风险管理流程与税收征管基础程序相融合，形成风险管理导向下的税源管理流程。具体来说就是“统一分析、分类应对”。所谓“统一分析”，是指进行

风险分析识别、等级排序、任务推送。所谓“分类应对”流程，是指对统一分析中发现的低风险纳税人采取纳税辅导、风险提示等服务方法督促其修正申报；对中、高等级风险纳税人进行纳税评估；对涉嫌偷逃骗税纳税人实施税务稽查。

（二）个人所得税应纳税额的评估与确认制度

个人所得税应纳税额确认与税收征管基本程序中的税收评定程序基本吻合。风险应对部门充分整合代扣代缴全员全额申报数据、自行纳税申报数据及从第三方获取的涉税信息，进行科学处理。自上而下实施风险管理，设置各类申报数据分析指标，财务数据分析指标，个人分行业、分职业、分所得类型的预警指标等，实现各种条件下的信息纵横比对，从中发现风险点，并根据风险大小进行排序，对低等级风险事项推送至税源管理单位进行处理，对中高等级风险事项推送至纳税评估部门，纳税评估部门经评估发现涉嫌逃避缴纳税款等情形的，推送至稽查部门进行稽查。

1. 纳税评估对象来源。

（1）风险分析监控部门推送的中、高等级风险；

（2）纳税评估部门运用各类分析方法查找到的纳税人涉税疑点；

（3）上级或者本级地税机关根据税收征管实际，针对特定纳税人群体确定的专项纳税评估。

2. 纳税评估权责义务。

（1）税务机关实施纳税评估时，依法计算、核定或者调整应纳税额，行使税法规定的各项确认、检查和处置权。

（2）税务机关实施纳税评估时，可以依法要求纳税人对评估过程中发现的未缴或者少缴税款情况进行说明；要求纳税人提供相关证明资料和证据；要求纳税人进行自查和补报补缴税款。

（3）发生下列情况时，税务机关可以撤销或者变更原处理决定，并对其进一步实施评估和重新核定：

①纳税人提供不正确、不完整计税依据，导致纳税评估人员计算、核定或者调整应纳税额不实的；

②纳税人以欺骗、隐瞒或者贿赂等方法，导致纳税评估人员计算、核定或者调整应纳税额不实的；

③发现新的补充计算、核定或者调整依据的。

3. 纳税评估程序。纳税评估工作程序为一般审核、重点审核、询问约谈、实地核查、评估结果审议和评估结果处理。

4. 纳税评估项目。

（1）劳动所得项目，重点分析收入总额增减率与该项目税款增减率对比情况，人均收入增减率与人均该项目税款增减率对比情况，个人所得税税款增减率与企业利润增减率对比分析，同行业、同职务人员的收入和纳税情况对比分析。

（2）经营所得项目，重点分析当年与上年该项目税款对比情况，个人所得税税款增减率与经营利润增减率对比情况；税前扣除项目是否符合现行政策规定；是否连续多个月零申报；同地区、同行业经营所得的税负对比情况。

（3）资本所得项目，重点分析当年该项目税款与上年同期对比情况，该项目税款增减率与企业利润增减率对比情况，企业转增个人股本情况，企业税后利润分配情况等。

（4）其他各项所得可以结合个人所得税征管实际，选择有针对性的评估指标进行评估分析。

5. 评估结果处理。

（1）经评估，纳税人认可未缴或者少缴税款，且疑点消除的，制作《税务事项通知书》，要求纳税人补正申报，补缴税款。

（2）经评估，发现纳税人有多缴税款情形的，制作《税务事项通知书》，告知纳税人按照税款退库有关规定办理退、抵免手续。

（3）经评估，需要调整、核定应纳税额的，制作《应纳税额核定通知书》，告知纳税人核定应纳税额的事由、依据以及纳税人依法享有陈述、申辩等权利。

（4）经评估，有发现涉嫌逃避缴纳税款、抗税、骗税、发生纳税义务未进行纳税申报或者其他需要立案查处的严重税收违法行为的，制作《移交稽查建议书》，经所在地税务机关局长批准后，将全部评估资料及证明材料移交稽查部门处理。

二、个人所得税税款追征制度设计

经过税收评定、税务稽查程序后，将进入税收征收程序。税收征收并不是我们原来理解的在办税服务厅集中受理纳税申报，而是对评定出的欠税和稽查出的偷逃税实施的追征行为。本书关于税款追征制度改革借鉴了《中华人民共和国税收征收管理法修订草案（征求意见稿）》的内容。

（一）加计税收利息和滞纳金制度

纳税人未按照规定期限缴纳税款的，扣缴义务人未按照规定期限解缴税款的，按日加计税收利息。

纳税人逾期不履行税务机关依法作出征收税款决定的，自期限届满之日起，按照税款的千分之五按日加收滞纳金。

在上述制度设计中，需要解释的问题是：

1. 引入税收利息概念。滞纳金是指纳税人由于各种原因未及时缴纳税款，对税款滞纳行为进行追究是世界各国的普遍做法。目前我国实行的单一功能的税收滞纳金征收模式主要考虑了税收效率，兼顾税收公平，与部分发达国家和地区征收模式相比，在科学性和合理性方面都存在差距。因此，有必要借鉴国外先进做法，引入税收利息概念，即对所有税款滞纳行为按市场经济原则追究经济补偿责任，税收利息的利率由国务院结合人民币贷款基准利率和市场借贷利率的合理水平综合确定。纳税人补缴税款时，应当连同税收利息一并缴纳。在下列期间，税收利息中止计算：一是纳税人、扣缴义务人的财产、银行账户被税务机关实施保全措施或者强制执行措施，导致纳税人、扣缴义务人确实难以按照规定期限缴纳或者解缴税款的，从措施实施之日起至解除之日止；二是因不可抗力，致使纳税人、扣缴义务人未按照规定期限缴纳或者解缴税款的，从不可抗力发生之日起至不可抗力情形消除之日止；三是国务院税务主管部门确定的其他情形。非纳税人、扣缴义务人的过错，致使纳税人不能及时足额申报缴纳税款的，不加收税收利息。

2. 共性规定。加收利息不光个人所得税适用，其他税种同样适用，应作为税收征管法修改的重要内容之一。

（二）税收保全措施和税收强制执行措施

在税收征管体系中，《税收征管法》对包括个人所得税在内的税款追征进行了较为完备的设计。结合引入的税收利息概念和工作实践，可进行如下制度设计：

1. 对未按照规定办理工商登记的纳税人以及临时从事经营的纳税人，由税务机关核定其应纳税额，责令缴纳；不缴纳的，税务机关可以扣押其价值相当于应纳税款的商品、货物或者其他财产，并在24小时内向县以上税务局（分局）局长报告，补办批准手续。扣押后缴纳应纳税款的，税务机关必须立即解除扣押，并归还所扣押的商品、货物和其他财产；扣押后仍不缴纳税款或者缴纳不足的，经县以上税务局（分局）局长批准，依法拍卖或者变卖所扣押的商品、货物和其他财产，以拍卖或者变卖所得抵缴税款。

2. 税务机关有根据认为纳税人有不履行纳税义务可能的，可以在规定的纳税期之前，责令限期缴纳应纳税款；在限期内发现纳税人有明显的转移、隐匿其应纳税的商品、货物以及其他财产或者应纳税收入迹象的，税务机关可以责成纳税人提供纳税担保。如果纳税人不能提供纳税担保，经县以上税务局（分局）局长批准，税务机关可以采取下列税收保全措施：一是书面通知纳税人开户银行或者其他金融机构冻结纳税人的金额相当于应纳税款的存款、汇款；二是扣押、查封纳税人的价值相当于应纳税款的商品、货物或者其他财产。

纳税人在前款规定的限期内缴纳税款的，税务机关必须立即解除税收保全措施；限期期满仍未缴纳税款或者缴纳不足的，经县以上税务局（分局）局长批准，税务机关可以书面通知纳税人开户银行或者其他金融机构从其冻结的存款、汇款中扣缴税款，或者依法拍卖或者变卖所扣押、查封的商品、货物或者其他财产，以拍卖或者变卖所得抵缴税款。

3. 纳税人、扣缴义务人未按照规定的期限缴纳或者解缴税款，纳税担保人未按照规定的期限缴纳所担保的税款，由税务机关责令限期缴纳，逾期仍未缴纳的，经县以上税务局（分局）局长批准，税务机关可以采取下列强制执行措施：一是书面通知其开户银行或者其他金融机构划拨其存款、汇款至缴清税款为止；二是扣押、查封、依法拍卖或者变卖其价值相当于应纳税款的商品、货物或者其他财产，以拍卖或者变卖所得抵缴税款。

上述制度设计，有几点需要说明：

1. 税务机关采取强制执行措施时，对纳税人、扣缴义务人、纳税担保人未缴纳的税收利息同时强制执行。

2. 税务机关在采取税收保全措施和税收强制执行措施时必须遵从被执行人的利益保障条款，即个人及其所扶养家属维持生活必需的住房和用品，不在税收保全措施和强制执行措施的范围之内。其中，个人及其所扶养家属维持生活必需的住房和用品不包括机动车辆、金银饰品、古玩字画、豪华住宅或者一处以外的住房及家庭、个人其他贵重资产等。

（三）税收优先权、代位权和撤销权

税务机关征收税款，税收优先于无担保债权，企业破产法另有规定的除外；纳税人欠缴的税款发生在纳税人以其财产设定抵押、质押或者纳税人的财产被留置之前的，税收应当先于抵押权、质权、留置权执行。

纳税人欠缴税款，同时又被行政机关决定处以罚款、没收违法所得的，税收优先于罚款、没收违法所得。

欠缴税款的纳税人因怠于行使到期债权，或者放弃到期债权，或者无偿转让财产，或者以明显不合理的低价转让财产而受让人知道该情形，对国家税收造成损害的，税务机关可以依照《合同法》第七十三条、第七十四条规定行使代位权、撤销权。

（四）建立离境清税制度

现行个人所得税法律法规没有规定出境人员离境前，必须到主管税务机关办理清缴税款手续，也没有明确出入境管理部门必须凭税务机关出具的完税证明办理签证离境手续。现行《阻止欠税人出境实施办法》明确规定了纳税人欠缴税款未结清，又不提供纳税担保的，税务机关可以决定不准纳税人或者其法定代表人、主要税收利益相关人出境；税务机关立案查处涉嫌重大税收违法情形的，可以决定不准纳税人或者其法定代表人、财产实际拥有者或者管理者、直接责任人出境。对决定不准出境的人员，税务机关应当按照规定及时通知出入境边防检查机关予以协助，或者提请公安机关出入境管理机构不予签发出（国）境证件等。但范围过于狭窄，可以考虑将《阻止欠税人出境实施办法》修改为《出境人员离境前税收清缴办法》，增加与出入境管理部门、外汇管理部门相互协作的条款。主要应确保两条措施：一是确保出境人员必须经过税务机关确认无涉税违章事宜后，方能办理离境手续，避免因出境人员未缴清税款而离境，给追缴税款带来重重困难。二是确保各相关银行、外汇管理部门收到税务机关的完税证明，才予以审批外汇出境手续。

（五）建立个人所得税反避税机制

反避税是世界范围的难题，我国也不例外。反避税主体不仅仅局限于企业领域，可以存在于所有税收领域。我国的反避税规定始于1991年出台的《外商投资企业和外国企业所得税法》及其实施细则中关联方交易的有关规定，该法首次引入了转让定价税制，明确了独立交易原则。以后相继出台的《企业所得税法》、《税收征收管理法》等税收法令逐步完善了反避税立法，2008年内外资企业两税合并后反避税条款首次真正地写入税法，2009年出台的《特别纳税调整实施办法》又对该条款加以细化和充实。但由于其演变的脉络是随着企业所得税的改革而逐步发展完善起来的，因此，其适用范围仅限于企业避税行为的调整，而对包括合伙企业自然人投资者和个人独资企业在内的个人所得税纳税人则不在其调整的范围内。由于现行《个人所得税法》并没有反避税的相关规定，目前个人所得税纳税人利用税法和征管模式漏洞进行避税层出不穷、屡禁不止。这一点从目前个人所得税负的承担者主要是工薪阶层就可窥见一斑。个人所得税不仅没有起到公平收入的作用，反而出现了对个人收入的逆向调节，其公正性受到了社会的普遍质疑。

从国外先进反避税经验来看，普遍存在立法较早，经验丰富，法律体系比较完备，企业和个人的避税行为都在其法律调整范围等特点。和企业所得税相比，美国的个人所得税制更复杂，反避税规定更细化。从反避税立法进程看，美国是在1986年后将反避税的重点从个人转向企业的，而且从1986年至今的历届美国政府都对个人所得税进行了改革，并逐步完善了个人的反避税立法。如美国的特殊反避税规定对美国公民和美国居民的概念进行了界定，并对个人不履行申报纳税手续、向国外实体转移所得、向国外移民及外国人居民身份的确定等方面都做了严格规定。就目前发展看，美国政府对个人的避税行为监管越来越严格，如美国起诉瑞士银行案及推行的《禁止利用避税地避税法案》都显示了美国政府打击个人避税行为的决心。

我国个人所得税制从分类迈向综合与分类相结合后，对居民纳税人境内所得将会进行比较有效的监管，但对非居民纳税人和居民纳税人境外所得监管必须借助明确的反避税立法，同时，要采取建立个人信用制度，逐步取消现金交易，加强国际税收情报交换，加强对涉外收入的监控，提升税务部门反避税专业人才培养等多个方面的举措。

三、高收入群体个人所得税管理

按照个人所得税税制设计，高收入人群应是个人所得税收入的主要来源。因此，做好高收入人群的个人所得税征管，应是个人所得税征管工作的重点。2010 年至 2011 年，国家税务总局相继下发《国家税务总局关于切实加强高收入者个人所得税征管的通知》（国税发［2010］54 号）、《国家税务总局关于进一步加强高收入者个人所得税征收管理的通知》（国税发［2011］50 号），对加强高收入者个人所得税管理进行了明确的规定。从总体上来看，高收入者在个人所得税自行申报人数和申报税款呈现双增长态势，因素有二：一是由于全社会对高收入阶层逃避缴纳税款所带来的消极后果日益重视，全社会协税护税的氛围日渐浓厚，高收入者自觉申报纳税意识提高等；二是税务部门对高收入者控管越来越严。

但是，虽然近几年来各级税务机关采取各种措施加大对高收入行业和个人的个人所得税的征管力度，也确实取得了一定成效，但是也应当承认，由于各方面的原因，目前对高收入者的调节和征管还没有到位，影响了个人所得税作用的发挥。目前，在人们收入水平整体提高的前提下，出现了收入差距悬殊现象，收入分配不公的矛盾已经影响到改革、发展和稳定的全局。从这个意义上说，加强对高收入者个人所得税管理既是经济问题，更是政治和社会问题。

（一）对高收入者的界定

我国当前对高收入者的判别采用的是年收入 12 万元的标准，并明确了九类高收入个人和十类高收入行业。九类高收入个人是：

规模较大的私营企业主、个人独资企业和合伙企业投资者、个体工商大户、企业承包、承租人员和供销人员；建筑工程承包人；企事业单位的管理人员、董事会成员；演员、时装模特、足球教练员和运动员；文艺、体育和经济活动的经纪人；独资或合伙执业的律师；医生、导游、美容美发师、厨师、股评人、乐手或乐师、音响师、装饰装修设计师等具有专业特长的自由职业者。有的地方还把乡镇书记、乡镇长列入高收入者的监控范围。

十种高收入行业是：

1. 电信（移动通信）、烟草、金融、保险、证券、电力（供电）、石油、石化、航空、铁道、公路管理、房地产、广告、演出、城市供水供气、汽车、医药、网站、建筑安装、新闻出版、物业管理等企事业单位；

2. 律师事务所、会计师事务所、税务师事务所、评估师事务所、拍卖行、房产代理公司等中介机构；

3. 足球俱乐部、高尔夫俱乐部、酒店宾馆、娱乐企业；
4. 高新技术企业、软件企业、集成电路企业；
5. 外资企业、外国企业和外国企业驻华代表机构；
6. 设计院、科研所、学校、区级以上医疗机构；
7. 电台、电视台、报社、杂志社等传媒机构；
8. 股份制企业、上市公司；
9. 各级国家机关、事业单位、社会团体、财政部门统发工资的单位；
10. 主管地税机关确定的其他企事业单位。

由于我国现在广泛存在个人收入非货币化、非显性化，因此，上述划分标准有失偏颇。除了收入标准外，可以借鉴印度、克罗地亚等国的做法，对纳税人的大额消费支出进行监控。结合我国国情，可以规定符合以下三种情形之一的纳税人也要纳入重点监控范围：一是拥有二套及以上住房（除经济适用房以外）的纳税人；二是一次性购买一定标准以上家庭贵重资产的纳税人；三是一次个人出国旅游费用在一定标准以上的纳税人等。

（二）高收入者纳税情况剖析

虽然近几年个人所得税收入已有了很大增幅，但比照国际经验，我国的个人所得税收入占比税收总收入比重仍然偏低。在发达国家，个人所得税收入占税收总收入的比重一般为30%～50%，发展中国家也达到8%～12%。2013年，我国这一比重仅为5.9%。另一方面，20%的高收入人群缴纳的个人所得税占个人所得税收入比重还不到50%，由此可看出我国高收入人群个人所得税流失的严重性。

我国高收入者个人所得税流失严重原因复杂，既有税收制度和征管层面的问题（前面章节已经进行了剖析），也有社会、心理方面的因素。社会心理方面主要表现在：一是认知的偏差。主要是对基本税收知识概念不清；二是存在侥幸心理。由于税务机关暂时还无法完全掌握其收入的真实情况，纳税人会抱着偷逃税款的侥幸心理选择不申报；三是从众的心理。纳税人对不按规定申报的法律后果缺乏认识，认为法不责众，即使要处罚，也会因为涉及人群广泛而选择从轻处理，因此选择观望；四是保密心理。有些人担心自己的收入会因为申报后公之于众，招致他人嫉妒，这种心理在一定程度上也影响了自行申报行为。

（三）如何加强对高收入者个人所得税的管理

提高纳税人对《个人所得税法》的遵从水平，应该从税制、社会、心理、征管等因素通盘考虑。从理论角度分析，纳税人的遵从度，应该是自愿遵从的，并没有外力加以强迫。如果出现不遵从现象，虽然问题表现在纳税人，其根源来自于政府制定的一系列税收法律、税收政策以及税务部门的税收管理行为或多或少地出现了问题，对纳税人利益有所干扰和损害。因此，纳税遵从度应该成为政府和税务部门纠错的参照机制和行为机制。

1. 完善个人所得税征管体系。在全国范围内建立以自然人为中心的税收征管信息平台，以纳税识别号为唯一识别码，将同一纳税人在全国各地的涉税信息及第三方信息全部集中到一个账号中。为方便管理，可考虑对现有个人纳税人实行分级管理，各级管理部门分别对不同类别纳税人进行管理，这样可集中管理重点税源，加强对重点税源的监控力度，提高管理的专业性和针对性。

2. 建立健全协税护税体系。第三方信息是税收征管的重要生产力，但目前涉税信息不畅，严重制约了税收征管质量和效率。征管信息不畅，根源在于法制不健全，税法虽规定了部门配合要求但无具体责任。此次，《税收征管法》（修订草案）将信息披露单独作为一章进行规范，并明确了不按规定向税务机关报送信息的法律责任。即将出台的《税收征管法》将从根本上扭转税务机关信息不畅的局面，形成全社会协税护税的良好局面。

3. 建立合理的奖惩机制。一是严厉的处罚制度，对涉嫌逃避缴纳税款的，实施严厉的税收惩罚措施，增加纳税人不依法纳税成本。纳税人不纳税或少纳税的收益小于其纳税时的总体收益，理性纳税人不会选择逃税而是依法纳税。二是建立纳税人申报激励制度，增加代扣代缴奖励制度。借鉴国外经验，对主动诚信申报纳税人给予相应税款抵扣、按比例提取保险基金等奖励，即当纳税人一定时期纳税额超过一定数额，超出部分按照一定比例进入个人社保账户，使个人缴纳的部分税款成为其可以享受的社会福利，同时对准确完整进行代扣代缴明细申报单位除给予2%手续费外，增加奖励措施。

4. 营造规范服务环境。纳税服务是税务机关根据国家法律和自身职责的规定，通过规范的征管手段，科学的管理方法，帮助纳税人掌握税法、引导纳税人及时正确地履行纳税义务。优化纳税服务也是深化税收征管改革的主要内容之一。完善的服务体系可以降低纳税成本，提高税法遵从度。

第五章 个人所得税征管信息化建设

税收现代化建设需要信息化的支撑，没有税收信息化就没有税收现代化。20 世纪 90 年代以来，随着现代信息网络技术的迅猛发展和广泛应用，信息技术已渗透到社会经济发展的各个方面，网络经济、电子商务等新兴经济形式的快速发展，推动税收信息化建设进程加速已是大势所趋。在中国这样一个纳税人规模庞大、税法遵从意识不强的国度推行综合与分类相结合的所得税制，加快征管信息化建设显得更为重要、更为迫切。

第一节 个人所得税征管信息化现状

作为税收现代化信息管理系统的重要组成部分，个人所得税征管信息化管理体系的建立与完善，对其他税种的信息化管理有着极大的借鉴作用，同时，可以极大地提高个人所得税征收效率、加强了对税源的监控、减少了征纳税成本。个人所得税的信息化管理必将是未来个人所得税管理的发展方向。

一、个人所得税征管信息化建设的意义

我国个人所得税基本功能具体分为组织财政收入功能和收入分配功能。

个人所得税征管信息化管理的实现可以极大地提高个人所得税征收效率，加强对税源的监控，减少征税成本。个人所得税征管信息化管理系统的建立与完善为推动个人所得税征管现代化提供了难得机遇，也是实现个人所得税征管现代化的必由之路。

（一）个人所得税纳税人数量急剧增加、相关涉税信息海量产生，迫切需要实现个人所得税税源管理的信息化

随着社会主义市场经济的不断发展，“淘宝”、“支付宝”、“滴滴打车”等各种新兴经济形式不断涌现，个人取得收入和财产支出的结构及方式加速变革，按照综合与分类相结合的税制改革要求，应建立自然人税务登记制度，施行普遍的申报制度，满足登记、申报、三方信息获取、征收、数据分析等征管需求，这些都需要建立一种理念先进、平台兼容、操作简便、系统稳固、功能强大的个人所得税征管信息化管理系统来加以支撑和解决。

（二）全方位监控税源，防止税收流失

个人所得税的征管根本在于全面、完整、及时、准确地获取纳税人相关经济往来的涉税信息，进一步核实其收入和支出。个人所得税信息化管理系统可以实现与银行、外汇、证券、海关、国土等部门适时互联，拆除数据藩篱、增进部门协作，通过第三方信息的标准化注入，实现涉税数据的高度共享和深度利用，形成有效的监控体系，为个人所得税额确定提供强有力数据支撑。

（三）创新纳税服务，实现“两个减负”

充分运用互联网技术，设计提供 PC 端和移动端两种接入方式，依托大数据分析确定不同纳税人群的习惯偏好，推出定制化、个性化、全景式应用菜单，综合原有的电话申报、电邮申报、传真申报等方式，最大限度地满足不同年龄段和不同学历背景的纳税人。纳税人只要鼠标一点、屏幕一触，就可以下载使用个人所得税信息化管理系统，办理申报、缴税、涉税证明打印等涉税业务，让纳税人不受时间、空间的制约，随时、随地办理涉税事宜，实现纳税服务的精细化、智能化。个人所得税信息化管理系统大量运用了“免填单”信息采集、第三方权威信息的标准化导入和税库银互联等技术，既能减轻基层税务人员收集资料、纳税人重复报送资料的负担，又能实现征

收税款自动缴入国库，有效减轻税务部门的征收压力，确保税款安全入库。

（四）规范执法程序，防控执法风险

个人所得税信息化管理系统的应用必须按规定流程和权限处理各项涉税事务，从登记、申报、税额确定、税款征收到税务稽查等各个征管环节都是在网上进行，同时，通过后台痕迹管理，适时监控每个环节的办结过程，使个人所得税整个征管过程科学、规范、高效、透明，有效规避执法风险。

（五）涉税信息保密性强，保障纳税人权益

个人所得税的相关涉税信息涉及纳税人的收入和支出等敏感问题，确保在采集、传输、应用过程中纳税人涉税信息的安全，维护纳税人合法权益，是税务机关的法定义务。个人所得税信息管理系统可以通过运用域间安全源地址认证（SMA）技术，完美解决域间数据传输安全问题，通过在全国建立跨域的 IPv4 到 IPv6 协议隧道，实现源地址溯源；通过采用数据安全路由，数据的动态位移、加密解密等技术，保证涉税数据安全传输；通过使用 VPN 加密通信信道、U + KEY、二代音频 KEY 及加密存储卡等多重技术手段，全面提升纳税人终端防护级别。

二、个人所得税征管信息化建设的现状与问题

作为税收征管信息化的一部分，个人所得税征管信息化在我国发展迅速，经过多年的建设，建立了一套较为完善的申报系统，有力地促进了个人所得税征管水平的提高。

（一）我国个人所得税征管信息化发展沿革

1. 积极探索、起步发展阶段（1980 年至 1993 年）。20 世纪 80 年代，我国改革开放政策实施后，在发展以公有制为主的多种经济体制和加快市场经济建设等方面取得了很大进展。一方面国外资本投资连年高速增长，新注册成立的外资企业不断增加，外籍在华高收入人群也在不断增加，另一方面国内一部分人通过下海经商、创业等方式先富起来，各行业之间个人收入差距明显拉大。为加强对收入分配的调节，1980 年 9 月 10 日，全国人大五届三次会议通过了《中华人民共和国个人所得税法》；1986 年 1 月 7 日，国务院

颁布了《中华人民共和国城乡个体工商业户所得税暂行条例》；1986 年 9 月 25 日，国务院又颁布了《中华人民共和国个人收入调节税暂行条例》；1988 年 6 月 25 日，国务院发布了《关于征收私营企业投资者个人收入调节税的规定》。为建立与之相适应的征管方式，各级税务机关进行了有力探索，其中征管信息化是一个重要探索方向，但由于计算机技术的局限性，个人 PC 尚未普及，这个时期的个人所得税征管信息化还没有形成完整的体系，理论探讨和规划较多，实际运用较少，仅停留在将原始的申报信息、发票信息、征收信息等纸质内容录入计算机中，做简单的税收分析，编制报表等层面，基本不涉及个人所得税实际征管业务，仅仅起到辅助的作用。

2. 不断发展、初步运用阶段（1994 年至 2008 年）。1994 年是具有特殊意义的一年，这一年个人所得税制度进行了改革，“金税工程”正式启动，我国税务系统大步迈向大规模信息化建设时期，个人所得税征管信息化发展步入了快车道。

按照国务院《关于深化税收征管改革的方案》要求，全国税务系统广泛使用计算机广域主干网络，各级地税机关陆续将个人所得税征管的所有流程全部纳入计算机进行管理，依托现代信息技术对整个业务流程进行监控管理。经过长达十多年坚持不懈的发展，我国个人所得税征管信息化系统较以前有了质的飞越，应用方式由原先简单的数据录入、分析转变为依托广域网对个人所得税业务进行分布式的处理，有效减轻了纳税人申报和基层税务机关征管负担，提升了征管质效。

3. 功能优化、全面应用阶段（2009 年至今）。2009 年在北京召开的全国所得税工作视频会议上，国家税务总局原副局长王力在个人所得税征管信息化方面指出：一是从个人所得税制改革方向和加强全国联网比对管理的迫切要求出发，要坚定不移地抓紧抓好个人所得税管理系统的推广应用工作，力争到 2011 年底以前实现全国范围内全覆盖，要提高数据的质量和效率，积极探索运用信息化手段加强个人所得税管理的方法和途径。二是按照国家税务总局信息化建设的统一部署，抓紧推进建立自然人数据库（个人所得税部分）工作。个人所得税数据和全员全额扣缴明细申报，要按照国家税务总局的统一要求，逐步向国家税务总局集中数据，直至全面覆盖，确保自然人数据库（个人所得税部分）顺利建立。

按照国家税务总局的总体部署，各地地方税务机关充分运用现代信息科技发展成果，全面优化个人所得税征管信息化管理系统，开发了网络自助申报、全员全额扣缴申报、第三方数据采集、数据分析、审核和风险评估等核心功能，形成了较为完备的个人所得税征管信息化体系。同时全国各地税务系统以电子税务局建设为突破口，完善数据口径，把关数据质量，实现了个人所得税数据省级集中和全员全额扣缴明细申报，并逐步向国家税务总局集中数据，实现个人所得税数据全国大集中，为个人所得税征管提质增效提供更为强大的信息化系统支撑。

（二）我国个人所得税征管信息化存在的问题

截至目前，虽然我国初步构建了现代信息技术与个人所得税征管业务有机融合的个人所得税征管信息化大格局，信息管税的强大效应也正在逐步彰显，但在实际运用中，个人所得税征管信息化还存在一些短板和不足，还不能完全满足当今经济飞速发展的趋势和综合与分类相结合税制改革的需要，需要进一步加以完善。

1. 信息化系统设计技术标准不统一。按照1994年分税制改革方案，个人所得税由地方税务局负责征收和管理。国家税务总局没有开发统一的个人所得税征管信息系统，现在使用的个人所得税征管信息化系统一般由各省级地方税务机关根据本地区实际开发和运行维护。各地自行开发的系统由于没有统一的技术标准，数据接口、内容、格式、体系不尽相同，影响了全国数据大集中，影响省级之间数据共享和交换，不能获取完整统一的纳税人信息视图，无法掌握纳税人的涉税信息全貌。

2. 没有统一的自然人登记信息系统及涉税信息数据库。目前，我国的个人所得税征管信息系统还没有建立单独的自然人登记系统及涉税信息数据库。按照综合与分类相结合的个人所得税制改革要求，要施行普遍申报制度，就必须建立与之相匹配的自然人税务登记系统及自然人涉税信息库，利用信息技术，以自然人登记信息为基础，将纳税识别号与每个人的收入和支出系统关联到一起，为税额确认提供数据支撑。

3. 第三方涉税信息共享困难。目前，我国个人所得税征管信息系统还未与银行、不动产登记、外汇管理局等部门建立跨部门、跨区域、覆盖全国的涉税信息共享平台，纳税人纳税遵从度也普遍不高，没有主动提供涉税信息的意愿。并且税务部门无法全面、准确、及时地获取纳税人的相关涉税信息，对纳税人的收入还不能实施有效的监控。

4. 部分功能不够完善。目前，我国处于信息化的完善阶段，有相当一部分纳税人甚至是税务人员认为所谓的个人所得税征管信息化就是“网上登记、网上申报、网上缴税”，忽略了其强大的后续管理功能。个人所得税征管信息化与以往的管理方式相比，优势不仅在于申报、征收的快捷性和操作的方便性，其在税源监控、税收分析、税务稽查等方面也有着得天独厚的优势，但是，这种优势在我国现行个人所得税征管信息化过程中并没有发挥出来。现在的征管信息化系统大多没有引入涉税信息自主关联、信息比对、风险评审等功能，而这些功能的应用，将进一步强化实际征管工作。

5. 信息化人才匮乏。推进个人所得税征管信息化建设的关键在于有一支能够熟练掌握信息技术和税收业务的干部队伍。目前，基层税务机关普遍存在年龄偏大、计算机应用水平不高的问题，即精通各类税务软件应用又熟悉征管流程和税收政策的复合型人才偏少。大部分征管一线的税收管理员使用个人所得税征管信息系统仅停留在登记、申报、征收等基本功能，对部分操作较复杂的后续管理功能的运用能力有限。人才的严重匮乏，制约了个人所得税征管信息化的深度发展。

第二节　个人所得税征管信息化建设国际比较

现代信息技术起源于西方。西方诸国的信息化发展在也一直走在世界的前列。在许多欧美国家的税收征管领域，现代信息技术应用已经十分成熟。大部分西方国家的税务部门都专门设立了税收信息中心或计算机中心，在全国范围内建成了税务信息系统，这其中就包括个人所得税征管信息系统，本书主要选取环太平洋国家美国、澳大利亚两个国家在个人所得税征管信息化方面较为典型的经验。

一、典型国家个人所得税信息化管理现状

（一）美国个人所得税信息化建设

美国个人所得税征管信息化体系从1960年开始建设，经过50多年的发

展，已建立起较为成熟的个人所得税征管信息化体系。凭借其 2 个全国性、10 个地区性的数据处理中心以及分布于全国的信息化网络，建立了全国个人纳税档案库，高效有序地推进全美国 60% 以上申报人群的个人所得税征管工作。

1. 建立了统一、集中的个人纳税档案库。美国国内收入局（简称 IRS）通过计算机系统，在全国采用统一的纳税代码对纳税人进行登记，将纳税代码与个人身份证号码、社会保障号码三者统一（全国统一税号制度），并由此建立起集中的个人纳税档案数据库，将个人信息详尽地录入其中，包括工薪收入、信誉状况、赡养人口数量、有无配偶等。在美国没有纳税代码就不能在银行开户，就无法享受社会保险，交易合同也会无效。个人的任何经济活动都需要提供纳税人代码，从而形成了严密的收入监控体系。

2. 建立了完善的第三方信息共享机制。由于纳税代码的通用性，因而税务部门很容易与第三方部门交换信息。个人所得税征管信息系统通过与银行、外汇、财政等部门的信息实行互联，建立起第三方信息应用系统，实现了对纳税人各项应税收入的实时汇总与监控。这些纳税信息在经过计算机进行标准化、程序化处理后将与个人所得税征管信息化系统的涉税信息进行比对，确认个人涉税信息的准确性。

3. 建立了个人纳税信用库。个人所得税征管信息系统充分应用“数据挖掘”新技术，对纳税人提供的申报数据进行深层次比对、分析，如果有疑点，就会被挑选出来。之后交由专业人员运用系统评估、稽核系统进行相应的处理。对于通过稽核确定的涉税违法案件，IRS 将予以坚决处罚，除了经济和刑事处罚外，还会将违法行为记录在个人信用档案库内，其他部门均可查询，使其就业、贷款等活动受到影响。对于没有履行扣缴义务和纳税申报的雇主、机构，则将成为未来重点稽查对象，而且此后其信用评级、银行贷款、公共业务招投标等相关经济行为都会受到严格限制。

4. 建立了一支高素质的信息化队伍。美国十分重视信息化的人才队伍建设，信息化建设人才的引进设有专门管理办法和引进渠道，并通过加强信息技术人员招聘、培训等措施培养和聚集了大量的信息化技术人才，以绩效考核的方式确保技术人员在工作中发挥实效，同时，用提高福利待遇来充分调动信息化技术人员的工作积极性，为美国税收征管信息化建设打下了坚实的人才基础。

（二）澳大利亚个人所得税信息化建设

澳大利亚地广人稀，给个人所得税申报、后续管理工作带来极大的不便，但个人所得税征管信息化系统的建设有力地解决了这个问题。经过近年来的不断发展和创新，澳大利亚已经形成了一套科学、完整、严密的个人所得税信息化管理系统，个人所得税的电子化申报已经达到了85%，无论是纳税人还是税务局都充分感受到先进的个人所得税征管信息化系统带来的便捷。

在澳大利亚，本国公民及在澳大利亚工作的外国人都必须到澳大利亚税务局申请或在网上登记，将个人信息录入计算机系统中，获得一个永久的纳税识别号。纳税人信息登记库是澳大利亚个人所得税征管的基本保障。因为税号的唯一性，税务局可以很容易地识别每个纳税人，及时掌握纳税人的收入性质及其与收入相关的情况，从而准确掌握纳税人的纳税信息。

按照“电子签名法案”要求，澳大利亚税务局2000年起推行“电子税务”电子报税系统，个人所得税征管信息化系统的发展和推广应用也步入快速发展阶段。2006年起，澳大利亚税务局开始改革电子报税系统，广泛推广电子报税方式来替代原先传统的申报方式，更加方便纳税人进行个人所得税纳税申报。在2007年完成对“电子税务”系统的升级改进后，不但税务部门可以通过网络进行个人所得税税源监控、税款征收等税收征管活动，纳税人也能够通过该系统从银行、金融公司和其他政府部门下载有关数据，方便、快捷地办理相关涉税事宜。

纳税人在进行纳税申报后，其申报数据会导入个人所得税征管信息化系统。系统自动对纳税人申报的收入、抵免额等涉税信息进行书面审核并和往年的申报情况进行比对，筛选出高风险人群。如果纳税人不能证明其纳税申报无误，就会被认定为不实申报，税务局将会根据具体情况进行追缴或给予相应惩罚。澳大利亚税务局运用信息化手段进行个人所得税管理，降低了征税成本，提高了征管效率，有效保障了个人所得税的税收收入。

二、国际经验与借鉴

我国的《个人所得税法》诞生于1980年，至今才30多个年头。与世界上发达国家相比，无论从税收地位还是成熟程度上，我国都落后于世界发达国家。以美国、澳大利亚为例，个人所得税收入均占税收总收入的40%以上，而我国却只有10%左右。虽然税制改革的步伐从未停止过，但是个人所得税在我国现行诸税种中依然被公认为税收流失最为严重的一个税种。因此，通过借鉴国外个人所得税信息化管理的先进经验，建立符合我国国情的个人所得税信息化管理模式，从而提高我国个人所得税的征收效率，是必然之选，更是必要之举。

（一）国外个人所得税信息化体系管理经验

在国外，由于个人所得税开征较早，其征管信息化水平也相对较高，信息化管理提高了个人所得税征管的效率和成本。目前个人所得税征管信息化体系建设最为完善的首推美国，IRS以个人唯一税号为基础，通过广泛的数据共享，归集相关涉税信息，建立个人纳税档案数据库，推行电子申报等方便、快捷、安全的申报方式，系统自动比对、分析纳税人的涉税信息，查找可疑线索，充分利用信息化手段提升征管效能。美国的个人所得税通过网络、电话和金融机构等已经基本上实现了支付的电子化。美国的纳税人可以选择每日、每周或每季自行通过美国联邦税款电子支付系统（The Electronic Federal Tax Payment System）缴纳税款，也可以委托金融机构通过该系统缴纳，目前美国个人所得税的征收率达到90%左右。瑞典也是实行税收代码制度比较典型的国家，瑞典公民一出生就拥有一个10位数字的终身税务号码，这个号码用于税务申报、银行开户、社会保险缴费等其他一切经济活动，管理十分严格。通过税务号码，税务部门可以随时查阅纳税人的缴税情况以及个人的不良信息。因此税务部门可以通过这个税务号码掌控纳税人的一切收入来源、经济活动情况和财产状况。纳税人去世时，税务部门还要根据该纳税人的资产负债情况，征收遗产与赠与税后，再核销该号码。如此严格的税收代码制度完善了瑞典的税源监控体系，也为个人所得税的征收提供了信息控制基础。德国通过为纳税人提供免费、统一的申报软件，加快了申报的速度和质量，纳税人还可以通过电子邮件或委托税务代理机构进行申报，其电子申报率超过90%。同时，德国采用的是税卡制度，税卡是一种纳税凭证，工资收入者的税收都是从税卡中提取的，并适时在媒体上予以曝光，因此德国的个人所得税征管极具威慑力。同时对于那些依法按时纳税的人，德国税务部门则以奖励纳税信用等级的形式提高纳税人的消费信誉和工作机会。这种奖惩分明的个人所得税征管机制，为德国的个人所得税的征管扫清了障碍。

西方国家普遍实行税收协同管理，大力推行第三方信息报告制度。美国、英国、德国等国家的税法都明确规定哪些单位和个人负有向税务机关报告信息的义务、报告何种信息以及对不提供信息者给予何种处罚。澳大利亚个人所得税征管信息系统不但在全国税务机关内部实现了联网，而且与其他政府职能部门如证券、金融、海关及一些大型企业实现了无缝对接，为其有效地实时税源监控以及有针对性地开展税务评审提供了有力的数据支撑。这种第三方信息制度加大了税务机关的信息来源，减少了因为信息不对称所带来的偷逃税。凡是个人所得税征管工作做得比较好的国家，基本上实现了税务机关与其他部门（如银行、海关、工商、公安等）的联网。此外，保证纳税人的涉税信息安全也是澳大利亚个人所得税管理的一大亮点。个人所得税的信息涉及许多个人的隐私信息。这些信息的泄露可能给纳税人带来不少的麻烦，甚至造成财产损失。澳大利亚税务局制定了严格的涉税信息保密制度，个人涉税信息获取、使用、变更都需要通过一定程序的审核，并严格限定用途。从软件建设上，澳大利亚税务局自行研制安装了具有世界先进水平的系统防火墙，具有强大的防御功能，防止信息被窃取，确保整个系统的安全运行。

（二）启示与借鉴

加强我国个人所得税征管的科学性在于信息化，而信息化的一个重要内容是对信息技术的全面、综合应用，实现纳税人的纳税信息计算机联网。我国近年来为了防止税款流失，减轻纳税人负担，对个人所得税的改革力度很大，数次提高个人所得税的起征点，对高收入者专门制定了有关高收入者个人所得税征收管理的通知。为了规范企业及个人申报纳税，早在1997年国家税务总局就发布通知设置纳税人编码，并将个人身份证号码作为纳税人编码。然而，我国的个人所得税纳税编号并未形成一套完整的体制，其关键原因在于我国个人所得税信息化管理体系不够完善。眼下当务之急是，借鉴国外的成功经验，走出一条适应本国国情的个人所得税征管信息化建设管理道路。

1. 推行个人纳税识别号制度，建立全国统一的自然人涉税信息库。本书在第四章就此问题已经阐述。由于我国还未真正全面推行个人纳税识别号制度，纳税人的许多隐蔽收入处于未监控状态，除了工资薪金、劳务报酬、稿酬等个人所得项目是由发放单位代扣代缴，其他个人收入，如银行存款利息收入、银行理财收益、信托投资收益等处于无法全面监控状况。目前考虑到我国个人收入分配多元化、隐蔽化且支付方式现金化的情况，建议采用美国、澳大利亚等国家的做法，推行个人纳税识别号制度，由税务机关联网管理，并将纳税人的各种收入、支出、纳税信用情况、社会保险费等个人涉税信息都与纳税识别号挂钩。纳税人如有逾期不缴税款或蓄意逃避缴纳税款的，一经查实，税务机关将依其情节严重程度重新定级其纳税信用。纳税信用的级别高低影响纳税人正常生活，比如找工作、贷款和享受社会保障等事项。税务机关通过税号可以完全了解纳税人的收支状况，同时，将所有与该纳税人相关的涉税资料都录入其中，健全完善个人电子税务档案。

2. 加快全国统一的个人所得税征管平台建设。尽管现在全国各地税务机关根据本地区实际情况自行开发了征管信息平台，建立起了个人所得税重点纳税人和纳税情况监控系统，但由于各地征管信息化水平不同，又没有统一的技术标准，各地数据接口、内容格式都不一致，形成了“信息割据”。每一割据区信息往往不能很好地实现共享，产生了许多“信息孤岛”，造成信息资源在系统内无法有效充分利用的局面，从而影响了全国数据的汇总集中，不能获取完整的纳税人收入情况和纳税信息，更谈不上利用信息资源对个人所有收入实施有效监控。个人所得税征管应继续推广计算机在个人所得税管理中的应用，加快“金税工程”三期个人所得税征管信息管理系统的开发和应用。将原本地方性的个人所得税管理层次提升到全国层次，不仅能够保证税收政策执行的一致性，而且使全国各个地税部门都能够查询到个人电子税务档案及纳税情况，对纳税人的整个纳税过程和税务机关内部的管理情况实施全面监控，真正做到全员全额管理。此外，应进一步利用计算机对个人收入汇总信息进行标准化、程序化的处理，从扣除项目审查到纳税信息比对，再到风险纳税人的筛选，一步一步按照程序进行风险应对和纳税评估管理。

3. 健全第三方涉税信息共享机制。美国、澳大利亚等国家之所以能够拥有一个完善、成熟的个人所得税征管信息化管理系统，得益于税务部门与第三方部门交换涉税信息的广泛性、全面性和及时性。我国个人所得税纳税者数以亿计，要收集并录入纳税人详细的税务资料，核查、辨别个人所得税申报信息的真伪，没有其他政府部门及企业提供的涉税信息作为基础，那就是纸上谈兵。然而，目前我国税务部门与银行、海关、财政、社会保障机构等许多第三方部门都还未实现信息共享，税务部门所掌握的纳税人信息太少，对完善税务档案信息增加了难度，一定程度影响了个人所得税征管信息化发展。因此，我国需建立全国性的第三方信息交换共享平台，支持与国家不动产登记系统、银行、国家信用系统等政府职能部门和大型企业之间的对接，实现信息资源的优化配置与充分共享，形成完整的社会化税收监控网络体系。同时，建立严密的社会化监控体系，把纳税人的税务档案、纳税信用与贷款、买房买车等经济行为联系起来，进行全方位监控，提高纳税人自觉缴税意识，形成良好的纳税氛围。

4. 加强信息化管理体系安全保障。中央网络安全和信息化领导小组组长习近平同志曾提出“没有网络安全就没有国家安全，没有信息化就没有现代化”等重要论断，深刻阐释了党中央关于加强网络安全和信息化工作的指导思想和方针路线。此外，由于个人所得税的相关涉税信息涉及广大纳税人的个人隐私，保证纳税人的信息安全是税务部门征管信息化建设过程中不可忽视的重要环节。众所周知，美国一直是全球 IT 和信息化发展的领跑者，其先进完善的个人所得税信息化管理体系依靠强大的计算机软件技术和网络安全运维手段。但由于我国政府部门在信息化建设中，普遍存在重技术建设、轻安全保护问题，在进行信息系统规划时主要考虑了业务需求和系统技术性能要求，没有将系统的安全保护措施一并考虑，造成安全保护工作相对滞后。国家税务总局在开展个人所得税征管信息化网络建设时，必须把安全防护系统建设考虑进去，从设备选型到硬件采购、从网络设计到机房安全、从防火墙到加密机制、从应用平台到操作系统，都要兼顾安全风险因素。在利用信息技术提高个人所得税征管工作效率的同时，应建立完备的信息安全防护体系，强化业务信息系统安全防范措施，确保系统运行正常，数据安全。

5. 提高征管人员信息化管理水平。根据发达国家的经验，信息化管理是个人所得税高效征管的保障。可以说，没有现代化的信息技术，就没有个人所得税征管效率的提高。但是，片面强调硬件配置和设备更新，而忽视了征管人员对设备和信息的利用程度和使用效益，也是顾此失彼的。因此，税收征管信息化建设要取得成功，要有一支素质高、业务精、能打硬仗的干部队伍。一方面，税务人员应该秉承“科技兴税、信息管税”的理念，更新思路，转变观念，增强信息化建设的危机感和紧迫感，跟上信息化建设的步伐，不断提高自身业务素质能力。另一方面，税务部门应加大人才培养力度，全力以赴抓好现有人员应用信息化管理水平，切实提高人员的计算机应用的整体水平以及征管系统平台的熟练应用，营造一个人人重视信息化的浓厚氛围。除此之外，为进一步提高系统运行质效，不断优化相关功能，还应引进精通计算机技术的高素质人才，构筑宝塔型的人力资源配备。

第三节 我国个人所得税征管信息化建设的目标与思路

没有信息化就没有现代化。税收征管的信息化就是依托信息技术，通过计算机网络和软、硬件对涉税信息进行采集、运用及税收处理的过程，即现代信息技术在税收征管领域中的广泛应用，能够实现与税收业务高度融合、相互促进，不断挖掘运用税收征管信息资源，提升税收征管，形成一种全新的税收征管状态。可以说，在信息时代和经济全球化的背景下，现代化税收管理的实质是信息化条件下的涉税信息管理。

一、加快个人所得税征管信息化建设的紧迫性

随着社会经济的迅猛发展，我国个人所得税纳税人其数量呈逐年大幅递增趋势，具有流动性强、收入结构类型多元化、收入来源地复杂化等特点，加上个人所得税的信息获取渠道存在局限性，这些都极大地增加了个人所得税税源信息监控的难度，影响了纳税人的涉税信息全貌完整，一定程度上造成了个人所得税税源管理存在漏洞的局面。

我国的税收管理信息化建设以国家税务总局“金税工程”三期所建设的全国性综合各税种信息化处理系统平台为标志，在全国国税系统和多数地税系统形成了规范的税收征管省级应用集中格局，优化了纳税服务，强化了税收执法，规范了内部管理，促进了税法遵从和税收收入持续、稳定增长。但由于受主客观因素限制，信息化发展不平衡，部门间信息共享度不高等问题的影响，税务管理机关对个人所得税的税源信息监控难度并未得到有效缓解，管理漏洞依然存在。

因而，为加快我国个人所得税征管信息化建设，达到对个人所得税税源

信息全面监控的目标，依托“金税工程”三期建立起全国联网、统一规范的个人税收（所得税）征管信息综合管理系统就显得尤为重要和迫切。

二、个人所得税征管信息化建设的目标

个人所得税征管信息化建设，应当按照一体化原则要求，全国性综合各税种信息处理平台的框架下，“全国集中自然人涉税库”和“集中业务处理平台”为契机，根据我国个人所得税的特性与管理服务的实际需要对其进行改造和完善，重点突出个人所得税的税源信息管理监控的特性，以个人税收征收、自然人涉税信息库、第三方信息交换、国际情报交换、新型电子税务局以及个人税收管理 6 个子系统，构建涵盖个人所得税税源管理、征收服务、监控分析、风险控制、决策支持等全方位管理事项，具有国际水平和鲜明特色的个人税收（所得税）征管信息综合管理系统。

1. 总体要求。个人税收（所得税）征管信息综合管理系统的建设必须坚持一体化原则，在“金税工程”三期的“一个平台、两级处理、三个覆盖、四类系统”的主题框架建设下，以优化纳税服务、规范税收执法、促进税法遵从、税收风险管理、信息管税等理念为指导，坚持“统筹规划、统一标准，突出重点、分步实施，整合资源、讲求实效，加强管理、保证安全”的原则，适应税收事业和信息化发展规律，适应个人所得税税制改革需要。

2. 总体目标。以科学发展观为指导，把握趋势，兼顾现实，统一规划，分步实施，利用三至五年时间，实现全国个人税收税源管理数据应用大集中。以自然人涉税库和外部信息交换库建设为重点，准确掌握纳税人的收入，强化个人税收风险管理，解决税源监控信息的不对称问题，建设全国统一的个人税收（所得税）征管信息综合管理系统，推进信息管税，优化服务，规范执法，提高税法遵从度和纳税人满意度，降低税收征纳成本和税收流失率的征管目标。

三、个人所得税征管信息化建设的总体思路与架构

根据国家税务总局“金税工程”三期建设要求，信息化建设总体业务架构是基于统一技术平台的“四类系统”，即税收征管、外部信息、决策支持和行政管理系统。个人税收（所得税）征管信息综合管理系统的总体架构是

由统一技术平台的六大子系统构成，分别是个人税收征收系统、自然人涉税信息库、第三方信息交换系统、国际情报交换系统、新型电子税务局以及个人税收管理系统。其中：个人税收征收系统、自然人涉税信息库构成以个人税收业务为主要处理对象的税收征管系统；第三方信息交换系统、国际情报交换系统、新型电子税务局构成以外部信息交换和为纳税人服务为主要对象的外部信息管理应用系统；个人税收管理系统构成以风险控制、税收分析和决策支持为主要处理对象构成的决策支持系统（见图5-1）。

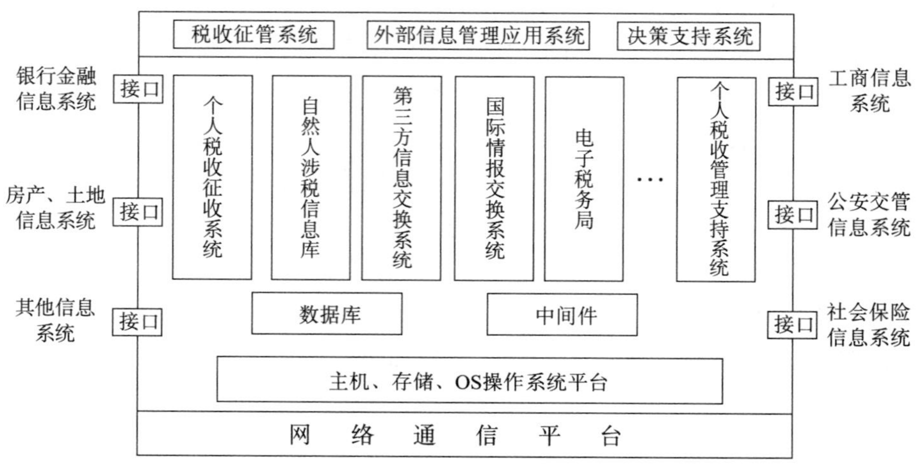

图5-1 个人税收（所得税）征管信息综合管理系统设计总体架构图

第四节 我国个人所得税征管信息化管理系统建设

个人所得税征管信息化是税收信息化的重要组成部分。我国现有的税收信息系统几乎都是流程型的，也就是说仅仅实现了业务流程的网络化。在这种流程型的系统中，信息只是以数据的形式存在，只能用来满足一般的业务操作，而个人所得税征管信息化管理系统应该是分析型的，能使流程网络化，具备管理决策功能，并广泛采用神经网络、决策树等数据挖掘手段，把

“数据”提炼成“知识”。该系统能够满足一般业务需要和辅助决策需要。同时，还要把信息系统嵌入到整个社会信息系统之中，在不涉及公民隐私的前提下，通过信息的广泛共享来对纳税人进行合理监控。

一、个人税收（所得税）征管信息综合管理系统概述

信息系统设计以税收风险管理、流程再造理论和信息管税理念为指导，以自然人涉税库、第三方信息交换系统和国际数据情报交换系统获取全面准确的个人税收税源信息为突破，以构建个人税收征收系统确保统一规范执法为基础，以构建电子税务局创新服务手段、优化提升纳税服务水平为重点，以构建个人税收管理子系统强化税收风险控制、提供满足各层级所需的决策支持信息为核心，立足“金税工程”三期现有资源，结合实际需要研发软件系统，实现个人（自然人）税收征管全流程的信息化管理，推进整体个人所得税税收征管信息化建设进程。

1. “金税工程”三期与个人税收（所得税）征管信息综合管理系统。国家税务总局“金税工程”三期建设的税收信息化管理系统，作为一个全国性的综合各税种的信息化处理系统，总领全国涉税信息，是权威资料的收集者和发布者。个人税收（所得税）征管信息综合管理系统从属于“金税工程”三期，系统边界为在三期框架下，仅负责个人（自然人）相关税收业务。各子系统各行其责，相互独立，最后形成的数据由“金税工程”三期信息化管理系统整合和统一管理。

2. 个人税收（所得税）征管信息综合管理系统设计概述。个人税收（所得税）信息综合管理系统由个人税收征收、自然人涉税信息库、第三方信息交换、国际情报交换、新型电子税务局以及个人税收管理6个子系统构成。子系统相互间信息数据交流畅通，具有独立性和统一性两个方面的属性（见图5－2）。

3. 个人税收（所得税）征管信息综合管理系统功能。

（1）个人税收征收系统。以个人所得税、社会保险费为主体业务，以涉及自然人的其他相关业务为补充业务，满足登记、优惠、认定、证明、申报、确认、征收等业务领域的税收业务处理。

（2）自然人涉税信息库。以全国统一的纳税人识别号为信息归集点进行涉税信息采集，包括居民纳税人和非居民纳税人涉税信息，实现全国集中的

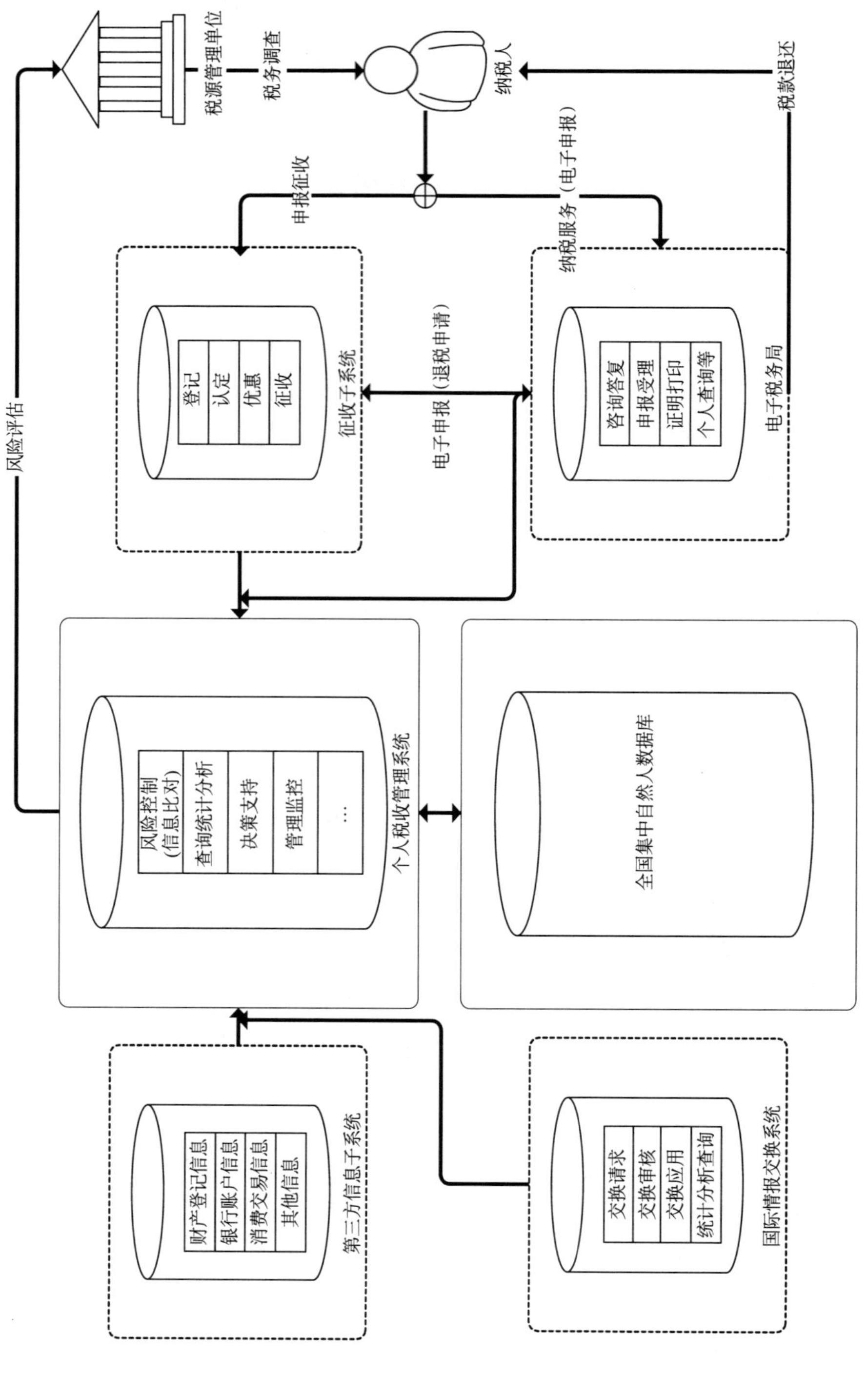

风险评估
税源管理单位
税务调查
纳税人
申报征收
纳税服务（电子申报）
税款退还
登记
认定
优惠
征收
征收子系统
电子申报（退税申请）
咨询答复
申报受理
证明打印
个人查询等
电子税务局
风险控制（信息比对）
查询统计分析
决策支持
管理监控
…
个人税收管理系统
全国集中自然人数据库
财产登记信息
银行账户信息
消费交易信息
其他信息
第三方信息子系统
交换请求
交换审核
交换应用
统计分析查询
国际情报交换系统

图 5－2　个人税收（所得税）征管信息综合管理子系统目标架构示意图

个人（自然人）一户式档案管理。

（3）第三方信息交换系统。由各类前置系统和外部信息受理平台构成，支持与国家房产、信用等基础数据平台，个人收入、财产和社会征信等系统对接，实现与社会和政府涉税信息交换。

（4）国际情报交换系统。通过加强国际多边协作，支持国际涉外涉税信息交换，实现对个人国（境）外收入监控。

（5）新型电子税务局。充实完善现有纳税服务系统，建设新型电子税务局，推广移动办税终端，关注纳税人办税体验，丰富纳税服务手段。

（6）个人税收管理系统。综合各种来源获取涉税信息，对个人所得税税源信息加以监控，加强对信息进行比对分析，记录稽核结果。完善各类查询统计功能，运用数据挖掘技术，建立优化数据模型，提供决策管理分析。

二、个人税收（所得税）征管信息综合管理系统建设构想

（一）个人税收征收系统建设构想

1. 现状分析。个人税收征收系统集合于其他税费征管系统，无法单独运维管理，操作特征性不明显，数据交换接口单一，第三方信息利用效率低下，对日常涉税行为缺乏有效的监控，不能满足纷繁复杂的个人涉税行为的征收管理，阻碍了个人所得税课税模式转换的进程。

2. 创新目标。围绕税收征管的核心业务，在流程重组和优化的基础上构造一个先进灵活的个人税收征收系统，与“金税工程”三期系统工程无缝对接，资源信息有效共享，为纳税人提供多方位的服务，实现个人税收工作流程的管理和对税源的有效监控，适时与相关部门联网，实现信息共享，辅助领导决策。

3. 主要构想。个人税收征收系统设计思路：以“大集中”为核心，引入先进成熟的技术及设计思想，利用计算机信息网络高速处理能力，搜集、传递和共享信息，对个人涉税行为进行适时监控，实现个人税收网络化管理，全面提升个人涉税行为管理水平和质量，为领导决策提供科学的依据；满足总局“金税工程”三期一体化建设的基本原则和要求，以业务流程为主线，充分运用信息系统程序规范、监控严密的特点，以个人自主申报纳税和优化服务为基础，实现税务管理透明化、简单化、严密化和高效化，提高税

收征管的质量和效率；遵循总局相关技术和数据标准，为最终实现总局数据集中打下基础（见图5－3）。

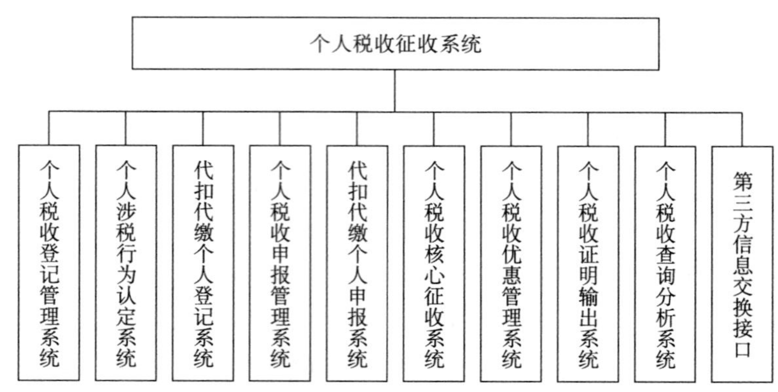

图5－3 个人税收征收系统主要功能模块图

（1）核心业务系统。系统所涉及的主要业务需求包括个人税收基础业务、个人税收征收业务、流程的监控监督、个人税收数据的综合利用、多元化申报、核心征收体系、规范严密的评估审计体系、个人税收证明的检索输出、纳税服务体系的建立以及与外部系统的信息交换等业务体系，涵盖了税务机关的基本个人税收征收业务。同时，通过对个人税收征收业务及业务流程的监控和监督，完成个人税收征收指标的质量考核和工作绩效考核，规范个人税收征收业务，提高个人税收征管的工作效率和质量。

个人税收登记管理。能自动进行排他性纠错、重复性判断、完整性监测检验功能，个人登记信息一次性录入并保存至信息库，同时，提供标准接口模板，建立批量接口体系，将多途径第三方信息完整、准确、快捷录入自然人信息库。

代扣代缴个人税务登记管理。以单位纳税人为基础进行代扣代缴个人税务登记管理，并适时将税务登记信息按照个人唯一识别号规则推送至自然人信息库，不断丰富完善自然人信息库基础数据，建立全国范围内自然人信息库。

规范性认定功能。对个人涉税行为进行规范性税种、费种认定，建立国家级统一标准、口径、规范性税费种认定系统，为个人税收纳税申报提供税源基础。相同类型的可进行建立批量认定模型，提高认定效率。

特征性优惠建立。依据国家最新法律、地方性法规规定，通过建立特征性优惠工作流程，完成个人税收征收过程中可供享受的各种政策性优惠减免内容，自动生成减免优惠等多种执法文书，完成个人税收优惠减免的基本信息处理工作。

多途径申报管理。税务机关向纳税人提供上门、网上、电话、邮寄、税务代理、银行网点在内等多元化申报方式，并通过改进申报信息录入手段，拓展申报接口，提高信息采集的效率。税务机关通过各种渠道的整合，形成内部统一的信息格式，并进行集中处理。建立税务机关与银行、国库等计算机联网渠道，实现税款入库过程全程电子化。解决实践工作中各种情况下个人税收申报问题，以专项申报为主，以通用申报及非正常申报为辅。专项申报主要是采用国家通用的标准申报元素，数据间逻辑关系明晰，能够自动计算、判断和纠错；通用申报主要针对一些特殊的申报采取的简易通用申报方式；非正常申报主要是通过新建工作流程完成逾期、查补等非正常申报。建立服务大厅填表申报与个人网络申报互为补充的申报体系，税务机关前台通过一窗式数据录入或接收提取纳税人同步网络申报数据，完成服务厅前台申报任务。同时，提供扣缴义务人代扣代缴个人税收申报管理功能，对代扣代缴个人税收进行专项申报管理。

核心征收功能。以地税部门服务大厅直接征收应缴税款为主，以个人网络划款、手机缴款、网银缴款等多渠道缴款方式为辅，适时监控每笔税费款动向。

多元化个人涉税证明的提取输出。可根据税务部门内部或是外部需求，自定义相关表证单书，通过选取数据单元，获取定向表内数据源信息，自动完成各项涉税证明或是文书的输出打印。

（2）个性化维护设置系统。通过个性化权限设置，完善人员岗位与工作流程节点相互对应关系，满足不同人员、不同岗位工作需求，对个人税收征收实施有效控管。在系统的岗位设置模块中，包含了权限分配与控制模块。不同岗位操作人员对于系统功能即具有不同的操作权限，这里主要通过系统提供的登录与权限验证系统来保证。操作人员登录后，系统会自动根据管理员预先分配的权限（岗位），展现相关的系统操作功能，除了展现的这些功能以外，用户不能对其他功能进行操作（见图5－4）。

当用户成功登录以后，就交由权限验证系统进行权限的验证。权限系统采用基于岗位和用户的两级权限分配和验证系统。具体来说，就是系统中的用户，必须具有一定的岗位（一个或多个），而岗位才拥有具体的权限。系

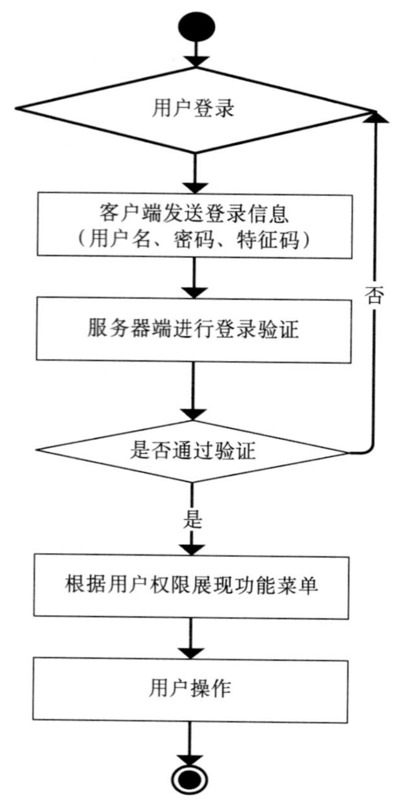

图 5－4　系统的权限分配功能流程图

统内置的管理员拥有系统中权限分配管理模块的所有对应级别的操作权限，具体负责维护用户信息以及岗位，并进行权限分配。所谓权限，就是指对系统中某项或多项功能具有操作权。这种权限设置，一方面把权限和用户解耦，提高了灵活性；另外一方面，通过岗位的引入，可以让系统管理员的权限分配工作变得更为轻松（见图 5－5）。

对于系统功能的操作，除了在权限上严格保密安全外，对于每次功能操作，系统都会在程序级别进行记录，以供后期的查询分析或者责任追溯。

（3）建立多用户界面交互打印输出系统。能够根据不同用户对数据打印输出要求，灵活定制输出打印各种数据，建立报表输出打印体系，报表固定文字内容及报表样式设定修改，数据源选项动态调用，实现单项数据集中打印、不同数据汇总打印等功能，满足各种不同用户的打印输出需求。

（4）建立外部信息交换接口。建立以个人税收征收管理为中心的服务接

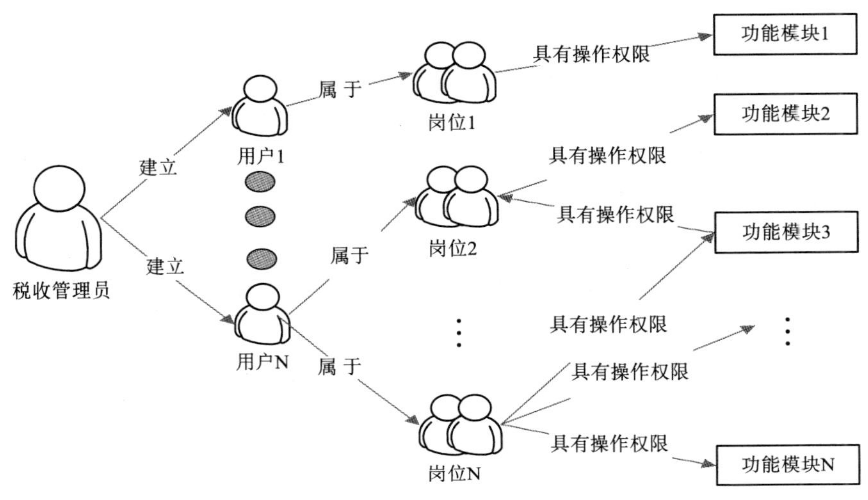

图 5－5　系统用户功能权限设计示意图

口体系，通过构建一个多媒体公众服务平台以电子方式为个人税收征收管理提供高效、及时的服务。建立税务机关与工商、海关、财政、地税、国库等其他部门涉及个人税收征收管理等信息数据交换体系，并通过数据分析功能将个人涉税行为有用信息依据流程设定意见及时传送至自然人信息库，实现个人税收征收数据的有效共享。

（二）自然人涉税信息库建设构想

1. 现状分析。目前由于数据采集多渠道、多层次、多结构类型，口径标准不一，数据重码多，自动纠错能力差，各部门相互间数据的进入与退出不能实施有效的监控。数据准确性差、完整性差，日常管理难度大，与信息一体化的要求极不相称。由于不同数据系统相互间信息不通畅，资源得不到有效共享，从而造成大量重复劳动，带来资源的极大浪费，制约了税收工作质量和效率的进一步提高。

2. 创新目标。借鉴其他国家和地区经验，建立统一的自然人纳税人识别号制度，赋予每个自然人纳税人唯一的、终身不变的纳税人识别号，充分运用自然人的其他相关信息资料，建立独立的自然人信息化处理应用中心，接收和分析处理自然人的涉税信息数据，准确监控每个自然人的动态涉税行为情况。本着创新的原则，通过资源整合，搭建统一平台，方便信息采集、处理和查询。一方面，自然人纳税人可以足不出户，通过浏览器实现网上报送各类涉税信息及数据，适时查询纳税人的相关信息及公共信息；另一方面，税务机关可以对采集来的自然人纳税人涉税信息进行梳理、归集、整合，实现“一户式”税收信息监控和分析。平台有较好的可扩展性和通用性，支持当前各种征管系统接口数据互联互通，切实解决纳税信息多、环节多、重复采集等问题。

3. 主要构想。自然人涉税信息库设计原则：

可扩展性。要求系统输入输出采用简单可扩展的数据接口，其他各种应用软件可以非常容易地与系统数据对接。

高通用性。系统具有报表设计器、数据导入器、数据导出器等工具软件。通过报表设计器，实现任意报表的灵活定制和发布，实现数据信息的灵活采集，当采集来的数据信息发生改变时，无须改变程序，只需拖动鼠标就可完成各种报表的编制，实现“零编程”目标，并能根据业务需求随时生成灵活的数据报表格式，通过系统进行数据采集和发布；通过数据导入器，实现系统与“金税工程”三期核心系统、流程控制系统等各应用系统现有数据信息的共享，避免对纳税人涉税信息的重复采集；通过数据导出器，将系统采集的纳税人的涉税信息导出到其他应用软件使用，实现一次采集，多环节使用。

安全性和保密性。个人纳税人的相关税务信息，包括申报征收的税款、银行账号信息、投资等信息，需要很高的保密性，所以要保证系统的安全性。本系统数据设置三级安全体系，通过对权限进行分级密码保护、数据传送加密、从程序设计上实现与其他系统数据隔断四重保护措施，确保数据和网络安全。

自然人涉税信息库设计功能模块：自然人涉税信息库系统通过开发设计一个统一的平台，实现对自然人各类信息的集约化采集和税务端“一户式”信息处理和查询（见图5－6）。

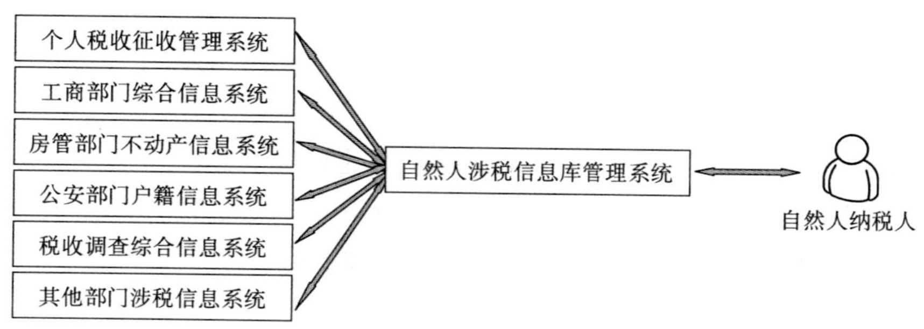

图5－6　自然人涉税信息库设计功能结构图

系统主要由两大部分组成：一是自然人端的信息采集和查询；二是税务端的信息处理、查询统计、相关数据应用及系统维护（见图5－7）。

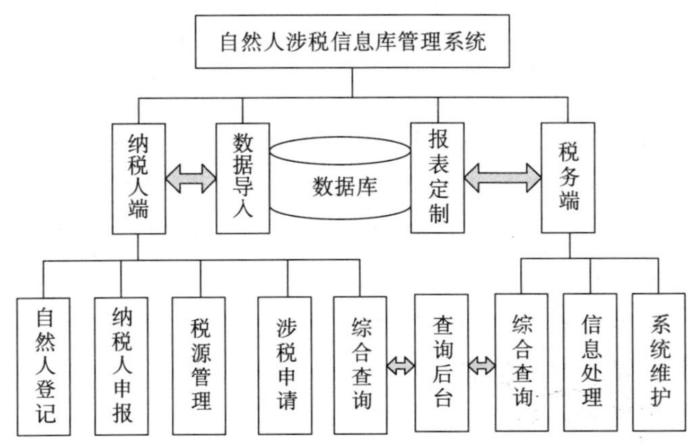

图5－7　自然人涉税信息库管理系统管理功能结构图

自然人涉税信息库管理系统自然人端以现有电子申报系统为基础，对通过多个应用系统分散采集的自然人登记、认定、申报、征收、银行资产等信息进行整合，将个人税收征收管理系统中的基本档案信息和相关数据信息整合到本系统，通过统一的系统平台进行信息采集，实现对各类信息采集的“一网打尽”。自然人端主要由自然人登记、纳税申报、税源管理、涉税申请、信息查询、信息提醒等几个模块组成（见图5－8）。

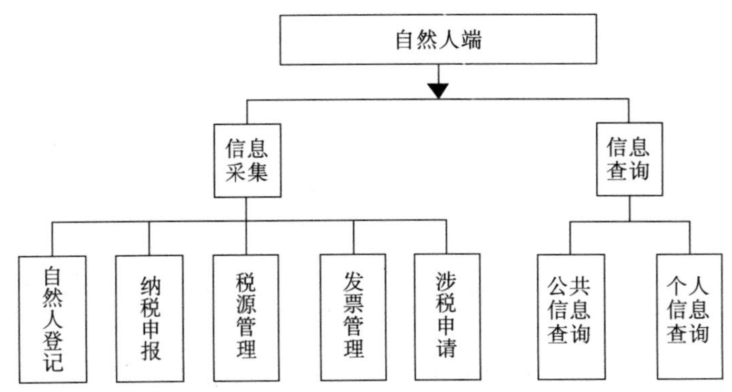

图5－8　自然人端管理系统设计功能模块图

自然人端的信息采集与查询需要解决以下几方面的问题：

一是解决自然人信息的重复报送，实现原有各子系统的信息共享。主要解决自然人各类涉税信息的一次性报送工作，避免多次、多环节重复报送。自然人登陆此系统后，基本档案信息和提报过的相关数据信息会自动从征管软件或其他相关软件提取，无需二次填写，避免纳税人重复信息录入和因自然人多环节、多次数申报录入导致的信息不一致问题。

二是保证数据信息采集的准确性。自然信息库应用系统在开发过程中，通过设置数据审核公式，实现对各类报表数据自动关系审核和校验，以及与现有其他共享系统中相关数据自动进行一致性比对，对审核结果为错误的，能够及时筛选自然人信息，并提醒纳税人。在处理期初数据时，直接从上期数据中提取数据，有效地保证数据的真实和统一，提高采集数据的准确性。

三是提供纳税人的“一户式”查询功能，实现方便、快捷的信息服务。通过将自然人需要查询的信息进行整合，实现自然人的“一户式”信息查询，使纳税人信息达到“一户式”展现。

自然人涉税信息库管理系统税务端主要完成对纳税人纳税信息的一体化集约采集功能，包括自然人登记信息、自然人纳税申报信息、自然人征收税款信息等，同时，实现纳税人对税务机关提供的公共信息和个性化信息的“一户式”查询功能，从而实现对采集的自然人信息进行处理、查询以及对本系统的维护。税务端主要由自然人登记、电子申报、重点税源、税收确认、税源分析查询、涉税申请审批、定制报表、公共信息管理、系统维护等几个模块组成（见图 5－9）。

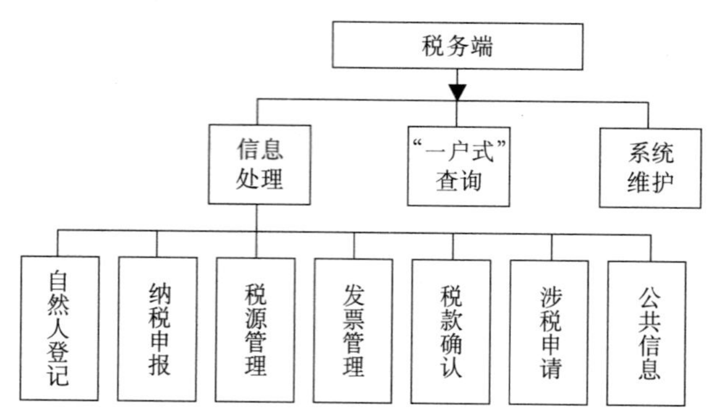

图 5－9　税务端管理系统设计功能模块图

税务端数据信息的处理查询，需要重点解决以下几方面的问题：

一是实现自然人端和税务端的信息资源有效整合。通过数据库接口技术，将自然人端采集的涉税信息自动导入征管软件及相关软件中，同时，实现自然人端和税务端两端数据资源的自动比对和整合，对于比对不符的信息及时进行错误反馈，保证数据采集的准确性和完整性。

二是实现税务端“一户式”纳税信息处理和查询。对自然人端采集的纳税申报、税源管理、出口退税、“金税工程”、普通发票及其他抵扣凭证、涉税申请等信息进行“一户式”展示，通过查询、监控、审核、处理，不仅能够及时全面掌握自然人数据报送情况及纳税情况，同时也为税源管理、纳税评估、税务稽查等提供准确的数据来源。

三是网页提醒功能。为拓宽纳税服务范围，保护自然人的合法权益，减少自然人因无意过失没有及时办理涉税业务而受到税法处罚或者丧失权益的情况发生，对部分经常发生的存在时间界限的涉税业务，通过网页为自然人提供纳税提醒服务。提醒类服务主要在涉税业务最后期限之前由计算机按照约定的时间和频率提醒纳税人，直到自然人纳税人按期办理相应的业务。该类提醒主要包括申报纳税提醒、发票提醒、其他提醒等。

系统维护模块主要实现四个方面的功能：税务机关维护、税务人员维护、纳税人信息维护、代码维护。这四个模块的具体内容不一样，因此要求操作人员的权限也不一样。

其中，税务机关维护模块主要为税务操作人员对税务机关有关信息的维护，主要是完成对使用本系统的税务人员进行权限维护。纳税人信息维护模块要求提供纳税人识别号、纳税人名称的详细检索和模糊检索，主要目的是为纳税人能在前端对属于自己的业务功能提供业务限定，部分字段值应允许为空。代码维护模块主要指对系统中各功能模块所使用的各代码类内容进行维护。代码种类如自然人类型代码、行业代码、征收品目代码、征收项目代码、发票种类代码、涉税申请类别、涉税申请事项、账簿种类、适用的会计制度等。

（三）第三方信息交换系统建设构想

1. 现状分析。虽然税务部门在征管工作实践中对如何开发第三方涉税信息交换系统进行了一定的探索，且在很多方面已取得了较好的成效，积累了丰富的工作经验，但从应用广度和深度来看，第三方涉税信息交换只是突破了为数不多的点，并没有形成系统全面的工作机制，也并没有充分调动所有协税护税力量，税收效果还有待进一步挖掘和提高。从应用技术层面上来讲，第三方涉税信息数据的采集、分析、利用上仍存在一些问题。由于数据采集手段普遍落后，数据甄别技术不高，数据采集信息不完整、数据失真情况屡有存在，过多的垃圾甚至错误信息造成分析人员投入过多精力且未起到相应的作用，数据信息没能发挥应有效用。另外，各主管部门所使用的数据信息系统多种多样，对外的接口不尽相同，业务规则也千差万别，所开发的三方数据交换平台与其他部门应用系统之间的数据关联性差，数据互通及共享难度较大。

2. 创新目标。立足于个人税收管理信息系统应用和管理的实际情况，为个人税收管理系统的后期数据应用及其他业务需求提供可靠的信息源，为个人税收专业化改革的深化推进提供重要的支撑平台，为个人税收风险管理平台和日常个人税收监控及税收分析提供强大的第三方信息库，开发通用性、适应性较强的数据交换平台，支撑当前个人税收税制改革新模式。按照第三方信息“进得来、管得住、整合得好”的原则，有计划地搭建与人力资源和社会保障厅、文化厅、商务、银行、外汇管理等相关行业主管部门的协作平台，确保信息渠道的畅通、提升数据交换的质量效率，不断丰富和完善个人税收基础信息库。

从第三方数据交换系统数据处理功能来讲，平台的开发设计首先从定义好的第三方数据源采集（Extract）数据，然后经过转换（Transform）处理进入系统，最后通过一定的技术手段装载（Load）可以直接应用的数据。第三方信息交换系统要实现三方信息的采集、交换、分析、处理等功能，完善先进的第三方信息交换系统是必不可少的，在建设第三方信息交换系统时，应设定以下目标：

（1）实现对第三方信息从采集到分配使用的全程监控。税务部门可通过信息网络跟踪信息利用的各个环节，且通过第三方信息交换系统能够快速查询即时信息使用的各个环节内容；

（2）对信息的采集与使用进行流程化管理。在信息利用上，采取按需有效使用，为信息使用方尽可能地提供有效、准确的信息。

（3）充分利用，提高税务部门征管质量。第三方信息交换平台中交换的信息应根据税务征管部门发布的信息需求进行交换，建立规范性信息支撑环境，保障交换信息的利用效率，不断提高税务部门的征管质量。

（4）优化管理模式，提升管理科学化和精细化。有效依靠信息交换平台，针对不同信息，及时查找管理漏洞，提升管理的科学化和精细化水平，做到有的放矢，促进纳税遵从，并将新的管理理念、先进的管理技术与信息系统相结合。

3. 主要构想。三方数据交换平台是一个专注于数据处理的技术平台，运用了多种多样的数据处理规则，通过这些规则的灵活定制，可以根据不同数据来源和去向定制不同的数据导入、加工与应用程序，实现数据的多种业务处理。

三方数据交换平台也是一个相对独立的系统，它与其他系统之间没有业务上的直接耦合关系，对外它只提供数据的输入接口和输出接口，仅仅是数据的采集和提供者。所有的数据业务关系，是通过平台的使用人员通过不同的数据处理规则去定制实现的。在这种机制下，业务规则不是固化在平台里实现，具有极大的灵活性，增强了系统的可使用性。

三方数据交换平台在实际运用过程中，将由税务机关采集第三方涉税信息，转化为由信息提供部门直接在关键环节进行控制，明显。如当前在股权转让环节的“先税后变”，在二手房交易环节的“先税后证”，在二地过户环节的“先税后过”，在车辆船舶年检环节的“先税后检”，在工程竣工验收环节的“先税后验”，在房屋租赁备案环节的“先税后备”，在法院拍卖环节中支付债权人债前先扣缴转让环节相关税收等。这不但节约了征管资源，提高了纳税遵从的普遍性效应，而且能发挥第三方信息的最大效力。三方交换数据平台所获取的第三方数据信息所涉及的部门及用途如表 5 – 1 和图 5 – 10 所示。

表 5 – 1　　　　第三方信息涉及部门及用途

<table>
<tr><th>类别</th><th>信息内容</th><th>提供部门</th><th>主要用途</th></tr>
<tr><td rowspan="4">户管信息类</td><td>个体工商户及分支机构开业、变更、注销、吊销信息</td><td>工商部门</td><td rowspan="3">分析比对户管信息，查找漏征漏管户</td></tr>
<tr><td>纳税人登记信息、纳税信息</td><td>国税部门</td></tr>
<tr><td>代理报关中介机构信息</td><td>海关部门</td></tr>
<tr><td>电子商务交易者登记注册信息</td><td>工信部门</td><td>掌握网商交易登记注册信息，监控网商交易税源信息，督促税款及时入库</td></tr>
<tr><td rowspan="2">基础信息类</td><td>公民个人户籍信息、车辆登记注册信息</td><td>公安部门</td><td rowspan="2">验证和校对纳税人信息</td></tr>
<tr><td>个人房产、土地信息</td><td>房管、国土部门</td></tr>
</table>

续表

类别	信息内容	提供部门	主要用途
管理信息类	物业管理个体工商户信息	物管部门	利用个人物管、水电登记信息、比对和掌握有关物管、水电等相关费用扣除项目信息
	经营性停车场登记信息	物管部门	
	个体工商户用水立户、变更以及注销信息	水务部门	
	个体工商户用电立户、变更以及注销信息	电力部门	
	文化经营许可证信息	文化部门	掌握个人文化经营、出版印刷、团体演出等有关税源信息，督导个人纳税人及时申报纳税
	出版印刷许可证发放、变更、注销信息	文化部门	
	文化团体演出登记信息	文化部门	
	特种行业许可证信息	工商部门	掌握特种行业、社会办学、个人行医、餐饮服务等经营有关税源信息，督导个人纳税人及时申报纳税
	社会力量办学登记信息	劳动部门	
	个体医疗机构执业许可信息	卫生部门	
	餐饮服务许可证信息	卫生部门	
	个人社保费核定、缴纳情况	人力和社会保障部门	利用核定信息，分析比对个人交费信息，确保及时足额征收
	残保金核定及残疾人就业等信息	省残疾人联合会	
	排污费核定情况	省环保厅	
	机动车辆登记注册信息、车船税代征情况	保监部门	掌握静态税源，督导代征税款及时足额入库
	船舶登记信息、车船税代征情况	海事部门	
	对外贸易者备案登记信息	商务部门	利用个体工商户对外贸易、对外投资等涉税相关信息，掌握个人对外经营活动税源，依法督导涉外税收个人及时申报
	本地个体工商户到境外投资核准登记信息	出入境管理部门	
	招商引资信息	招商部门	通过招商引资信息，掌握股东股权登记、变动方面信息，及时督导税款入库

续表

类别	信息内容	提供部门	主要用途
产权信息类	土地出让、转让信息、土地证发放信息、土地地籍档案信息	国土部门	掌握个人房地产税源情况，建立个人房地产交易评估模型，监控个人房地产行业税收征管
	个人房产产权登记信息、存量房交易信息	房管部门	
	个人房屋租赁备案信息	房管部门	
	个人商标、专利、非专利技术登记信息、转让信息	工商部门	掌握个人涉税商标、专利、非专利技术等税源信息，掌握个人股权登记及转让变更信息涉税，及时督导涉税个人申报纳税
	境外个人转让商标、专利、非专利技术信息	工商部门	
	股权转让备案信息	工商部门	
	采矿权出让信息、探矿权转让信息	国土部门	掌握个人矿产资源收入方面税源信息，监控个人矿产资源税收征管情况
	分地区、分品种的资源开采及经营信息	国土部门	
	河沙、水库沙开采信息	国土部门	
	法院拍卖信息	人民法院	个人拍卖产权变更信息比对，掌握个人拍卖收入方面信息
金融信息类	银行存款账户及变动信息	银行部门\第三方支付平台	监控资金流动（单笔5000元以上）去向，掌握个人获取所得税源情况
	个人对外付汇信息	外汇管理部门	利用个人对外付汇信息、个人金融商品交易方面信息，建立个人金融商品交易风险评估模型，比对评定纳税申报信息
	个人买卖股票信息	证券部门	
	个人买卖金融期货信息	证券部门	
	个人买卖债券信息	证券部门	
	个人委托贷款信息	证券部门	
	个人买卖基金信息	证券部门	
	个人买卖国债信息	证券部门	
	个人买卖期货信息	证券部门	
	个人买卖金融衍生产品信息	证券部门	

续表

类别	信息内容	提供部门	主要用途
其他类信息	外籍人员出入境信息	出入境管理部门	掌握外籍个人出入境登记、就业登记信息、进出口交易税源情况，督促税款及时征缴入库
	外籍人员从业信息	出入境管理部门	
	个人出入境情况	海关部门	
	进出口合同信息	出入境管理部门	
	福利彩票代理手续费信息	民政部门	掌握个人福彩收入方面信息，残疾个人、军人登记信息，监控个人所得税优惠政策执行情况，确保法定税款征缴到位
	福利企业《残疾证》有关数据	民政部门	
	福利企业《残疾军人证》有关数据	民政部门	
	演出团体支付演员酬劳信息	文化部门	掌握个人演出、参赛获取收入方面信息，督促个人及时申报纳税
	各类商业性体育比赛（含涉外体育比赛）或其他重要体育活动信息	文化部门	
	零售药店医保结算数据信息	劳动部门	掌握个人医保结算信息，监控个人医保费扣除信息
	再就业信息	劳动部门	掌握个人再就业登记方面信息、取得收入方面信息
	个人艺术品收藏信息	拍卖部门	掌握个人艺术品收藏等相关收支信息
	个人奢侈品消费交易信息	国税及交易部门	掌握个人财产中奢侈品消费交易信息（单件商品5万元以上）
	中介机构执业信息	司法、财政部门	掌握个人从事律师、会计师等中介机构执业信息

通俗来讲，三方数据交换平台可以视作一个数据加工厂和数据流桥梁。原始的三方数据相当于原料，原料进工厂（数据导入）以后，经过加工过程（数据加工），成为可以发售的产品（可以应用的数据）。除了数据工厂作用以外，它还是数据流环节中的一个桥梁，通过这个桥梁，数据可以在不同的应用系统之间进行流动（见图5－11）。

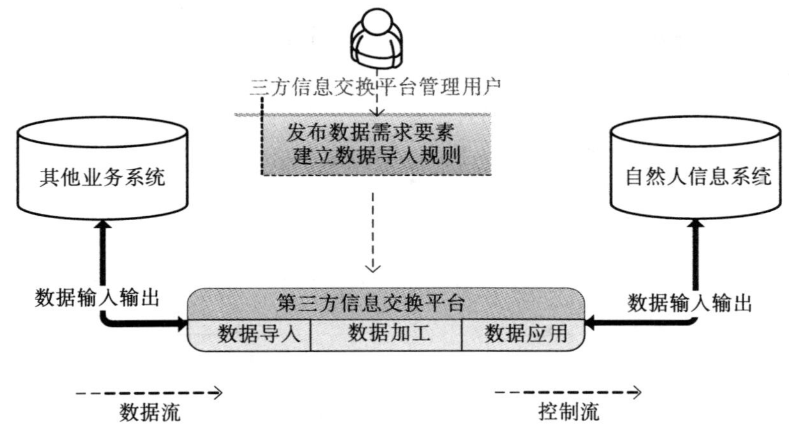

图 5－10　第三方数据交换系统平台功能流程示意图

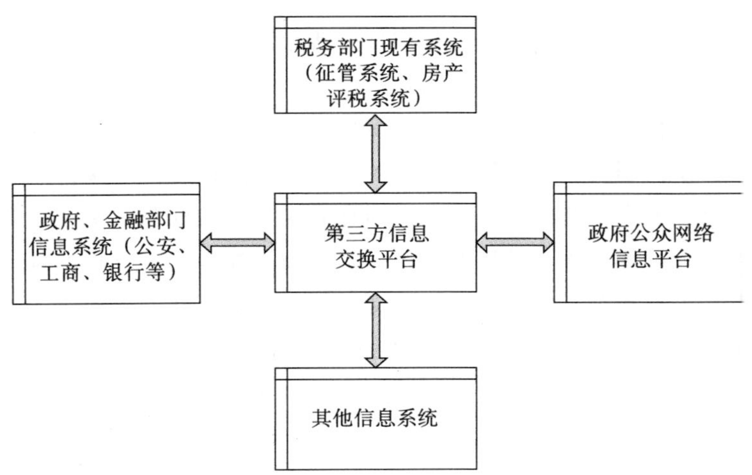

图 5－11　第三方信息交换系统数据传递应用流程图

第三方信息交换系统总体结构：第三方信息交换系统的实时性要求决定了其信息系统必须采用集中数据存储管理模式。选择以 Internet 技术为基础的 B/S 模式作为第三方信息交换系统的结构范式（见图 5－12）。

第一层为表示层，用于客户端。该层通过 IE 等浏览器实现第三方信息的浏览和各种信息指令的下达。第二层为功能层。其在具有 CGI 的 web 服务器上实现，与数据库连接，接受来自客户端的指令申请，并进行申请处理，且将处理结果返回客户端；第三层为数据库。其对各种信息数据进行分布式

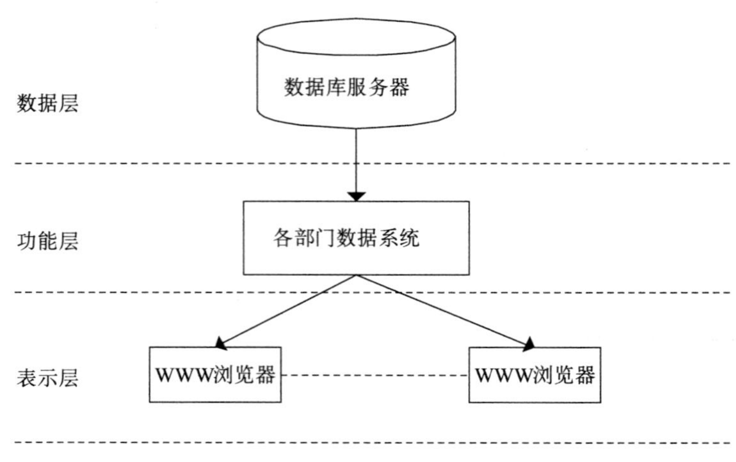

图 5-12　第三方信息交换交换系统总体架构图

集中管理，以实现第三方信息的查询与更新操作功能。

第三方信息交换系统设计原则是：

一是自动化数据交换。在信息交换平台的软件体系内，处于最核心的部件是数据交换控制组件。该组件自动运行在后台，依据标准交换协议对数据交换的各个环节进行监控，一旦监控到有需要处理的任务，则在后台自动完成数据的处理过程，这一过程不需要人工干预。如果某一过程的处理中存在问题，则会自动预警。例如，原本定义好每天需要有新的交换文本上传到数据空间进行交换，但是在自动化处理过程中没有发现当天需要交换的新文本，则会向系统发一条预警通知。该通知会以某种方式，在 web 操作界面展现出来。

二是可定制数据交换。软件系统将实现数据交换的可定制化。在 web 操作控制界面上，具有一定权限的操作人员，可以根据数据交换的需要，在设定的标准交换协议框架之内，实现灵活的可定制数据交换操作，定制数据源、数据采集方式、采集频率等等。当操作人员按照规则进行了可定制的数据交换操作以后，系统会生成一定的流程描述脚本提供给数据交换控制组件来自动运行。

三是多重方式数据的展现与利用。数据交换的最终目的是为了对数据进行日常管理和应用推送。所以，经过数据的采集与预处理，得到了可以利用的数据，最终需要以某种方式将数据加以展现或者推送到其他应用系统。

四是数据生命周期管理。系统的核心着眼点是数据的交换处理和有效利用，所以对于数据的管理是最核心的一环。基于这一点，需要设计完备的数据生命周期管理，即从数据抽取到数据最终的展现和应用。每个环节，都会提供相应的管理功能和操作界面，供有相关权限的操作人员对数据进行控制和处理。另外，对于数据各个环节的操作和管理，系统都会提供详尽日志，以供后期分析查询使用，并提供数据交换成果的统计与分析功能。

五是数据字段业务标准。由于数据交换处理过程中自动化成分要求很高，如自动建表，建立索引以及数据存储等工作都是由系统脚本自动生成，因而在创建数据交换项的时候，数据进入系统采用的数据字段长度、字段类型都需要满足日常规范性信息采集标准要求。

第三方信息交换系统功能模块设计：

在系统功能上主要包括信息交换、信息管理控制、决策分析模块、制定第三方信息战略规划以及系统维护与管理五个主要功能模块。

第一部分是信息交换模块。即处理与第三方进行业务数据交换的工作，包括税务部门选择信息的种类、格式、属性、条件、内容以及有关信息的查询与处理等范畴，保证第三方的业务数据能够完整地通过平台进行交换，并按原始数据条目进行保存。数据交换的途径、内容、文件格式、频率等事项可根据实际情况灵活定制。信息交换模块主要有信息标准化、通信交互化、交换批量化、格式规格化、作业逐日化等特征，其处理流程主要有：（1）发布信息需求；（2）按工作流程安排有关信息交换；（3）处理作业流程；（4）组织有关报送流程；（5）打印和传送文书等。

第二部分是信息管理控制模块，即在交换原始数据的基础上，对数据进行分类、匹配、过滤等操作，将交换的数据加工成业务部门可以直接进行应用的形式，加工的过程分为配置型自动处理和人工干预处理两部分，两者的结合能使第三方信息交换部门根据质量体系评价结果及时完善数据的报送准确率，提高时效性，在系统运作中鉴别出数据异常情况，从而使第三方信息交换平台的管理具有柔性，最大限度满足客户的多样化需求。

第三部分是决策分析模块数据的应用，实为综合查询分析平台，提供交换数据和加工数据的基本查询以及数据导出接口。其主要任务集中在决策应用上，能协助管理人员鉴别、评估、分析和比较各种信息的真实性、准确性和完整性，提高信息数据的利用效率。其中涉及到与其他业务相结合的应用工作，则不在平台处理范围内。

第四部分是制定第三方信息使用规划模块。主要集中在信息支持、数据的再提炼和开发上，也是决策分析的延伸。

第五部分是系统的设置和管理部分，包括系统层级设置、权限设置、代码表设置等。

（四）国际情报交换系统建设构想

1. 现状分析。近年来，虽然国际税收情报交换手段越来越多地被应用于税收征管工作中，并取得了一定的成效，但是，由于缺乏与国际税收征管协作的有效机制，在跨境税收管理中较难获取有效的税源信息，情报交换在防止偷逃税方面的作用难以充分发挥，同时，受限于税务机关在国际税收征管协作中技术手段单一，主动管理能力和管理经验不足，在对外提供自动和自发情报、提请专项情报请求及做好外来情报的核查等方面难以做到对情报的有效利用。且单一的情报交换工作，使其在反避税、非居民税收管理、税收协定执行等相关工作中的辅助作用较难体现。随着经济全球化的深入发展，各个经济体之间的依赖程度不断加深，国际贸易和国际投资水平日益提高，人员交流和往来日趋频繁，经济活动及涉税信息的国际化与税收管辖权局限于一国境内的矛盾不断加剧，跨国经济交往中信息不对称的问题日益严重，传统的情报交换、采集、分析模式及处理方法，已经不能满足国际税收涉税情报部门的业务需求。

2. 创新目标。国际情报交换平台采用信息化手段高效利用各项涉税业务资源，探索建立具有中国特色的大情报系统。通过总局与涉外国事单位建立和完善国际税收征管协作机制，交换有效涉税信息数据，增强基础数据来源渠道，深层次挖掘各项涉税信息，稳步推进自动情报交换工作，同时，加强与人力资源管理、外汇管理部门、银行、商务等部门的联系，建立广泛的信息渠道，定期交换通报工作中发现的线索，为自动情报交换提供可靠信息来源，并通过整合现有的信息资源和应用系统，构架支持全国税务工作“统一、实用、高效”的情报交换、采集、处理与分析体系。

3. 主要构想。系统在设计原则上包括四点：

（1）先进性和实用性相结合。系统的设计应本着先进性和实用性相结合的原则，在充分利用先进技术和设备的同时，应该注重实用化，提高税务机关国际涉税情报的交换、采集、处理与应用效率。

（2）开放性和标准性相结合。系统设计时应采用开放式的体系结构，支持多种协议的开放式的系统平台，所采用的系统平台需符合国家标准和工业标准。

（3）可靠性和安全性相结合。设计应注重系统的可靠性，不仅要考虑硬件系统的各种参数的可靠性，而且还要考虑应用软件的可靠性保证。系统的安全性体现在网络系统的安全设计、数据库系统的安全管理和应用软件系统的安全保密。

（4）经济性和可扩展性相结合。系统的设计应注重可伸缩性较好，随着业务的发展进行扩充或升级，不断让系统的建设得到较好的投资回报。

国际情况交换信息系统的功能设计：

国际情报交换信息平台总体框架设计采用 B/S 架构，分为四个层面建设——情报信息资源层、情报信息汇聚层、情报信息分析研判层以及情报信息应用层（见图 5－13）。

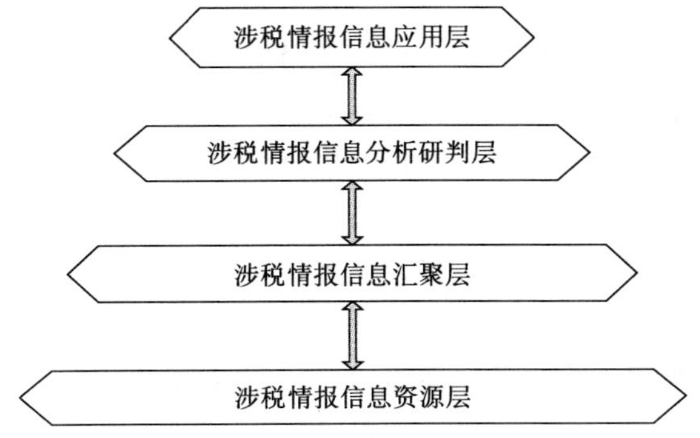

图 5－13　国际情报交换信息平台功能流程图

一是涉税情报信息资源层：本层负责建立总局与国际间涉税国单位情报交换体系，通过情报交换请求启动国际涉税情报交换工作，通过流程引导、适时监控、分析审核、规范传递等获取有用的国际间个人涉税情报，并建立情报交换基础资源数据库，解决个人涉税行为征收管理层面所需的国际数据来源问题。

二是涉税情报信息汇聚层：采用数据抽取工具（ETL），对资源层收集的数据进行抽取、转换及装载，实现数据的整合、消重，向情报数据仓库提供高质量的数据。并在此基础上对情报数据进行关联、建模，为涉税情报分析研判提供可用的数据。

三是涉税情报信息研判层：建立涉税情报分析研判的基础数学模型，采用自动分类、聚类、关联技术，实现对涉税情报数据的挖掘整理，为涉税情报应用提供分析研判工具和查询统计工具，并建立涉税情报应用传递基础，按照规定程序进行传递准备。

四是涉税情报信息应用层：通过情报协同业务系统集成的情报分析和综合情报分析模块，为用户提供各类查询、统计、分析和信息展示等功能，使用户灵活方便地使用各类分析手段与分析方法。

国际涉税情报交换系统中信息应用平台是通过适时发布情报交换应用需求，通过国际情报交换程序，获取有效情报数据，通过智能检索、智能分析及智能自动处理的功能，对数据资源进行整合汇总，实现国际个人涉税情报信息数据深层次挖掘，及时准确地掌握情况，帮助用户完成国际间情报交换工作。主要功能模块包括：情报处理子系统、情报综合评估分析子系统、情报交换综合考核系统。

一是情报信息处理子系统。涉税情报信息处理子系统主要为总局到省局及市州局之间建立情报数据关联，规范严格保密情报传递审核流程，总局按照省、市州局情报交换需求适时将国际情报交换获得的情报数据推送给省局及市局，推送过程进行严密流程监控，也可将有效筛选价值信息装载到情报数据库中作好国际交换准备，实现对情报数据进行科学管理、统一管理，完成情报审核把关、评估考核等一系列处理任务。

二是情报综合评估分析子系统。在统一规范的自然人数据库基础上，根据情报信息分析的要求，对国际交换涉税情报进行定量分析，为涉税情报分析人员提供信息研判、信息比对的工作平台。通过情报分析子系统改变传统情报工作模式，优化和规范情报工作分析，提高情报分析的处理效率。且只有在对交换情报做评估分析后才能将情报进行推送和应用。

三是情报交换考核子系统。运用数字化手段，对各项情报业务数据的使用率进行综合监控及考评，为提高国际情报交换所取得的情报信息数据的应用效率和检验国际涉税情报交换工作绩效提供有力的支撑，有效解决国际情报交换管理工作中的薄弱环节。

（五）新型电子税务局建设构想

1. 现状分析。电子税务局作为税务部门电子政务的重要组成部分，其推广应用为提高办税效率，规范税务管理，增加税收工作透明度发挥了促进作用，但是，随着应用的不断深入，很多深层次的问题逐渐显露出来：由于缺乏统一的规划和整体协调，业务整合能力差；重复建设问题突出；税务部门与工商、银行、保险等相关行业部门信息共享力度不够；不同应用系统之间相互封闭资源，难以实现互联互通；高额投资换来的只是一个个信息孤岛，大部分信息资源只是被当作历史数据封存，没有充分利用，不能形成统一有效的信息资源库。电子税务局缺乏实实在在的服务功能，平台开发仅局限在宣传政策法规、发布税务公告、通知等静态信息，交互式功能欠缺，尤其是网上办税、在线咨询、举报投诉类功能有待完善，存在"重开发，轻应用；重硬件，轻软件；重管理，轻服务"的现象，平台后期维护滞后，不能为纳税人提供最新有效的信息，不能发挥网络快速高效的优势，且平台建设缺乏辅助决策功能，系统扩展性、提升功能局限性大，面临网络安全性问题突出，技术环境和法律环境还不够完善。随着税收工作的日趋国际化和复杂化，建立一套先进的、完善的具有一定智能性的电子税务局信息系统已成为必然。

2. 创新目标。根据一体化原则，依托税务系统计算机广域网和外部互联网，数据布局合理，功能覆盖各级税务机关的日常业务和决策支持等所有职能，建立一个平台、两级处理、三个覆盖和四个系统，并搭建新型电子税务局整体框架，以服务纳税人为中心，以提升纳税服务质量和效率为目的，以现代网络技术为支撑，优化整合各类纳税服务系统。实现纳税人一次登录，网上全面办税、在线查询、征纳互动等涉税业务，完成总局和省局两级业务和数据处理，实现国税、地税所有税种、费种、业务环节的三个覆盖，完成四个方面的业务系统建立，包括征收业务、外部信息交换、等级管理、决策管理，同时，实现两个满意度——纳税人的遵从度、纳税人的满意度，降低纳税成本。

3. 主要构想。电子税务局系统设计原则：

（1）实现信息布局的合理化、数据加工的多样化和信息共享的全面化，使之具有规范性、可监控性、可跟踪性、可扩充性、可移植性和安全性等特点，并遵循和促进信息一体化建设的原则。

（2）系统的功能需求应立足于应用，并满足电子税务现代化管理需求，给税务工作带来高效和方便。

（3）系统在逻辑设计和物理设计时应采用通用化和标准化的原则，以便于系统的移植、扩展和推广应用。

（4）各部门各司其职、分工合作的原则。

（5）各个角色代表所在的部门，在项目中平等的原则。

系统的功能结构设计模块：

系统分为办税服务、查询服务、咨询服务、管理服务等几个子系统，每个子系统分为若干功能模块。多数功能模块之间具有相互制约的关系，以满足日常涉税管理与监控的一系列基本要求（见图5-14）。

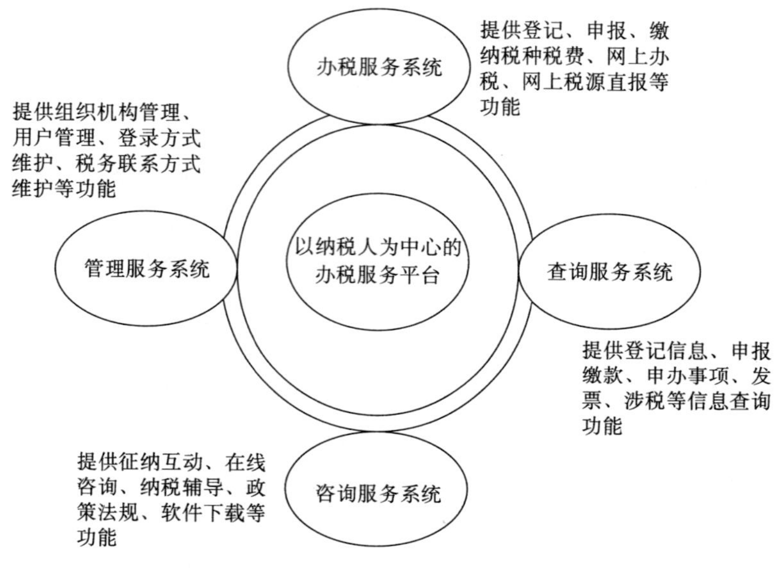

图5-14 电子税务局系统功能示意图

办税服务系统：提供登记、个人申报缴纳各种税费、网上办理涉税事项、网上税收直缴国库等功能。电子税务局所有申报表的业务处理逻辑都与核心一致，保证了数据的准确性和一致性。逾期申报的纳税人，接收逾期申报处罚后才能提交申报表。电子税务局缴款的处理逻辑都与核心征管系统一致，保证了数据的准确性和一致性。对办有银税协议账户的纳税人才能在电子税务局缴款，无银税协议账户的纳税人可以查询未缴款、已缴款信息。缴款发生异常或要作废缴款都必须到缴款异常处理中作废。子模块主要有申报缴款、申报管理、代扣代缴个人所得税、个人税收退税申请管理、发票管理、财务数据采集等功能模块。

查询服务系统：提供个人登记信息、申报缴款信息、申办事项信息、发票信息、涉税信息、提醒信息等查询。纳税人通过电子税务局可以查到，本单位向主管税务机关申办的涉税事项办理进度，如税务机关审核批准的减免税信息等。网上逾期申报，若符合简易处罚，网上可直接产生处罚告知书、处罚决定书，而纳税人可根据处罚决定书内容直接网上缴纳罚款；若不符合简易处罚规则，告知纳税人到办税厅办理申报。主要包括：登记信息、申报缴款信息、发票信息、涉税信息等的查询功能。

咨询服务系统：提供征纳互动、在线咨询、纳税辅导、政策法规和软件资料下载等功能。电子税务主页面有待办事项、提醒信息、公告信息、显示纳税人必须办理的事项和需要注意的事项等菜单，包括未申报、未缴款信息，财务报表报送情况、纳税评估风险提醒、税务公告（包括税负公示、欠税公示、政策法规公示）等。纳税人可以自行打印已申报的各类申报表（包括上门申报和网上申报），如综合申报表、营业税申报表、企业所得税申报、扣缴个人所得税汇总报告表、财务报表等。纳税人可以通过电子税务局上传所需报送的资料，税务人员即可进行查看和下载。税务机关可以有条件地（纳税人状态、登记表类型、登记注册类型、行业大类、行业明细等）对纳税人发布资讯。

管理服务系统：提供组织机构管理、用户管理登录权限维护、工作流程定义及维护、管理机关维护等功能（见图 5－15）。

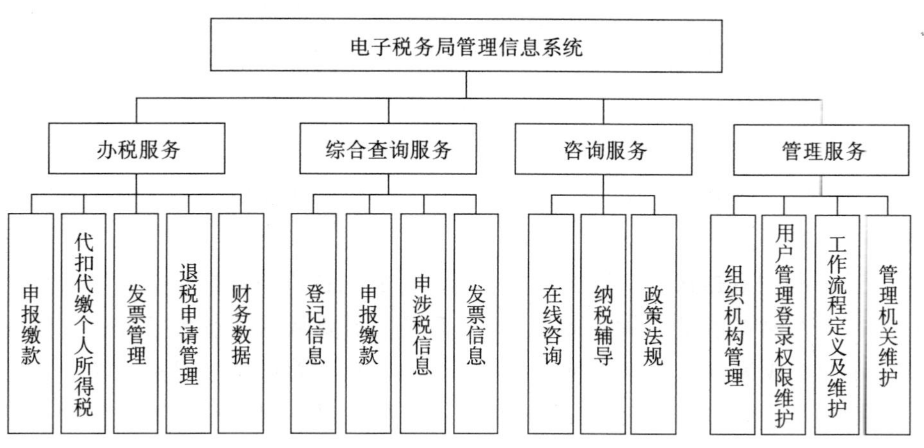

图 5－15　电子税务局管理信息系统设计功能模块图

（六）个人税收管理系统

1. 现状分析。目前我国个人涉税信息数据利用率低，数据加工成本高，不能有效提供决策支持，且随着个人纳税人数量越来越多，数据信息处理量越来越大，较低的数据利用效率与不断膨胀扩张的个人纳税人规模之间的矛盾越来越大，对个人税收监控分析要求将越来越高，亟须建立以个人税收管理为基础的信息管理系统，适时对个人涉税行为信息进行综合管理，为税务机关领导提供全方位个人税收管理信息。

2. 创新目标。通过对个人涉税信息搜集加工、数据挖掘和预测分析等技术，把各种大量的、历史的、异构的、分散的数据从联机事务处理系统中抽取出来，经过清洗将这些数据转换成集中统一、随时可用的信息数据源，并能提供随机查询和各种分析处理，充分掌握个人的涉税纳税情况和收入进度，制定精确、可行的个人税收管理计划，为决策提供了基础。

3. 主要构想。个人税收管理系统设计的基本要求是：

（1）实现统一的数据访问平台。实现个人税收管理系统统一的数据访问平台，是将个人税收业务系统中的关键业务数据汇总在总局、省局、地市局的个人税收管理信息仓库系统中，实现统一的数据视角，同时，在总局、省局、地市局的个人税收数据仓库平台，内部可以进行流畅的数据共享。

（2）开放的数据展现接口。在统一个人税收数据访问平台基础上，需要提供开放的数据展现接口，满足不同层次业务的实际需求。比如对一般报表制作人员，可以采用灵活的报表工具；对于管理层人员，可以采用图表结合的分析工具；对于较高层决策者，可以提供完全图形化的操作界面，只需点击就可以看到决策者想看到的结果，而不需要自己去完成报表、图表的制作过程。需要注意的是，所有的个人税收数据展现界面应完全是基于统一的数据访问平台，即个人税收管理系统数据仓库平台，保证数据的一致性可以得到很好的保证。

（3）利用数据接口和数据传输中间件，实现各业务系统原始数据的自动收集。个人税收管理平台涉及多个业务系统，需要从这些业务系统中获取数据，并加工成为可以用作查询、决策支持的信息，而这一过程是成功建立个人税收管理平台的关键所在。该过程涉及多种针对不同应用系统的数据采集方案，但无论采用何种产品和方案，都需满足以下几个基本要求：

性能：能快速采集和处理有关数据，不能影响原来的业务系统；

可靠性：稳定可靠，具有日志记录和失败重做功能；

自动化：数据处理流程可以灵活定义，自动运行；

通用性：具有多种异构平台的衔接能力；

管理性：具有良好的管理界面和管理方式。

（4）能够提供灵活的动态报表生成功能，逐步取代原有分布在各业务系统中的、多环节的报表生成解决方案。

(5) 能够提供灵活的联机分析功能。对原始报表数据能够进行多角度、深层次的分析和挖掘。

个人税收管理系统的建设功能模块主要包括:

一是报表生成系统。根据用户自定义表单、报表格式、表间逻辑关系、自动提取数据等,可以生成多种格式报表,并能适时输出打印相关纸质凭据,为个人纳税人及相关管理人员产生提供管理报表使用。

二是实时查询系统。可提供多条件数据查询功能,适时掌握个人税收方面的信息。

三是合理有效的个人税收退税机制。可根据个人税收退税费申请启动本、异地退税工作流程,通过对退税费款进行真实性校验后,及时将应退税费款返还给个人纳税人。

四是严密的评估审计体系。通过建立规范化评估模型,完成评估过程中所需数据搜集、整理等事项,按照多人多岗位流程化设计模式,分岗位设置不同作业项目,一个评估事项须经过一定工作流程后才能完成,评估事项结束后,自动产生涉税文书及相关评估应缴税费,通过征收模块完成应缴税费的征收。

五是行政管理信息系统。交互式的操作界面可为管理人员提供一个全面的个人税收管理自动化办公平台。功能框架分为业务管理、风险控制、领导决策支持等。风险控制与领导决策支持功能是指多维数据分析,并利用数据仓库强大的数据查询分析支持功能通过对个人税收征收数据的加工、组合、分类、比对,发掘工作问题或运行态势,以实现个人税收征收风险管理。同时,作为一项综合查询系统,税务人员可通过本系统查询个人税收征收情况以及其他各类情况电子报表、附表、有关文书信息,并进行分析应用。即输入查询条件(税务机关、税收管理员、个人识别号、查询时间段)可进行组合查询,系统根据查询条件对电子申报数据进行检索,生成电子申报情况统计表,再根据统计表中的各种情况,显示个人纳税人信息,同时,对查询的电子申报情况统计表及各种情况的纳税人清单可生成导出或打印 EXCEL 等文档。

第六章 个人所得税制改革的外部环境配套建设

个人所得税在筹集财政收入、调节收入分配、促进经济增长方面起着极其重要的作用。作为我国的第四大税种，个人所得税制改革关系到广大纳税人切身利益，也成为社会各方关注的焦点。可以说，一个国家个人所得税征收管理水平的现代化，除了受到社会经济发展水平因素影响之外，还受到外部环境的影响，或者说，个人所得税的外部环境的完善程度直接制约着一个国家个人所得税的发展。因此，我国个人所得税制改革需要全社会的大力支持和配合，加强法制保障环境建设，建立有利于个人所得税征管的司法体系，形成依法治税的良好氛围，努力提高纳税人的税法遵从度；加强外部协同环境建设，推广个人财产实名登记制度，改革个人现金管理制度，完善国际税收情报交换机制，规范税务代理行业，构建第三方信息共享机制；加强社会信用环境建设，加快信用立法工作，开展纳税人信用等级评定，建立失信惩罚机制，促进全社会诚实守信氛围的养成，从而为个人所得税制改革营造一个良好的外部环境。

第一节 个人所得税改革法治环境建设

法制的公平合理能激发人们对法的尊崇，提高公民依法纳税的积极性。在西方市场经济国家，因个人所得税的主体税种地位及其与人民利益直接相关，个人所得税法制环境的完善与否已被视为一国税制是否成熟的重要标尺之一。在我国，由于公民法制观念淡薄、纳税意识不强、税法宣传工作的不到位，个人所得税法制体系建设还比较滞后。

一、完善税收征管的司法保障体系

依法治税是依法治国的重要方面，是依法治国方略在税收领域的具体体现。税收参与社会分配，主要依靠的是国家强制力，是以司法武器作后盾。个人所得税是老百姓最为关心、征收潜力有待发挥的主体税种，同时也是我国纳税人偷逃数额最多、漏征面最广的一个税种。从我国的国情出发，借鉴国外较为成熟的税收司法体系，建立健全我国的有利于个人所得税征收管理的司法体系，实现税收司法的科学化、法制化，提高税收司法效力，显得尤为重要。

（一）我国税收司法体系的现状

当前我国税收司法组织还在摸索阶段，税收司法体系还很不成熟，主要表现在：

1. 税收司法审查严重虚化。在我国的税收实践中，绝大多数的个人所得税涉税争议被"消化"在司法程序以前，即大多都是通过行政手段加以解决，真正进入司法审查的比较少。分析其中的原因是多方面的，既与公民的法律意识不强、诉讼程序复杂、司法体制不健全等有着直接的关联；也有行政救济程序较为简单、效率相对较高，可以直接有效地解决个人所得税涉税争议的客观原因。长此以往，在造成了税务机关以补代罚、以罚代刑的情形比较普遍的同时，也使得税务执法权被误用或滥用的可能性随之增大。

2. 税收司法体系不尽完善。税收司法体系是一个由各个税收司法机关和法律授权的涉税组织构成的、有机联系相互作用的司法系统。一个有机的、完善的税收司法体系有赖于各个税务机构的密切协作与配合，我国现有的税收司法体系难以适应当前的工作需要。以个人所得税为例，此类税收案件具有很强的专业性，它是一个跨法域的法律范畴，具有公私交融的特点，不仅涉及个人利益，更重要的是还涉及社会公平和国家财政收支。所以依据普通法庭的审判理念来审理是不太合理的。可是我国目前尚无专门的税务法庭与税务审查机构，使得司法机关在处理个人所得税等税收案件的协调上存在一定障碍。

3. 税收司法专业人员欠缺。众所周知，《个人所得税法》等税法具有很强的专业性和技术性，对法官的要求比较高。它需要法官在具备相当法律水平的条件下，还要掌握一定的会计、经济、财政知识，其从业人员必须经过特别筛选，不是普通法庭的审判人员能够胜任的。而我国当前的法官几乎都没有经过专门的税法训练，很难胜任处理个人所得税等税收案件的工作。现实中，由于缺乏专业的税务法官，法院处理税务案件的能力严重不足。因此，法院在处理个人所得税等税收案件的过程中往往求助于税务部门的解释，严重影响了税收司法的独立性和公正性。

（二）国际上税收司法体系的借鉴

从国际上看，市场经济比较发达的国家，它们的税收司法体系受到高度重视，并经过了长时期的实践检验，主要形式有：

1. 美国的税收司法体系。美国联邦税务法院的前身是创立于 1924 年的税收上诉委员会，作为政府行政分支中的一个独立机构。1942 年，更名为税务法院。1969 年，更名为联邦税务法院，纳入司法体系。它是完全独立的裁判机构，与联邦税务局无任何关系。有常任法官 19 名，另聘有特审法官和高级法官。每一位常任法官经参议院审议通过后由总统任命，任期 15 年，可连任至退休。必要时，首席法官可由退休的高级法官返聘担任。而特审法官则是为贯彻“尽快结案”的原则而增补的。

2. 加拿大的税收司法体系。加拿大税务法院是加拿大联邦法院系统内的专门法院，完全独立地行使职权，与联邦上诉法院、最高法院间不存在领导与被领导关系。它专门受理税务民事诉讼事件，对于偷税、抗税、骗税等税收刑事案件，则由普通法院审理，税务法院不介入。其法官经司法部推荐和内阁提名，由总督任命，联邦政府支付薪俸，实行终身制，可独立代表税务法庭行使职权，在全国各地巡视案件。

3. 德国的税收司法体系。德国的法院体系比较特殊，分为联邦宪法法院、普通法院和专门法院。财政法院是专门法院，其性质介于行政机关与司法机关之间，专门负责审理纳税人对征税不服，状告国家财政税务局的案件，主要采取调解方式结案；触犯刑法的，由普通法院管辖；对于管辖权发生争议的，由联邦法院联合委员会进行协调。财政法院分为联邦财政法院与州财政法院两级。州财政法院审判庭由 3 名专职法官和 2 名兼职法官（税政专家）组成合议庭，联邦财政法院审判庭由5名专职法官组成合议庭。

上述国家的税收司法体系建设带给我们的几点启示：(1) 都设有专门的司法机构或者是独立的审查机构，能够及时有效地解决税务纠纷。(2) 只针对特定的税务民事和税务行政案件，排除了对税务刑事案件的管辖。(3) 对审理税务案件的法官要求都很严格。

（三）完善我国税收司法体系的构想

建立健全税收司法体系是一个循序渐进的过程，不可能一蹴而就。结合我国实际，我们建议从以下几个方面着手，努力推动我国税收司法体系的建设和完善。

1. 充分发挥税收司法审查作用。司法权的首要特征，表现为国家对案件进行裁判。要让司法的终极救济作用得以有效发挥，必须要有提起诉讼的案件。要使法官进行裁决，就要有提交审理的诉讼案件。没有提出诉讼的案件，司法权即使存在，也无法发挥作用。因此，一方面要进一步加大宣传力度，不断增强公民的法制观念和法治意识，提高司法公信力；另一方面要进一步规范税务机关的执法行为，对符合条件的案件必须依法移交司法部门处理。如个人所得税，查补金额在一万元以上的案件，必须移交司法部门依法处理。

2. 建立健全税收司法组织机构。专业税务法庭的设立是应对税务案件大量性、复杂性的需要，也是更好的保护纳税人权利和维护国家税收债权的需要。考虑到我国当前的司法体制现状，目前设立独立的税务法院短期内还不可能实现，建议在现有的司法体系下，设立专门的税务法庭，专门负责审理所有涉及税收的民事、行政案件。而税务刑事案件的管辖，则通过法律规定与普通法院的审理程序相衔接。税务法庭必须独立，隶属于本级人民法院，以最大限度保证税收司法的独立性与公平性。鉴于税务案件的特殊性——社会公益性，税务法庭必须适用一套不同于传统司法程序的审判制度，同时进一步完善税收民事诉讼、税收行政诉讼、税收刑事诉讼等相关法律制度，切实做到有法可依。

3. 培养和选拔专业的税务法官。为了适应诸如个人所得税等税收案件的专业性、技术性、复杂性，建议我国有针对性地培养和选拔具备税法和税务专业知识的法官，既可以集中力量审理税务案件，也可以专门研究审理税务案件的特殊性，从而不断提高税务案件审理水平，依法保护征纳双方的合法权益，推动依法治税目标的实现。税务法官产生的方式可以有以下两种：一是在每一级法院中筛选出几名具备审判涉税案件资格的法官，在本级别法院内进行巡回审理；二是通过司法考试从社会中挑选合格的税务法官，参加税务司法考试的人员可以是税务机关的工作人员，可以是高等院校具有本科以上学历的毕业生，也可以是大学和科研机构中从事教学和科研的学者。

二、形成依法治税的良好氛围

改革开放以来，税务系统推进依法治税取得了明显成效，明确提出依法治税是税收工作灵魂，依法行政是税收工作生命线和基本准则，制度体系不断健全，执法行为逐步规范，管理方式日趋科学，法治保障持续加强，公民的法制观念与依法纳税意识日益增强，为个人所得税制的深入改革奠定了思想基础和税收环境。

（一）依法治税存在的问题

在肯定依法治税工作取得成效的同时，我们也清醒看到，随着我国经济改革的进一步深化与市场经济的纵深发展，社会经济环境发生了很大的变化，《个人所得税法》在实践中逐渐暴露出与经济社会发展不相适应的一些矛盾和问题，已不能适应我国目前的经济现状，成为制约依法治税进一步深化的“瓶颈”。具体表现有：

1. 税收立法亟待完善。（1）分类所得税制有弊端。目前我国现行税制采用的分类课征办法，难以全面衡量纳税人的真实纳税能力，不能体现“多得多征、公平税负”的原则，不能有效调节高收入和个人收入差距悬殊的矛盾。同时也为合法避税留下了漏洞，给征收管理带来了困难，导致了税源的流失。例如财产租赁所得、稿酬所得、特许权使用费所得等，都可以通过分散取得，从而化整为零，最终减少缴税数额。（2）税收立法权限不明确。近年来，随着我国经济增长的不断加速我国的公民个人收入呈现多元化发展，出现了税法本身难以界定的新情况、新问题。我国《立法法》第八条规定税收事项只能制定法律，由全国人民代表大会和全国人民代表大会常务委员会行使国家立法权。但第九条又规定：本法第八条规定的事项尚未制定法律的，全国人民代表大会及其常务委员会有权作出决定授权国务院可以根据实际需要，对其中的部分事项先制定行政法规，但是有关犯罪和刑罚、对公民政治权利的剥夺和限制人身自由的强制措施和处罚、司法制度等事项除外。在立法机关和行政机关都享有性质不同的税收立法权的情况下，两者之间就税收范围内诸事项的立法权限划分不明。立法机关和行政机关在行使税收立法权方面具有很大的随意性。这就使得《个人所得税法》及其实施条例从公布实施至今，过多地通过国家税务行政主管机关下发的文件、制定的各类管理办法及实施细则来进行必要的说明、限制或扩充从而达到贯彻立法精神、准确适用税法条文的立法目标。(3) 自行申报制度不完善。现行税法规定只有以下几类纳税人必须自行申报：其一，个人取得的全年所得超过12万元以上的；其二，在中国境内两处或者两处以上取得工资、薪金所得的；其三，从中国境外取得所得的；其四，取得应纳税所得没有扣缴义务人的。没有规定取得所得的个人都有申报所得的义务，导致个人主动申报率不高，也不利于明确纳税人、扣缴义务人的法律责任。由此出现以下问题：一是个人不向税务机关申报收入，不利于税务机关监控和掌握个人收入情况；二是扣缴义务人如出现没有扣缴或没有足额扣缴情况，税务机关很难向纳税人追补税款，只能由扣缴义务人补税，混淆了纳税人、扣缴义务人的责任。

2. 社会环境有待改善。(1) 代扣代缴管理有待加强。我国税法明确规定：一切有支付个人应税收入的单位都应履行代扣代缴义务。在实际中，个人所得税代扣代缴单位没有依法履行代扣代缴的职责，导致税源流失的现象比较普遍。我国个人所得税一大部分来自对工薪所得征收的个人所得税，而雇主作为纳税人的扣缴义务人，给本单位的员工创造较多的福利，有利于提高员工的积极性，为其创造更多的价值。以此动机出发有时会出现纳税申报不真实、瞒报、谎报，甚至漏报的现象。另外，由于一些雇主税法观念淡薄，不仅自己不主动申报纳税，不履行纳税义务，还极力阻止财会人员代扣代缴税款。而一些财会人员，担心代扣代缴会因触及雇主的利益而得罪雇主不敢扣缴，致使这一代扣代缴的纳税行为难以落实到位。(2) 税务代理制度还不完善。资料表明，美国个人所得税基本上由税务代理人来申报；日本个人所得税的1/3是委托税务师代办的。欧美国家在个人所得税收征收方面，也普遍实行税务代理制。我国还没有很好发挥其中介组织的作用。

3. 公民依法纳税意识淡薄。改革开放以来，人们对税收的认知水平已有较大提高，但仍有较大局限性。(1) 我国对个人所得税征收的历史不长，对税收的宣传力度不够到位，导致公民对个人所得税的认识程度不深，自觉纳税意识不强。(2) 累进税率的制定，加上较低的征管水平，促使纳税者去偷税、漏税、逃税。尤其是在边际税率较高的情况下，逃税就意味着换取较高收益，在低风险、低成本、高收益的情况下自然要选择偷逃税。同时，还带来负的“示范效应”，使其他纳税者产生不平衡的感觉，偷逃税现象日益增多，纳税意识总体恶化。（3）作为直接税的个人所得税，在税负不能转嫁的情况下，纳税人纳税后收入减少。随着市场经济的发展，有的纳税人被一些负面因素误导，对依法纳税存在抵触心理，存在“尽量少缴税，最好不缴税”的思想，甚至有些人把能“偷税”视为能力的表现。另外有些人对申报纳税存在侥幸心理，出于自身的利益想尽各种办法偷漏税，不依法履行纳税义务。（4）社会对纳税信息不对称，积极纳税和不积极纳税都被同样对待，积极纳税没有得到社会的认可，打击了纳税人的纳税积极性。另外，国家收入信息的不对称使得纳税人对国家征税机关没有信心，也削弱纳税人的纳税意识。

（二）推进依法治税的措施

伴随着社会主义市场经济的建立和发展，我国收入分配在理论和实践方面的不断突破，国民经济运行质量、人民生活水平的不断提高，个人所得税在依法治税方面也应该与时俱进，成为名符其实的“社会稳定器”。

1. 完善税收法律法规。一是提升个人所得税立法层次，完善我国个人所得税实体法。今后我国《个人所得税法》改革的方向应为：进一步强化个人所得税法律，弱化行政规章。牢固树立个人所得税立法权应由立法机关行使的理念，特别是构成我国个人所得税法律体系基本框架的主体税种的立法，应由全国人大及常委会制定，充分保证《个人所得税法》的权威性。针对我国《个人所得税法》行政化色彩明显的特点，当务之急是必须将目前正在执行多年的个人所得税收法规及规章、通知、批复等进行清理，取消用红头文件代替税法的不规范行为，杜绝不法之“法”。同时，将一些重要的法规规定经过修改成熟的，应不失时机的上升为法律，提高我国税法的层次和效力；对目前完全上升到法律尚有一定困难，不得不授权行政部门立法的规章，也应采取更加审慎的态度。对其立法范围、授权期限进行有效限制和约束，最大限度地减少以行政法规、部门规章尤其是以内部文件作为征税依据的做法。构建立法规范、内容完整、统一的个人所得税法体系，以利于个人所得税收执法、司法和守法。二是推行分类综合所得税制。在分类计征的基础上，在现有征管能力能够覆盖的情况下尽量把更多的应税项目纳入到综合计征范畴，实行分类和综合相结合的税制模式，这是一种实用性较强的所得税类型，将个人总所得划分为劳动所得和资本所得，对劳动所得适用累进税率，对资本所得适用比例税率，同时最大限度地拓宽税基，减少减免税，为改革奠定坚实的税法基础。

2. 构建和谐政治环境。政治环境是党和国家在一个时期内对个人所得税重视程度的综合体现。个人所得税具有调节收入分配、组织财政收入的重要功能。在一个时期内国家可以使用这种功能全面调节公民收入，以体现全民纳税意识；也可以重点调节高收入人群的收入，以消除分配不公；还可以放弃一切调节，以鼓励公民自由发展。采用哪种形式取决于国家领导者的政治取向，同时也取决经济发展的程度与走向。加强个人所得税征管的政治环境主要体现在：各级领导干部把握经济发展方向的正确程度和科学程度，对税收知识的掌握程度和对税收功能的运用程度，依法治国的自觉程度和依法治税的重视程度。加强个人所得税征管的政治环境建设，要求各级领导干部始终坚持科学发展观，适时把握经济发展的正确方向，促进经济与社会诸方面的和谐发展；加强对税收知识的学习，充分运用其功能领导和指导经济工作；增强依法治国、依法行政的观念，减少主观随意性，自觉运用税收手段，支持税务机关充分发挥个人所得税的调节功能，调节经济良性发展。强化各级领导的依法治税意识，坚决纠正乱开减免税口子，随意改变、变通政策和自立章法的行为，保证税法刚性。

3. 营造良好税收环境。一是加强个人所得税代扣代缴管理。代扣代缴便于实现从源头上对税款的计征，是个人所得税征收的有效方法。首先要对扣缴的义务、范围、程序和奖惩措施进一步细化和明确，尤其是要对扣缴单位的法人代表应承担的法律责任和扣缴义务人应承担的法律责任，以法律的形式明确地给以界定，以区分两者在履行扣缴义务时的责任。其次要保证代扣代缴单位与主管税务机关之间的信息传递和纳税资料传递，主管税务机关有权在任何时候，对其申报的内容进行稽查，一经查出有申报不实的，一律依法从严追究法律责任。另外还要着力提高个人所得税代扣代缴的质量，加强对扣缴责任人的业务培训，对扣缴责任人的扣缴行为实施有效的跟踪管理和监控。二是规范税务代理制度。税务代理以中介的立场，按照税法规定，客观公正地计算应纳税所得，确保纳税人诚实纳税，保护国家利益不受侵害，这是对个人所得税征管的有益补充。推行税务代理制度，一方面有利于纳税人正确履行纳税义务，消除或降低纳税人的纳税风险，避免个人所得税征纳脱节，保证应纳税额及时、足额入库；另一方面，它在税务机关和纳税人之间架起了桥梁，发挥沟通纳税人与税务机关联系的纽带作用，把税收政策和税收常识及时传递给纳税人，督促纳税人依法纳税，大大缩减了征纳成本。同时税务部门也可以通过税务代理了解个人所得税征纳过程中存在的问题，不断改进和完善征管方式。要尽快规范税务中介机构的业务范围、服务标准和收费标准，真正实现税务中介机构社会化，成为独立的专业化社会服务机构，更好地服务于双方的信息交流。国家税务部门在监督、指导税务代理活动正常开展的同时，税务代理机构内部要逐步引入竞争机制，公开选聘优秀人才，调整人员结构，税务代理人员也要随着国民经济的发展不断更新知识，提高业务能力。

4. 优化征管社会环境。个人所得税征管的社会环境，是指一个人在社会生活中，从各方面取得的收入和从各途径支出的消费等所涉及到的各部门的协同控管环境。其范围比较宽泛，是一个庞大的系统工程，结合当前实际，应突出抓好以下几个方面的建设：一是要抓好纳税人基础信息的标准化建设。公安部门要规范统一全国的户籍管理制度，特别是要统一全国的城镇和农村的居民身份证号码，在全国上网备查，并要设置过滤软件，将 18 岁以上有经营收入能力的人筛选出来供税务机关核税使用。二是要抓好纳税人现金收支过程控管的制度建设。银行部门要减少现金流量，加强支付过程控管，实行实名存（取）款制度，支付纳税人的现金要上网供税务机关备查，特别是要大力推广“信用卡”、“银联卡”、“公务消费卡”等电子货币的应用。三是要抓好税务、公安、银行等部门融为一体的信息标准化建设。国家要进一步规定和明确涉税协查部门的责任，任何部门不得拒绝另一部门的涉税协查行为，否则按不作为或失职渎职论处。在此基础上，要建立税务、公安、银行等部门的技术标准统一、网络互通、资源共享、快速灵敏的信息化税控应用体系，使税务机关能及时掌握纳税人的实际收入，准确核税，依法处理偷逃税者。四是完善税务司法保障体系，优化行政手段与司法手段的协同配合，对税收违法犯罪行为进行协同打击，以净化税收环境。完善协税护税网络，健全税务机关同其他执法机关及社会组织之间协同配合机制，做到税务机关专业管理与社会协税护税力量的有机结合。

5. 培养自觉纳税意识。首先，要利用电视、广播、报纸、杂志等各种媒介对纳税人进行《个人所得税法》和税收政策的宣传，经常举办不同类型的纳税人培训班，通过网络、公益广告、热线服务、有奖征文、答记者问、免费周到的税务咨询等各种形式使公民了解政策、税款的计算、缴纳程序和期限、权利和义务等较为具体的规定。其次，加大稽查处罚力度，提高偷逃税成本，增加偷逃税风险。良好的纳税意识不是天生的，是经过严格的管理后形成的社会风范。主管税务机关内部要设立个人收入评估机构，专门对纳税人的纳税申报进行严格审查，对于隐瞒收入和不主动进行纳税申报的，依法严肃惩处，增大偷逃者的预期风险和机会成本，增加偷逃税的罚款比例，增加偷逃税的心理成本和精神代价，以儆效尤，形成强大的威慑，制定惩罚的实施细则，对逃税者的惩罚制度化、规范化，减少人为因素和随意性，其中简便易行而卓有成效的惩罚手段是建立记录并予以公告。特别是对那些社会公众人物偷逃税的行为应鼓励舆论界予以揭露，增加其名誉受损的心理代价，有可能罚得偷逃税者倾家荡产，名誉扫地，使其不敢以身试法。同时，还要提高纳税人被稽查的概率，尤其要重点检查那些纳税不良记录者，对数额巨大，情节严重的偷逃税案件，按照有关法律规定移交司法机关立案审查。最后，在个人所得税的征管上应强调“社会约束”。社会约束既包含法律法规、政策的“硬约束”，又包含道德规范的“软约束”。“软约束”有时能发挥“硬约束”所起不到的作用。“软约束”在许多时候和许多场合是一种“自我的道德心理调节”，因而就需要人们首先要提高自身的道德素质，知法、知德、知荣、知耻，从内心去追求高尚和文明。当全民重道德、守法律风尚形成时，个人所得税就一定能发挥促进社会公平的作用。

三、不断提高税法遵从度

税法遵从度是纳税人基于对国家税法的价值认同或自身利益的权衡而表现出的主动遵守服从税法的程度。也可理解是税务机关通过优化服务和强化管理等方法，引导纳税人自觉遵从税法的程度。税法遵从度是衡量依法治税水平、纳税服务成效、税收征管质量的重要标志。不断提高纳税人的税法遵从度，对于提高个人所得税的征管质量和效率，调节收入分配，实现税法的公平正义，有着十分重要的意义。我国实行改革开放以后，人们的收入水平逐渐提高，个人收入更加多元化、隐蔽化，同时个人所得税存在的分散性、流动性特点，使得其在征管方面容易出现一些薄弱环节，再加上我国老百姓普遍纳税遵从度不高，导致个人所得税领域偷逃税问题时有发生，纳税人的税法遵从度还有较大的提升空间。

（一）纳税遵从存在问题分析

1. 纳税意识普遍低下导致不愿遵从。我国传统文化一直将“赋税”视为统治阶级搜刮普通民众财富的一种手段，再加上长期以来计划经济体制下我国政府进行的“非税论”宣传，使得老百姓认为缴税就意味着财富被掠夺，在潜意识中对税收怀有一种隐约的、本能的反感和抵触情绪。尤其是个人所得税，涉及纳税人切身利益。少数人只顾追求财富，不顾国家利益，虽然知道偷逃税是违法的，但在巨大利益诱惑下，不惜以身试法，仍然千方百计偷逃税款，以达到最大限度地积累财富的目的。另外，一些纳税人偷逃税款屡屡成功且得不到惩罚和制裁，这让依法纳税者觉得自己吃了亏，最终也会仿效违法者偷逃国家税款。

2. 税制设计存在缺陷导致难以遵从。我国目前的个人所得税税制采用的是分类所得税制，将个人的收入分为 11 类，分别计税。不同种类的收入有不同的计税方法。这种征税方法带来了两个方面的不利影响。一方面，纳税人可以通过分解收入、多次扣除的方法来偷逃个人所得税。另一方面也加大了税收征管的难度，因为税务部门每年都需要消耗大量精力去认定个人各项应税所得的类型，由于税制设计本身的不严密，由此经常引发税务争议，使税务机关疲于应付，没法集中精力放在税务检查上。

3. 税收征管水平不高导致有限遵从。我国目前对个人所得税的征管采用自行申报和源泉扣缴两种方法，但这两种办法在实际操作中存在很大的问题：一是自行申报制度不健全。自行申报制度需要纳税人有很高的纳税自觉性，也需要相关激励约束机制与之配套。在我国，目前还没有健全的可操作的个人收入申报法规和个人财产登记审核制度，生活中，纳税人的相关报酬又是大量地以现金的形式进行支付，于是使得许多达到征税标准的纳税人只要不自行申报，又无人检举揭发，便可以很轻易地偷逃税款。二是代扣代缴制度难落实。代扣代缴制度是我国个人所得税最主要的征纳方法，但现实中，一些公司为了实现所谓的职工福利，不愿意很好地履行代扣代缴的义务，以致税款代扣代缴制度难以落到实处。三是税收处罚力度不够。我国虽然在《刑法》中有对“偷税罪”处罚的规定，但实际操作中对偷逃税案件只重视税款的查补，而很少有处罚。对于偷逃税行为逾期不改的才处以轻微行政处罚，很少有追究刑事责任的。税收处罚力度不够，必然减轻了偷逃税违法行为的成本，提高了纳税人偷逃税的预期报酬，增加了偷逃税的内在冲动，助长了偷逃税行为的蔓延。

（二）促进纳税遵从的建议

1. 积极宣传，让纳税人想遵从。一是加强《个人所得税法》宣传力度。可引进西方的“税收价格论”，引导人们认识税收是公共产品的价格，纳税人实际上是在为自己而纳税。因为只有纳税，政府才能够提供市场所必需的各类公共产品。所以，纳税并非是单纯履行义务之举，而是一种可以获得实质利益的权利与义务对立统一的行为。这种宣传可以改变纳税人对征税的传统的“被剥夺感”，克服对税收的抵触心理，使纳税人能够“心甘情愿”地自觉纳税。二是要及时响应纳税人的合理需求。以纳税人的满意度为第一标准，建立接待日制度、走访制度、意见改进制度，以及组织纳税人代表座谈、问卷调查等形式，定期征询、收集、分析纳税人和社会各界对个人所得税征管工作的意见和建议，有效防范和及时化解征纳矛盾，切实维护纳税人权益，促进忠诚性遵从。三是优化服务树形象。税务机关应设身处地地换位思考，主动加强与纳税人的联系，为纳税人提供针对性的“需求型”的纳税服务；严格按照“两个减负”要求，全面推行一次性报送、一次性告知、一窗式综合受理、一次性审批、一站式服务；简化个人所得税办税流程，推广网上办税，深化纳税信用A级纳税人绿色通道服务。有效引导和促进纳税人对个人所得税征收工作的心理认同，从而更加自愿地遵从税法、诚信纳税。四是提高素质增质效。税务人员要熟练掌握个人所得税政策，更加准确、快捷地为纳税人服务，以良好的整体素质来增强公民对税务机关和征管人员的信任度，提升遵从度。

2. 完善税制，让纳税人愿遵从。一是完善个人所得税制。将当前的分类所得税制转变为分类征收和综合征收相结合的个人所得税制模式，使许多个人收入无需再进行分门别类，能够减少税务机关的工作量，使税务机关将工作重心放到个税的检查上来，从而可加强监督力度。二是完善自行申报制度。一方面，通过对税法的正面宣传，使纳税人主观上能够自觉申报纳税；另一方面，通过健全的可操作的个人收入申报法规和个人财产登记审核制度，使纳税人客观上能够自觉申报纳税。三是健全代扣代缴制度。要进一步明确代扣代缴人的权利和义务，对故意不认真履行扣缴义务的，除了对扣缴义务人进行处罚外，还应当依法追究相关责任人员的法律责任。四是加大对偷逃税行为的处罚力度。处罚力度的加重能有效增加纳税人的违法成本，使纳税人预期风险成本大于预期风险收益，能有效地治理偷漏税行为。同时要通过新闻媒体公开“曝光”，让违法者付出政治、经济和名誉上的代价，震慑“欲为者”。对于查出的偷逃税行为，要按照《税收征管法》的规定，严肃处理，该移送司法机关的应及时移送处理，决不能以补代罚，以罚代刑，以维护税法的严肃性和权威性。

3. 公开透明，让纳税人要遵从。一是多渠道多方式宣传和公开个人所得税政策。要借助各种大众媒介，做系统的、透彻的税法宣传，让纳税人更易接受、更加便捷。尤其是要发展信息化宣传方式对个人所得税的相关政策进行宣传，充分运用网络视频讲座、税企 QQ 群、微信群发信息等手段，及时告知纳税人。二是加大个人所得税辅导工作力度。要充分依托纳税人学校这一专业平台，组织社会中介机构（包括税务师、律师、会计师等）参与为纳税人服务，无偿为纳税人提供涉税咨询、办税辅导、政策讲解等。同时建立网上学堂和远程课堂，努力探索信息时代税收宣传的新平台。三是抓住热点难点开展针对性的个性化辅导。针对纳税人在办税中容易出现差错的环节和事项，特别是对税务稽查和日常征管中发现的普遍性的问题要及时综合归类，列出正确的操作方法，并编印成册免费赠送给纳税人学习，最大限度地提升纳税人的办税能力。四是建立个人诚信纳税档案和激励机制。同时也能为税收监控提供数据信息，为逐步建立和完善社会信用体系提供依据。

第二节 个人所得税改革的外部协同环境建设

建立综合与分类相结合的个人所得税制是一项系统工程，必须建立相关法律、法规，营造部门之间密切协作的外部环境。当前，在中国普遍存在个人收入分配多元化、隐蔽化且支付方式现金化的情况下，只有通过完善相关立法，加强外部协同环境建设，才能增加个人收入的透明度，实现对个人所得税的有效控管，从而堵塞税收漏洞，防止税款流失，提升纳税人的税法遵从度。

一、推广个人财产实名登记制度

逐步实行个人金融资产、房产、汽车等重要资产和消费品实名登记制，对于加强个人所得税征管具有重要意义，创造了有利条件，有助于解决税源不透明的问题。个人财产实名登记制度的涉及面较广，当前应以不动产和金融资产实名制登记为重点突破口。

（一）做好《不动产登记暂行条例》落地工作

建立不动产统一登记制度、整合不动产登记职责，是推进简政放权、减少多头管理、逐步实现一个窗口对外的有效举措。不仅有利于保护权利人合法财产权，提高政府治理效率和水平，而且对于全面推进个人财产实名制，提高个人所得税控管水平也具有重要意义。《不动产登记暂行条例》（以下简称《条例》）已于2015年3月1日起正式施行。《条例》共六章35条，对不动产登记机构、登记簿、登记程序、登记信息共享与保护等做出了具体规定。

《条例》对于实现登记信息共享作出规定：第一，建立信息管理基础平台，国土资源部会同有关部门建立统一的不动产登记信息管理基础平台，登记信息要纳入该平台。第二，加强登记部门与管理部门的信息共享，登记信息与住房城乡建设、农业、林业、海洋等部门的审批信息、交易信息等实现互通共享。第三，加强其他部门之间的信息共享，国土资源、公安、财政、税务、工商、民政、金融、审计等部门加强不动产登记信息的互通共享。

该《条例》实施后，还应当尽快制定相关的实施细则。特别是要通过建立统一的不动产登记信息管理基础平台，实现国家、省、市、县四级登记信息的互联互通。各地应当对不动产登记操作系统软件进行技术融合，支持与本级税务部门的业务协同，及时提供本级不动产登记信息，从而为个人所得税征收提供有力支撑。

（二）全面推行金融资产实名制

所谓金融资产实名制是指对个人或法人持有的储蓄存款、股票、债券等金融资产及其与金融机构间的一切金融往来，用真实姓名及身份证号，或者用法人名及纳税注册号登记的制度，其根本宗旨是在有效保护个人或法人利益的前提下，促进金融往来在公平、公正、公开的基础上进行，从而确保个人或法人金融资产的真实性。随着市场经济的发展，实行金融资产实名制的呼声越来越高。全球目前已有91个国家和地区都已实施金融实名制。在亚洲，日本、韩国、印度以及中国的香港、澳门和台湾地区都已施行。中国在推行存款实名制后，应创造条件实行金融资产实名制，这不仅有利于建立个人信用制度，而且能增加个人收入的透明度，限制非法收入。中国也曾就全面实行金融资产实名制进行过研究论证，意见不一。由于认为利弊各半难以实施，目前处于搁置状态。但在目前税负不均、公款私存、国有资产流失的客观现实之下，法治建设要完善，反腐力度要加大，金融、信用、税收等制度的配套改革也应坚定不移地进行。

国务院早在2000年4月1日就已发布《个人存款账户实名制规定》，这是个人存款实行从记名到实名是储蓄存款制度的一项重大改革。这一改革对于税务机关查明存在税收违法行为纳税人存入银行的货币资金有一定作用。但近年来，这一方面的作用越来越有限，税务机关到银行查询纳税人账户实例并不多，这与经济社会发展后投资渠道越来越多有着直接的关系。因此，要在实行储蓄存款实名制的基础上，全面推行金融资产实名制。个人的存款、股票、债券等金融资产及其与金融机构间的一切金融往来，均应使用真实姓名和身份证号，从而使税务机关及时掌握个人的金融资产及资产生息情况，为实行个人所得税的综合征收提供信息支撑。

二、改革个人现金管理制度

完善的现金管理制度，对于维护正常的金融秩序，防范和化解金融风险，控制非法的现金支付，堵塞税收漏洞，促进经济发展有着重要意义。针对经济领域存在的大量使用现金的问题，必须从立法和制度上作出具体规定，只有这样才能为从源头上加强个人所得税控管创造有利条件。

（一）完善现金管理制度的现实意义

现金支付与银行转账等其他资金结算方式相比，最明显的特点是轨迹隐匿性，即现金具有不容易被发现的特性，通过现金支付，可以隐匿资金流通的轨迹，从而掩盖不合法交易，以达到逃避监督和处罚的目的。现金支付的轨迹隐匿性，也是偷逃税行为查处难度大的重要原因。完善现金管理法律制度，严格执行大额现金支付管理制度，有利于规范现金流通，可以有效监控大额现金交易，不断强化异常现金交易监测力度，将大额现金流通置于相关部门监控之下。

（二）推进现金管理立法的国际借鉴

当今不少国家都对严格限制大额现金使用有严格的规定。中国应该借鉴西方国家的经验，对法人和自然人提取现金数量进行限制，各种经济往来必须通过电子账户转账，减少现金流通量，用法律的形式，严格明确违反现金管理的有关处罚规定。[①] 如美国《银行保密法》和《银行保密法的规定》对现金的存取交易报告制度作了具体规定，金融机构对超过 1 万美元的现金存款、取款和货币兑换都需要在交易完成后 15 天内向联邦金融犯罪执法网递交现金交易报告。任何个人邮寄或携带 1 万美元以上的现金或货币工具的，应在 15 日内填写并递交国际现金与货币工具运输报告。对于违反上述规定的，要受到严厉的处罚，处罚措施包括没收现金或货币工具、罚款、监禁等。又如意大利将现金交易上限规定为 1000 欧元，超过 1000 欧元的交易，必须通过非现金支付的方式。违反规定收取 1000 欧元以上现金的商户，处以最低 3000 欧元的罚款。由于对现金使用进行严格管制，发达国家进行大额现金交易的较少，多采取支票、信用卡、信用证等方式通过银行系统进行交易。这些非现金支付的结算方式会在银行系统留下交易记录，为司法机关侦查取证、侦破有关腐败案件提供了有力保障。中国进行现金管理立法时可以借鉴国外的经验做法，制定完善的大额现金支付管理制度，对异常现金交易进行严密监控，并制定相应的惩处措施。

（三）改革现金管理制度的立法建议

1988 年，国务院发布的《现金管理暂行条例》和中国人民银行制定的《现金管理暂行条例实施细则》对于规范现金使用、减少现金的流通量、防止通货膨胀起到了一定作用，但该条例及实施细则发布至今在针对性上已较为滞后，难以适应当前社会经济发展的要求。因此，关于现金管理尤其是大额现金支付管理方面存在明显的法律漏洞，应当适时对该条例作出全面修订，加强对个人现金使用的管理，增强自然人购买大额商品或服务强制转账、大额存取款上报和保存记录等条款，为税务机关全面掌握个人收入，实现个人所得税综合征收提供制度保障。自然人在购买商品和服务时，单笔交易金额达到一定数额以上，应当通过转账结算办理。自然人单笔交易金额超

---

① 徐晔：《中国个人所得税制度》，复旦大学出版社 2010 年 2 月版，第 274 页。

过一定数额，销售商品或提供服务的法人、其他组织应当按规定向银行报告并保存交易记录。金融机构办理单一客户当日累计达到一定数额以上的现金交易，应当按规定向银行报告和保存交易记录。从国家层面来看，应加速推进金融与税务的信息共享，使税务机关及时掌握纳税人的收支情况，实现对自然人税源的有效监控。此外，还应建立相应的现金管理配套措施。比如，由于现金交易的轨迹隐匿性，现金管理难度很大，可以探索使用技术手段对违规使用大额现金行为进行监控。可以运用红外遥感技术和纸币图像识别技术来探索一种能够监测大额现金的技术，专门由国家反贪腐工作部门使用，对于违规私藏、邮寄或携带 50 万元以上现金的进行监测和跟踪，以便及时采取措施规范大额现金的管理。

三、完善国际税收交换机制

在经济全球化的今天，只有进一步加强国际税收领域的协调配合，才能为个人所得税的征收管理提供全方位的监管环境。国际税收情报交换应在事前、事中、事后三个阶段建立起相应的长效机制，实现税收情报交换工作常规化、规范化和高效化。此外，还应当充分发挥国际双边或多边税收协作的作用，为开展个人所得税征管的国际合作提供法律依据。

（一）构建税收情报交换法律体系

中国国际税收情报交换法律体系由税收协议（定）、专项协议、国内规章等构成。目前，关于国际税收情报交换工作方面的最高法律依据是国家税务总局在 2006 年 5 月 18 日印发的《国际税收情报交换工作规程》（以下简称《工作规程》）。但该《工作规程》对于税收情报交换工作只具有一定指导性，税收情报交换工作缺乏相关实体法和程序法的支持，容易出现无法可依，法理不确切，盲目执行等问题，不利于税收情报交换工作的顺利进行。因此，健全国际税收情报交换法律体系就显得尤为重要。

当前，国际税收情报交换工作亟须一部立法级次高、针对性强并与国际接轨的法律法规。在此，可以借鉴美国和欧盟在国际税收情报交换方面的立法经验，美国当局将税收情报交换内容纳入《国内税收法典》的同时，并在其操作手册中，对税收情报交换的工作流程和相关机构部门做了详细的规定，为各级税务部门开展税收情报交换工作提供了全面翔实的依据；欧盟则是根据 OECD 范本，在针对不同税制制定法律文件时，将税收情报交换的内容纳入其中，使税收情报交换更具有操作性。与此同时，还应修改完善《税收征收管理法》，详细列明开展情报交换工作应遵循的程序和步骤，纳税人享有的权利和义务等，从而完善在税收情报交换方面的程序法。综上所述，应提高立法级次，由全国人大或其常委会制定《国际税收情报交换法》，国务院根据该法制定相关实施细则，在提高法律级次的同时，也使该法律更具操作性和针对性。

从美国以及欧盟的经验可以看出，各国都极其重视税收情报保密工作。但是，中国的税收情报交换保密工作却相对滞后。2002 年，中国颁布了《税收情报交换工作保密规则》，但已于 2006 年整合到《工作规程》中，使中国在情报交换保密方面缺少独立的法律依据，导致在实践操作中，无论是政府还是税务工作人员，都缺乏相应的保密意识。因此，中国可以模仿美国及欧盟的做法，由全国人大常务委员会制定《国际税收报交换保密法》，或由人大及其常务委员会授权，由国家税务总局颁布《国际税收情报交换保密规章》等，从立法的角度弥补中国在情报交换保密方面的法律依据的不足。此外，还可以制定相应的实施细则，详细列出不同情况的处理办法以及对特殊情况的应对方式等。

（二）建立税收情报交换长效机制

根据《工作规程》，现行的税收情报交换工作实行一套较为严格的流程，国家税务总局根据国外税务机关的请求或自身需要，向下级税务部门发出请求，基层税务机关根据上级指示，对所要的税收信息进行收集和整理，然后再上报给上级主管税务机关审批。虽然，这套操作流程对于保证税收情报交换工作的规范化具有重要意义，但是，在税收情报交换工作中遇到特殊或紧急情况时，如不及时获取税收信息，则会导致纳税人将税款转移或销毁其逃避税记录和证据，在这种情况下，可以中国借鉴别国的成功做法，允许基层税务机关具有一定的自主权，可以在掌握确切线索，符合规定的情况下，先行收集和传递信息，然后再上报给上级主管税务机关，从而可以有效避免因为程序繁琐所导致的税收情报交换的滞后性。

中国与国外税务机关完成税收情报的请求与送达，或是与别的国家签订完税收情报交换协议后，应当建立后续跟踪机制。要进行及时反馈与沟通，通过后续的跟踪与了解，及时发现中国在税收情报工作中存在的不足，以及如何进行有效弥补和改进。还可以通过与跨国纳税人的良好沟通，提高税收工作质量与服务水平。此外，要建立绩效评价机制，将税收情报交换工作的结果进行量化，设立科学合理的绩效评价指标，并对每个指标予以详细说明，清晰界定税收情报交换工作的效益与成本，保证低成本下的税收效益最大化。

国际税收情报交换工作需要两个甚至是多个国家共同协作完成，从客观上看存在一定风险，因此，应建立税收情报交换风险预警机制，对税收情报交换的每一个细节都要认真把关，量化风险，及时采取措施使风险发生的概率降到最低、风险带来的损失达到最小，从而保证税收情报交换工作规范化和标准化。

（三）发挥国际税收协定作用

国际税收协定是两个以上主权国家为协调相互税收关系，根据对等原则确定国际税收权利义务关系的协议。从国际税收协定的功能来看，其不仅协调国家之间的税收关系，还能够避免重复征税和防止逃避税。签订国际税收协定的缔约国双方要对各类跨国所得协调彼此间居民税收管辖权和来源地税收管辖权的冲突在协定中作出限定，对于加强跨国纳税人的个人所得税控管具有重要意义。

国际税收协定与国内税法是相对独立的法律体系，二者存在着彼此配合、互相补充的关系。各国的国内税法的主要作用是规定对谁征税、征多少税以及如何进行征税；而国际税收协定主要在于运用冲突规范协调缔约国各方现行的居民税收管辖权和来源地税收管辖权之间的冲突，以实现对跨国所得或财产价值的公平课税。中国宪法没有确定国际法优越国内法的一般原则，但基于“条约应当信守”这一国际法基本原则，中国在一些具体的国内立法中，一般都确认条约规定具有优先于国内立法的地位。

在国际税收领域，还存在滥用税收协定的问题，其实质是本无权利享受某一特定税收优惠的跨国自然人、法人或组织，设法利用居民身份从而依据居民管辖权来享受税收协定的优惠、规避地域管辖权的行为。由于这一手段的复杂性和隐蔽性，世界各国政府对于反滥用协定还处在探索阶段。尽管如此，它正日益被跨国纳税人所关注。当前，中国应当在立足国情的基础上，借鉴西方国家经验做法，尽快制定反滥用税收协定的具体措施，为个人所得税的跨国控管提供有力保障。

四、规范税务代理行业

在西方国家，除极少数纳税人自行申报外，绝大多数纳税人都委托税务师事务所、会计师事务所等代理申报纳税，既提高了申报效率，也降低了行政成本。但在中国，税务代理制度还不够健全，税务人员在与税务代理行业打交道的过程中，还存在较大的执法风险和廉政风险，只有采取有效措施，建立合法、高效、有序的税务代理制度，才能为纳税人个人所得税的申报提供便利条件。

（一）构建完善的税务代理法律体系

税务代理行为作为一种法律行为，需要有完善的法律体系对其进行保障。但是，中国税务代理行业的出现较晚，相关的法律体系还不完善，而且相关法律规定的立法层级较低。目前，税务代理相关的法律法规大部分都是以部门规章或者办法的方式出台，权威性弱，法律级次低，影响了执行效力。

可以考虑适时提高相关立法层级，由全国人大常委会制定税务代理法，并且在条件成熟的时候，逐步取消现有的规章、办法。税务代理法应当确定税务代理人的合法地位，对税务代理从业人员的从业原则、服务宗旨、该行业的性质进行规定，指出税务代理人应当履行的义务和相应享有的权利，明确税务代理行业可从事的业务范围以及职业准则等。由于现在对于税务代理人员违反规定后相应的惩处措施、税务代理的执业道德规范以及税务代理机构内部的制度建立等内容在法律中没有做出明确的规定，所以，在税务代理法中，还应对上述内容进行完善补充。

在税务代理行业基本法律确定的前提下，要完善相关的配套制度。例如，应当建立税务代理从业人员相关工作守则、工作底稿编制准则、相关后续教育培训准则等等。由税务代理法和配套制度相配合，构成全面、完善的税务代理法律体系。在税务代理法和相关配套措施出台的基础上，还应根据市场变化情况，对法律、措施等进行及时更新，并且尽可能详细规定所涉及的内容。

（二）建立税务代理质量控制体系

税务代理机构要建立起良好的服务意识和质量意识，在坚持该行业基本原则的基础上，不断完善企业内部的各项规定，建立良好的内部质量控制体系。从发达国家的先进经验可以看出，建立企业的内部质量控制体系和保险赔偿制度，有利于控制税务代理人员的从业风险，并且增加纳税人对税务代理行业的信任度。

纳税人与税务代理机构达成委托意向时，应当按照相关规定，切实遵循有关税务代理关系确立的法律程序，依法签订代理协议，保证代理双方的权利和义务，在代理行为发生的第一阶段就防范可能发生的风险。在双方签订代理协议之前，税务代理机构要对纳税人的情况进行了解，对于代理行为开始后可能发生的风险进行自觉的防范。对纳税人情况的了解，主要包括了解委托单位的基本情况，确定所接受业务的范围以及性质，明确委托单位应当对代理行为提供何种辅助工作等等。在签订协议之前，严格评估代理业务所面临的风险，尽可能接受风险较小的纳税单位的委托，避免风险较大的业务。

代理人员在接受委托之后，要熟悉委托单位的内部控制制度，根据代理内容和委托单位的实际情况制定代理工作的基本流程。在制定工作流程时，要对所面临的执业风险进行全面评估，找出代理过程中的重点和难点，根据评估，有的放矢的对自己的工作作出安排，开展代理业务。在正式代理工作开始之前，要确定好注册税务师的工作范围与任务，在项目负责人的带领下，各工作人员配合完成代理业务，并且对自身工作的准确性负全部责任。助理人员在编制工作底稿时，将发现的各类问题都进行详细记录，为以后的复核工作以及注册税务师出具报告时提供参考。严格执行对重要税务代理文书的复核制度，主要包括：项目经理要对工作底稿要进行详细的复核，及时发现并纠正底稿中存在的问题；部门经理对重要审核程序的执行以及重点会计项目的审查进行复核把关；税务代理机构负责人对重要的税收调整事项、重大项目审核进行复核，重点把握代理行为的进度和质量。

（三）构建完善的税务代理监管体系

税务代理行业的监管体系不仅包括企业外部对企业的监管，还包括企业内部的自我管理。不仅应建立以行政监管为主，行业自律为辅的企业外部监管体系，同时，还要建立内部质量控制和赔偿保险制度来降低代理人员的从业风险。

税务机关应当监督指导税务代理活动的正常开展，进一步规范税务中介机构的业务范围、服务标准和收费标准，明确其权利、义务和法律责任，使之真正成为独立的专业化社会服务机构。[①] 同时，还必须确保行政管理部门和行业协会人员的完全分离。税务代理的从业人员不仅包括注册税务师，还包括注册会计师和执业律师，注册税务师协会无法对注册会计师和律师进行有效的管理，而行政机关可以对各个行业进行统一的协调管理。所以，对于税务代理行业的监管要以行政监管为主，行业自律为辅。长久以来，中国对税务代理行业实行的是行政监管和行业自律相结合的监管模式。但是，这两个监管中心往往使用的是相同的工作人员，由同样的管理者对税务代理行业实施监管，最终导致监管力度不足，行业自律流于形式。这种监管方式是导致中国税务代理行业监管混乱的原因。所以，要构建完善的监管体系，必须为行政监管部门和行业自律组织配备专门的工作人员，避免两个部门监管人员的交叉重叠。

（四）还应当进一步完善行业协会职能

行业协会在对税务代理从业人员进行业务培训、专业知识指导方面更具有优越性。因此，在税务代理行业的日常业务中，行业协会应发挥自身的专业性优势，积极解决代理工作中的各种专业问题，并且及时与行政管理机构沟通，制定好该行业的执业准则和服务规范，对税务代理从业人员的行为进行监督管理。行业协会主要应该发挥以下职能：审查税务代理行业中从业人员及代理机构的资格，对执业以及非执业的注册税务师登记注册准则进行规范；协调并解决好注册税务师之间，税务代理机构之间以及注册税务师和税务代理机构之间产生的矛盾；积极就行业的发展状况与行政管理机关进行沟通并且负责协调与注册会计师及律师行业之间的关系；组织成员进行后续培训教育的学习；处罚违反该行业会则的人员等。

五、构建第三方信息共享机制

个人所得税的征收管理需要基于对第三方涉税信息的充分利用，建立第三方信息共享机制。所谓第三方涉税信息，是指征纳双方之外的其他机关、

① 高培勇：《个人所得税迈出走“综合与分类相结合”的脚步》，中国财政经济出版社 2011 年版，第 136 页。

事业单位或企业个人提供的、与纳税人的生产经营活动和税务机关的征收管理相关联的数据。

(一) 第三方涉税信息交换的国际借鉴

第三方涉税信息广泛地散落在政府各部门，应当借助法律法规的权威性和约束作用，打破部门壁垒，确立和细化税务机关、政府、纳税人及其他社会主体信息报送权责，充分借助现代化网络硬件平台和专业软件系统，从而进一步提高税收的征管效能。

以美国为例，其对纳税人的纳税状况就有相当完备的审计程序，税务审计通常由 7 个大区下属的 63 个分局进行。税务审计对象的确定通常通过被称之为 DIF 判别系统来选择，该系统主要通过使用计算机对以往数据的数学分析，选出最可能包含错误的申报表。除此之外，信息匹配程序是另一项重要的筛选手段。该程序是把从银行、雇主得到的关于纳税人工薪、预提以及杂项所得的信息与纳税人申报表上的信息进行对比。系统对其匹配程度进行打分，对出现超过一定标准匹配误差的纳税人，税务局将会发出审查通知书，要求纳税人提供进一步的证明文件，情节严重的纳税人可能会面对税务局的现场审计。而纳税人面临的现场审计是相当麻烦的事，也体现了美国在涉税违法上成本非常高的原则。通过严格的审计和实时数据交换，美国对纳税人申报错误数据的甄别率达到 70%，有效减少了税源的流失。

又如新加坡，国内收入局自 1992 年独立成局后，更新了整个计算机系统，并建立了一个统一的有文件图像和工作流程的一体化数据库，即新加坡的“税务局一体化系统”，该系统 1995 年正式投入使用。其中包括纳税申报系统、“顾客交流”系统，该系统同样是设计成可以通过多方渠道收集涉税信息。每年可处理个人和公司所得税申报表 2 亿多份、相关税源信息 13 亿份。

再如日本，早在 20 世纪 90 年代也已建立全国统一的征管信息综合管理系统（KSK 系统），接收和分析处理纳税人的电子申报数据（日本 80% 的纳税人采用电子申报方式），不但税务部门内部实现了互联，而且与政府的有关部门广泛实现信息交换。同时税务部门还利用该系统对 VAT 专用发票进行大规模交叉审核，核对率达到 40%。

上述国家的税务信息系统的设立都为涉税信息的交换和甄别提供了高效率低成本的媒介，大大地降低了税收管理成本。

（二）第三方涉税信息交换存在的主要问题

近年来，税务机关在征管工作实践中对第三方涉税信息交换进行了有力的探索，但在数据的采集、分析和利用上仍存在一些亟待解决的突出问题：

1. 法律体系不健全。《税收征收管理法》第五条规定："各有关部门和单位应当支持、协助税务机关依法执行职务。"但没有明确哪些单位和部门对涉税事宜负有协助义务；也没有明确规定应采用何种形式、何种程序对税务机关进行协助；也不明确双方的权利、义务、违约责任及协助费用的落实等。

2. 数据采集不规范。税务部门数据收集手段普遍落后，直接导致了数据采集的不全面。税务部门大多依靠纳税人的自行申报来实施管理行为，信息来源很窄。如在征管系统中，普遍收集的是纳税人的税务登记、纳税申报数据，而对纳税人的企业规模、经营状况和银行资金等数据基本没有采集或采集不全面。由于纳税人在报送纳税申报、财务报表等资料时存在虚假申报的可能性，以及税务人员在计算机操作过程中出现的录入不准确、审核不严格，使录入数据与实际情况不符等问题经常存在。纳税人的涉税信息是对其经营情况的动态反映。部分工作人员责任意识不强，对上级要求限期报送、修改的数据指标，不能迅速采集、及时反馈，致使部分数据信息明显滞后于纳税人的实际生产经营状况，也影响了信息资源的完整性和预警指令的准确性。

3. 交换渠道不畅通。从经济社会发展的各个层面收集涉税信息，是税收发展到今天的必然选择。但从税收实际工作来看，目前虽然建立起税务与工商、财税库银的横向联网，部分实现了信息的共享，但在税务登记环节，还存在着人工交换数据、交换来的数据没有被充分利用、纳税人入库不畅还需人工督促入库的现象，这些都反映了数据的交换不畅。此外，各部门的信息化建设发展步伐还不平衡，直接导致税务机关的征管信息系统不能很好地与各部门进行对接、联网，也无法直接导入共享。在信息获取的方式上缺少统一的操作平台，有些通过互联网电子邮件传输，有些通过存储介质手工拷贝，少数政府部门因多种原因至今尚未完全实现信息化管理，所提供的数据仍为原始的手工数据，给数据加工增加了难度，效率更低。

4. 监控手段不全面。有的税务机关对第三方信息的重要性还没有引起足够重视，或迫于取得渠道上的客观困难所掌握的征管数据仍然依赖于纳税人自己报送的申报表，财务报表等静态信息没有主动引入销售、成本和资金流转等方面的动态信息，数据失真的情况时有发生。日常监控工作中，税务人员利用这些数据自身进行案头评估只能发现逻辑错误以及零申报、长期低税负等浅层次问题，较难抓住问题要害，税收管理仍显粗放。

5. 数据利用不充分。第三方信息只是为增加税源提供了一种可能，如何让这种信息资源，变成实实在在的税收收入，这就要通过分析加工发挥增值作用。信息质量反映信息价值，没有质量的信息也就没有价值，错误或垃圾信息会使分析人员的投入的精力失去作用，甚至造成负面影响。在这方面，税务机关自身的数据比对、分析软件建设开发也相对滞后，很多数据收集来了，但由于没有很好的工具进行处理，没能发挥应有的作用。

6. 部门协作不紧密。根据《税收征收管理法》及其实施细则的有关规定，工商、国税、银行等部门均对地税机关负有相应的协税护税、情况通报、管理配合的职能，地方各级人民政府应当积极支持税务系统信息化建设，并组织有关部门实现相关信息的共享。但工作实践中，由于地方政府的管理缺失或组织力度不足，税务系统和相关部门间的协调沟通成效不大，各部门均不同程度地存在着各自为政的现象，涉税信息共享难以实现，“信息管税”发展受阻。目前，建立的第三方涉税信息交流机制成员单位大多是政府各职能部门，没有形成信息管税的社会大格局。同时，从涉税信息的交流、反馈情况看，少数纳税人对职能部门向税务部门提供涉税信息不理解，职能部门没有做深入细致的宣传，虽然纳入政府对各部门的年度目标考核，但没有相应的配套制定考核细则，实际操作不便于把握。

（三）建立第三方信息共享机制的主要路径

1. 夯实第三方信息共享的法律基础。通过修订《税收征管法》及其实施细则等法律条款，进一步明确政府部门与税务机关在实现信息共享工作过程中双方的权利和义务，并规定未执行或违反信息共享的相关法律责任。结合实际制订地方性法规和规定，对政府部门信息共享的相关事宜作进一步细化明确，包括信息共享的组织机构、具体共享事项、共享形式、操作程序、共享费用的落实及监督考核规定等。各部门之间建立信息共享工作落实机制，提高部门的认识和重视，明确信息采集、加工、传递、反馈等环节的工作职责，把部门信息共享工作纳入本部门的日常管理，实现第三方信息资源共享与应用的长效运行。在国家层面相关法律条文尚未明确的情况下，各级政府可以地方法规或规范性文件等方式，整合《税收征收管理法》中关于地方政府和部门综合治税的有关规定，出台地方性法规，建立地方税收征管保障机制。

2. 健全第三方信息共享的保障机制。要健全联动机制，为第三方信息共享提供政府支持。在当前还没有法律体系作保障的情况下，政府牵头、各部门通力配合成为加快第三方信息共享的关键。要加强督导考核。将信息共享纳入政务目标管理考核，对协作不力、消极应付的，给予必要的责任追究，并在绩效考核中进行扣分处罚。将税务机关的一对一单线联系，变成有组织、有考核的多部门配合。要建立激励机制，税务机关及时将第三方数据分析利用的成果上报当地政府，政府根据贡献大小，对提供信息准确、协作态度好的部门给予必要的经费支持和精神鼓励，并体现于目标管理考核中，促进第三方涉税信息交换工作有效开展。

3. 强化第三方信息共享的技术支撑。在目前部门计算机联网有诸多因素影响的前提下，要积极争取政府协助，充分利用政府网站，有效搭建涉税信息交流共享平台，各职能部门及时将所有非涉密涉税信息按其内容和性质进行整理、分类后予以发布，全面实现电子化涉税信息数据传输。在条件逐步成熟后，制定相关制度办法，通过财政必要的资金支持，推动部门间计算机联网，提高信息共享效率。同时，税务部门要主动作为，整合研发第三方涉税信息终端接收信息系统，设置涉税信息报送界面、税务部门下载界面、领导查询界面、数据分析应用界面。在日常使用中，不同用户、不同部门由系统管理员给予不同的操作权限，实现数据的安全管理和有效使用，最大限度地实现涉税信息共享，真正实现“政府主导、税务主管、部门配合、社会参与、信息支撑”的地方税源控管的长效机制。

第三节　个人所得税改革的社会信用环境建设

信用体系是市场经济条件下最根本的社会关系，是整个社会赖以生存和发展的基础。被看作税收法律制度道德基础的税收信用是社会信用体系的一个重要组成部分，和税收法律一起在维护税收正常秩序中起着非常重要的作用。因此，在市场经济条件下，建立和完善有利于个人所得税征管的信用体系，对于优化经济环境、规范税收活动、实现税收政策目标、节约税收征管成本、提高政府财政效益具有重要的意义。

一、税收信用的重要作用

（一）税收信用有利于推进依法治税

从信用的角度重新审视税收立法和税收执法，可以使政府在制定个人所得税政策时，更多地考虑到公平、合理和正义的问题，从而促进个人所得税制的不断优化。作为一种道德规范，税收信用以其强大的劝导力和感召力，增强人们对税收法律的认同感和遵从意识，潜移默化地约束着征纳双方的行为，直接影响税收法律的实施效果。

（二）税收信用有利于降低税收成本

与法律相比，信用是一种成本较低的维护交易秩序的机制。税收信用机制的建立，有助于税收征纳行为建立在诚实守信的基础上，保证涉税信息的真实性和对称性，减少税务纠纷，提高税收征管效率。税收信用还意味着涉税行为主体对税收制度的忠诚和对义务履行的承诺，不折不扣地执行制度或遵从法律，使制度或法律实施的有效性得以提高，从而大幅降低制度执行费用或法律遵从成本。

（三）税收信用有利于规范政府行为

在市场经济条件下，政府与纳税人之间既是法律确定的权利与义务的关系，也是经济利益上的信用关系。用税信用的确立，将以非正式规则的形式约束政府部门的支出行为，促使其做到诚信用税、税尽其用，使每一分钱的财政支出都取得最大的效用。同时，政府也会将财政支出的方向、效果向社会公开，从而征得纳税人和社会各界最广泛的信赖和支持。

二、税收信用建设中存在的问题及原因分析

近几年，各级税务部门在税收信用建设方面做了大量基础性工作，也摸索了一些有益经验。但与根本目标还存在不少距离，例如税收信用制度的保

障机制不够健全，信息技术在税收信用建设中运用还不成熟，税收信用体系还不完善。而且由于社会道德状况的总体滑坡，在社会的各个领域诚信缺失问题都显得比较明显，甚至有的还相当严重，严重地影响到了整体信用水准。

（一）现行法规不健全导致执法诚信度不高

主要表现在：一是缺乏专门有关诚信的法律法规，对守信者保护不够，对失信者惩处不力。二是税收立法信用缺失，在立法过程中对税收诚信内容考虑不够甚至没有考虑，不利于税收信用环境的营造。譬如我国的《税收征收管理法》对偷、漏税等违法行为的界定模糊（例如对纳税人取得收入后挂在往来账户不结转的行为，很难明确界定是纳税人有意行为还是无意行为），使税务执法机关难以把握，往往避重就轻。这样，对违法者本人起不到接受教训，自觉守法的约束作用；对广大公民更起不到警示和威慑作用，违法现象得不到抑制。三是现行税收法律法规以及其他有关税收的法律对涉税案件的处罚规定动作弹性过大，导致税收执法、司法自由裁量权和随意性过大，引发以言代法、以罚代刑，对失信者惩罚不力。我国《税收征收管理法》和《个人所得税法》中对个人所得涉税违法行为的处罚手段太少，实用性较弱，对个人所得税涉税违法行为的约束有限。其中针对纳税人的定额最高处罚为10000元；针对扣缴义务人的处罚为应收未收税款50%至3倍罚款，由于在实际操作中对违法行为的界定难以把握，税务机关对自由裁量权的应用往往避重就轻。又如《税收征收管理法》中的“处骗取税款一倍以上五倍以下的罚款”、“处一万元以上五万元以下罚款”等区间性规定，《刑法》中的“数额较大”“数额巨大”等模糊性规定，但罚多罚少，以及如何处罚、数额如何界定，均掌握在执法、司法人员手中，甚至由一个人说了算，严重削弱了税法刚性。

（二）纳税人的纳税信用亟待提高

主要表现在：一是自行纳税申报不实。一般情况下，纳税人都依照税法规定的时限申报纳税。但现实仍普遍存在纳税人的申报准确度不高的情况，其中有纳税人对《个人所得税法》了解不准确的原因，但也有故意编报虚假报表，以达到少缴税款的目的。纳税人申报不实在个体工商户申报中表现尤为突出。二是纳税人偷税面居高不下。我国每年税收流失严重。三是纳税人违法情况有所加剧，违法手段不断翻新。“地上经济”造成的税收显性流失与“地下经济”造成的隐性流失同时并存。

（三）政府用税信用缺失

众所周知，纳税人之所以纳税，更重要的是企盼所纳税款能被充分利用和合理安排，以期国家能不断地完善公共设施、保证社会治安、营造良好的社会环境和有序的投资环境。也就是说，税款的最终去向是纳税人最关心的问题。然而，目前政府在管税、用税方面却很难取信于民。一是政府职能过多，兼行政、经济、社会等多重职能，而行政管理方式僵化，令出多门，政策多变，行政审批环节多且随意性大，其后果不但造成行政成本高，效率低，而且导致了市场主体预期的短期化和行为的短期化。

三、加强税收信用体系建设的建议

（一）加快信用立法工作，为信用体系建设提供法制保障

法律是信用市场平稳运行的保障，是保护信用主体合法权益的屏障。虽然诚信是市场经济的道德基石，但社会信用体系不可能单纯地建立在诚实守信的道德规范之上，更重要的是要建立在对市场主体之间的信用关系管理的整套法律、法规、准则和制度的制定上。世界主要发达国家在信用体系建设过程中，都高度重视信用立法。如美国建立了诸如《联邦公平信用报告法》、《公平债务征收实施法》、《平等信用机会法》等一系列法律，有效地保证了信用制度的实施。而我国目前信用法制建设几近空白。虽然《民法通则》、《合同法》都有诚实守信的法则，但是在整个法律、法规体系中，还没有全面、系统地体现对信用的要求。因此，要积极研究探索，大胆借鉴应用，尽快制定保障社会信用体系建设的法律法规，奠定建立税收信用体系的坚实基础。

（二）抓好公民道德教育，让依法诚信纳税成为社会共识

从道德建设的普遍要求来看，信用建设是公民道德建设的重要组成部分。因此，要真正树立起信用观念，必须有步骤、有重点地抓好公民道德教育，从整体上提升公民的道德水平。就税收信用建设而言，就是树立起以诚

信为核心，符合我国社会主义市场经济要求的税收信用理念：既强调把社会责任和全局利益放在首位，又充分肯定和尊重个人的合法权益。为此，一是广泛开展信用教育活动，培养言行一致、有信无欺的道德情操。把信用教育纳入学校总体框架，对中、小学生加强思想品德教育，从小灌输公民依法诚信纳税思想，使他们养成依法纳税光荣的习惯。二是从德治入手，提高纳税遵从度。在税收观念的引导上，把共同致富和全面建设小康社会与“用众人之财办众人之事”联系起来，使“取之于民，用之于民”的社会主义税收本质更易于人们理解和接受，以此消除少数人对税收的偏见。

（三）规范政府行政行为，维护社会信用

政府作为制度与规则的制定者和执行者，肩负着维护社会诚实守信的重要责任。如果政府行政权力用得好，能够很好地维护和保护公民的信用行为；如果政府行政权力用得不好，就可能成为失信行为的“保护伞”。因此，税务部门作为政府的一个组成部分，肩负着维护税收信用的特殊使命。既要维护税收法律的稳定性和权威性，又要维护税收法律的公平性和公正性。税务部门应当根据工作需要，建立起系统、便捷的税收征管程序和征管设施，减少税收征管工作中的随意性。同时，进一步转变工作作风，增强服务意识，真正为纳税人依法诚信纳税创造条件。

（四）推进依法治税，树立税务机关良好的信用形象

坚持“依法征税、应收尽收、坚决不收过头税、坚决防止和制止越权减免税”的组织收入原则，切实将维护纳税人合法权益的要求落到实处。坚持依法办事，依法行政，严格按照法定权限与程序行使权力和履行职责。树立严格执法，保护绝大多数纳税人的合法利益也是纳税服务的观念。认真贯彻落实《行政许可法》，深化行政审批制度改革，切实加强对取消审批项目的后续管理工作。加强对抽象行政行为的监督，依法开展行政复议和应诉工作。深入开展执法检查和执法监察，推行执法责任制和过错追究制，强化监督制约。推行“阳光稽查”，规范税收检查行为。通过依法治税、严格执法，树立了税务机关自身的信用形象，赢得纳税人和整个社会的信任。

（五）开展信用等级评定，推进税收信用体系建设

按照国家税务总局《纳税信用等级评定管理试行办法》的要求，依法、

公正、公平、公开的原则，在量化评分标准、细化奖惩办法、规范操作程序的基础上，积极开展对纳税人的信用等级评定工作，对纳税人实行分类管理。切实落实对不同类别纳税人实施分类管理和服务的措施，通过纳税信用信息管理系统、媒体向社会公告 A 级纳税信用资格、授予纳税信用 A 级证书，除专案、涉税举报等情况外两年内免除税务检查，优先、预约及上门办理各项涉税事宜，使守法、重诚信的纳税模范受到“优待”。同时加大对信用低纳税人的监控和管理，严厉打击涉税违法案件，进一步强化纳税人“诚信纳税光荣、违法偷税可耻”的意识，推进税收信用体系建设。

（六）建立失信惩罚机制，促进全社会诚实守信氛围的养成

建立健全对于失信者的惩戒机制，让失信者所付出的代价远远高于所得到的实际利益和好处，也就是加大失信成本。一是利用信息化手段加强对纳税信用的日常管理。在已开展的纳税信用等级评定的基础上，作好信用等级评定工作的后续管理。对纳税人在纳税信用上有不良记录时，在税收征管系统中自动划转为“纳税信用不良纳税人”，或者直接降低信用等级。同时将这些纳税人纳入重点监控对象，并在发票领购等环节采取一定的限制措施。二是建立失信纳税人公告制度。利用新闻媒体、网络等工具公布失信纳税人“黑名单”，或建立相应的数据库供公众随时查询，或以合法的形式向合法的用户传播其交易对象的不良信用记录，接受全社会监督。三是进一步推进税收信用的社会治理。在已经与工商、海关、银行、保险等政府职能部门和企事业单位建立信息互通机制的基础上，进一步扩大范围，在信用等级评定及管理上进行联合操作，对最后的评定结果所有政府部门都承认。在法律允许的处罚有效期间，要让所有的政府监管部门参与对失信者的经济类、行政类惩罚，使税收信用管理与相关的社会管理紧密结合起来。四是建立税收信用破产惩罚与商业信用挂钩机制。世界上发达国家的信用破产惩罚机制分散在种种信用体系中。例如美国，其个人信用破产惩罚机制就充分体现在信用卡的使用上。我国在处理“税收失信”事件时，也应当多管齐下，除建立税收信用破产惩罚机制外，还要与商业信用挂钩，进行全方位的信用破产惩罚，使失信惩罚机制的作用范围在社会上全面渗透。

附录1

《中华人民共和国个人所得税法》

（1980年9月10日第五届全国人民代表大会第三次会议通过

根据1993年10月31日第八届全国人民代表大会常务委员会第四次会议《关于修改〈中华人民共和国个人所得税法〉的决定》第一次修正

根据1999年8月30日第九届全国人民代表大会常务委员会第十一次会议《关于修改〈中华人民共和国个人所得税法〉的决定》第二次修正

根据2005年10月27日第十届全国人民代表大会常务委员会第十八次会议《关于修改〈中华人民共和国个人所得税法〉的决定》第三次修正

根据2007年6月29日第十届全国人民代表大会常务委员会第二十八次会议《关于修改〈中华人民共和国个人所得税法〉的决定》第四次修正

根据2007年12月29日第十届全国人民代表大会常务委员会第三十一次会议《关于修改〈中华人民共和国个人所得税法〉的决定》第五次修正

根据2011年6月30日第十一届全国人民代表大会常务委员会第二十一次会议《关于修改〈中华人民共和国个人所得税法〉的决定》第六次修正）

第一条 在中国境内有住所，或者无住所而在境内居住满一年的个人，从中国境内和境外取得的所得，依照本法规定缴纳个人所得税。

在中国境内无住所又不居住或者无住所而在境内居住不满一年的个人，从中国境内取得的所得，依照本法规定缴纳个人所得税。

第二条 下列各项个人所得，应纳个人所得税：

一、工资、薪金所得；

二、个体工商户的生产、经营所得；

三、对企事业单位的承包经营、承租经营所得；

四、劳务报酬所得；

五、稿酬所得；

六、特许权使用费所得；

七、利息、股息、红利所得；

八、财产租赁所得；

九、财产转让所得；

十、偶然所得；

十一、经国务院财政部门确定征税的其他所得。

第三条 个人所得税的税率：

一、工资、薪金所得，适用超额累进税率，税率为百分之三至百分之四十五（税率表附后）。

二、个体工商户的生产、经营所得和对企事业单位的承包经营、承租经营所得，适用百分之五至百分之三十五的超额累进税率（税率表附后）。

三、稿酬所得，适用比例税率，税率为百分之二十，并按应纳税额减征百分之三十。

四、劳务报酬所得，适用比例税率，税率为百分之二十。对劳务报酬所得一次收入畸高的，可以实行加成征收，具体办法由国务院规定。

五、特许权使用费所得，利息、股息、红利所得，财产租赁所得，财产转让所得，偶然所得和其他所得，适用比例税率，税率为百分之二十。

第四条 下列各项个人所得，免纳个人所得税：

一、省级人民政府、国务院部委和中国人民解放军军以上单位，以及外国组织、国际组织颁发的科学、教育、技术、文化、卫生、体育、环境保护等方面的奖金；

二、国债和国家发行的金融债券利息；

三、按照国家统一规定发给的补贴、津贴；

四、福利费、抚恤金、救济金；

五、保险赔款；

六、军人的转业费、复员费；

七、按照国家统一规定发给干部、职工的安家费、退职费、退休工资、离休工资、离休生活补助费；

八、依照我国有关法律规定应予免税的各国驻华使馆、领事馆的外交代表、领事官员和其他人员的所得；

九、中国政府参加的国际公约、签订的协议中规定免税的所得；

十、经国务院财政部门批准免税的所得。

第五条 有下列情形之一的，经批准可以减征个人所得税：

一、残疾、孤老人员和烈属的所得；

二、因严重自然灾害造成重大损失的；

三、其他经国务院财政部门批准减税的。

第六条 应纳税所得额的计算：

一、工资、薪金所得，以每月收入额减除费用三千五百元后的余额，为应纳税所得额。

二、个体工商户的生产、经营所得，以每一纳税年度的收入总额减除成本、费用以及损失后的余额，为应纳税所得额。

三、对企事业单位的承包经营、承租经营所得，以每一纳税年度的收入总额，减除必要费用后的余额，为应纳税所得额。

四、劳务报酬所得、稿酬所得、特许权使用费所得、财产租赁所得，每次收入不超过四千元的，减除费用八百元；四千元以上的，减除百分之二十的费用，其余额为应纳税所得额。

五、财产转让所得，以转让财产的收入额减除财产原值和合理费用后的余额，为应纳税所得额。

六、利息、股息、红利所得，偶然所得和其他所得，以每次收入额为应纳税所得额。

个人将其所得对教育事业和其他公益事业捐赠的部分，按照国务院有关规定从应纳税所得中扣除。

对在中国境内无住所而在中国境内取得工资、薪金所得的纳税义务人和在中国境内有住所而在中国境外取得工资、薪金所得的纳税义务人，可以根据其平均收入水平、生活水平以及汇率变化情况确定附加减除费用，附加减除费用适用的范围和标准由国务院规定。

第七条 纳税义务人从中国境外取得的所得，准予其在应纳税额中扣除已在境外缴纳的个人所得税税额。但扣除额不得超过该纳税义务人境外所得依照本法规定计算的应纳税额。

第八条 个人所得税，以所得人为纳税义务人，以支付所得的单位或者个人为扣缴义务人。个人所得超过国务院规定数额的，在两处以上取得工资、薪金所得或者没有扣缴义务人的，以及具有国务院规定的其他情形的，纳税义务人应当按照国家规定办理纳税申报。扣缴义务人应当按照国家规定办理全员全额扣缴申报。

第九条 扣缴义务人每月所扣的税款，自行申报纳税人每月应纳的税款，都应当在次月十五日内缴入国库，并向税务机关报送纳税申报表。

工资、薪金所得应纳的税款，按月计征，由扣缴义务人或者纳税义务人在次月十五日内缴入国库，并向税务机关报送纳税申报表。特定行业的工资、薪金所得应纳的税款，可以实行按年计算、分月预缴的方式计征，具体办法由国务院规定。

个体工商户的生产、经营所得应纳的税款，按年计算，分月预缴，由纳税义务人在次月十五日内预缴，年度终了后三个月内汇算清缴，多退少补。

对企事业单位的承包经营、承租经营所得应纳的税款，按年计算，由纳税义务人在年度终了后三十日内缴入国库，并向税务机关报送纳税申报表。纳税义务人在一年内分次取得承包经营、承租经营所得的，应当在取得每次所得后的十五日内预缴，年度终了后三个月内汇算清缴，多退少补。

从中国境外取得所得的纳税义务人，应当在年度终了后三十日内，将应纳的税款缴入国库，并向税务机关报送纳税申报表。

第十条 各项所得的计算，以人民币为单位。所得为外国货币的，按照国家外汇管理机关规定的外汇牌价折合成人民币缴纳税款。

第十一条 对扣缴义务人按照所扣缴的税款，付给百分之二的手续费。

第十二条 对储蓄存款利息所得开征、减征、停征个人所得税及其具体办法，由国务院规定。

第十三条 个人所得税的征收管理，依照《中华人民共和国税收征收管理法》的规定执行。

第十四条 国务院根据本法制定实施条例。

第十五条 本法自公布之日起施行。

个人所得税税率表一

（工资、薪金所得适用）

级数	全月应纳税所得额	税率（%）
1	不超过 1500 元的	3
2	超过 1500 元至 4500 元的部分	10
3	超过 4500 元至 9000 元的部分	20
4	超过 9000 元至 35000 元的部分	25

续表

级数	全月应纳税所得额	税率（%）
5	超过35000元至55000元的部分	30
6	超过55000元至80000元的部分	35
7	超过80000元的部分	45

注：本表所称全月应纳税所得额是指依照本法第六条的规定，以每月收入额减除费用三千五百元以及附加减除费用后的余额。

个人所得税税率表二

（个体工商户的生产、经营所得和对企事业单位的承包经营、承租经营所得适用）

级数	全年应纳税所得额	税率（%）
1	不超过15000元的	5
2	超过15000元至30000元的部分	10
3	超过30000元至60000元的部分	20
4	超过60000元至100000元的部分	30
5	超过100000元的部分	35

注：本表所称全年应纳税所得额是指依照本法第六条的规定，以每一纳税年度的收入总额减除成本、费用以及损失后的余额。

附录2

《中华人民共和国个人所得税法实施条例》

（1994年1月28日中华人民共和国国务院令第142号发布

根据2005年12月19日《国务院关于修改〈中华人民共和国个人所得税法实施条例〉的决定》第一次修订

根据2008年2月18日《国务院关于修改〈中华人民共和国个人所得税法实施条例〉的决定》第二次修订

根据2011年7月19日《国务院关于修改〈中华人民共和国个人所得税法实施条例〉的决定》第三次修订）

第一条 根据《中华人民共和国个人所得税法》（以下简称税法）的规定，制定本条例。

第二条 税法第一条第一款所说的在中国境内有住所的个人，是指因户籍、家庭、经济利益关系而在中国境内习惯性居住的个人。

第三条 税法第一条第一款所说的在境内居住满一年，是指在一个纳税年度中在中国境内居住365日。临时离境的，不扣减日数。

前款所说的临时离境，是指在一个纳税年度中一次不超过30日或者多次累计不超过90日的离境。

第四条 税法第一条第一款、第二款所说的从中国境内取得的所得，是指来源于中国境内的所得；所说的从中国境外取得的所得，是指来源于中国境外的所得。

第五条 下列所得，不论支付地点是否在中国境内，均为来源于中国境内的所得：

（一）因任职、受雇、履约等而在中国境内提供劳务取得的所得；

（二）将财产出租给承租人在中国境内使用而取得的所得；

（三）转让中国境内的建筑物、土地使用权等财产或者在中国境内转让其他财产取得的所得；

（四）许可各种特许权在中国境内使用而取得的所得；

（五）从中国境内的公司、企业以及其他经济组织或者个人取得的利息、股息、红利所得。

第六条 在中国境内无住所，但是居住一年以上五年以下的个人，其来源于中国境外的所得，经主管税务机关批准，可以只就由中国境内公司、企业以及其他经济组织或者个人支付的部分缴纳个人所得税；居住超过五年的个人，从第六年起，应当就其来源于中国境外的全部所得缴纳个人所得税。

第七条 在中国境内无住所，但是在一个纳税年度中在中国境内连续或者累计居住不超过90日的个人，其来源于中国境内的所得，由境外雇主支付并且不由该雇主在中国境内的机构、场所负担的部分，免予缴纳个人所得税。

第八条 税法第二条所说的各项个人所得的范围：

（一）工资、薪金所得，是指个人因任职或者受雇而取得的工资、薪金、奖金、年终加薪、劳动分红、津贴、补贴以及与任职或者受雇有关的其他所得。

（二）个体工商户的生产、经营所得，是指：

1. 个体工商户从事工业、手工业、建筑业、交通运输业、商业、饮食业、服务业、修理业以及其他行业生产、经营取得的所得；

2. 个人经政府有关部门批准，取得执照，从事办学、医疗、咨询以及其他有偿服务活动取得的所得；

3. 其他个人从事个体工商业生产、经营取得的所得；

4. 上述个体工商户和个人取得的与生产、经营有关的各项应纳税所得。

（三）对企事业单位的承包经营、承租经营所得，是指个人承包经营、承租经营以及转包、转租取得的所得，包括个人按月或者按次取得的工资、薪金性质的所得。

（四）劳务报酬所得，是指个人从事设计、装潢、安装、制图、化验、测试、医疗、法律、会计、咨询、讲学、新闻、广播、翻译、审稿、书画、雕刻、影视、录音、录像、演出、表演、广告、展览、技术服务、介绍服务、经纪服务、代办服务以及其他劳务取得的所得。

（五）稿酬所得，是指个人因其作品以图书、报刊形式出版、发表而取得的所得。

（六）特许权使用费所得，是指个人提供专利权、商标权、著作权、非专利技术以及其他特许权的使用权取得的所得；提供著作权的使用权取得的所得，不包括稿酬所得。

（七）利息、股息、红利所得，是指个人拥有债权、股权而取得的利息、股息、红利所得。

（八）财产租赁所得，是指个人出租建筑物、土地使用权、机器设备、车船以及其他财产取得的所得。

（九）财产转让所得，是指个人转让有价证券、股权、建筑物、土地使用权、机器设备、车船以及其他财产取得的所得。

（十）偶然所得，是指个人得奖、中奖、中彩以及其他偶然性质的所得。

个人取得的所得，难以界定应纳税所得项目的，由主管税务机关确定。

第九条 对股票转让所得征收个人所得税的办法，由国务院财政部门另行制定，报国务院批准施行。

第十条 个人所得的形式，包括现金、实物、有价证券和其他形式的经济利益。所得为实物的，应当按照取得的凭证上所注明的价格计算应纳税所得额；无凭证的实物或者凭证上所注明的价格明显偏低的，参照市场价格核定应纳税所得额。所得为有价证券的，根据票面价格和市场价格核定应纳税所得额。所得为其他形式的经济利益的，参照市场价格核定应纳税所得额。

第十一条 税法第三条第四项所说的劳务报酬所得一次收入畸高，是指个人一次取得劳务报酬，其应纳税所得额超过 2 万元。

对前款应纳税所得额超过 2 万元至 5 万元的部分，依照税法规定计算应纳税额后再按照应纳税额加征五成；超过 5 万元的部分，加征十成。

第十二条 税法第四条第二项所说的国债利息，是指个人持有中华人民共和国财政部发行的债券而取得的利息；所说的国家发行的金融债券利息，是指个人持有经国务院批准发行的金融债券而取得的利息。

第十三条 税法第四条第三项所说的按照国家统一规定发给的补贴、津贴，是指按照国务院规定发给的政府特殊津贴、院士津贴、资深院士津贴，以及国务院规定免纳个人所得税的其他补贴、津贴。

第十四条 税法第四条第四项所说的福利费，是指根据国家有关规定，从企业、事业单位、国家机关、社会团体提留的福利费或者工会经费中支付给个人的生活补助费；所说的救济金，是指各级人民政府民政部门支付给个人的生活困难补助费。

第十五条 税法第四条第八项所说的依照我国法律规定应予免税的各国驻华使馆、领事馆的外交代表、领事官员和其他人员的所得，是指依照《中华人民共和国外交特权与豁免条例》和《中华人民共和国领事特权与豁免条例》规定免税的所得。

第十六条 税法第五条所说的减征个人所得税，其减征的幅度和期限由省、自治区、直辖市人民政府规定。

第十七条 税法第六条第一款第二项所说的成本、费用，是指纳税义务人从事生产、经营所发生的各项直接支出和分配计入成本的间接费用以及销售费用、管理费用、财务费用；所说的损失，是指纳税义务人在生产、经营过程中发生的各项营业外支出。

从事生产、经营的纳税义务人未提供完整、准确的纳税资料，不能正确计算应纳税所得额的，由主管税务机关核定其应纳税所得额。

第十八条 税法第六条第一款第三项所说的每一纳税年度的收入总额，是指纳税义务人按照承包经营、承租经营合同规定分得的经营利润和工资、薪金性质的所得；所说的减除必要费用，是指按月减除3500元。

第十九条 税法第六条第一款第五项所说的财产原值，是指：

（一）有价证券，为买入价以及买入时按照规定交纳的有关费用；

（二）建筑物，为建造费或者购进价格以及其他有关费用；

（三）土地使用权，为取得土地使用权所支付的金额、开发土地的费用以及其他有关费用；

（四）机器设备、车船，为购进价格、运输费、安装费以及其他有关费用；

（五）其他财产，参照以上方法确定。

纳税义务人未提供完整、准确的财产原值凭证，不能正确计算财产原值的，由主管税务机关核定其财产原值。

第二十条 税法第六条第一款第五项所说的合理费用，是指卖出财产时按照规定支付的有关费用。

第二十一条 税法第六条第一款第四项、第六项所说的每次，按照以下方法确定：

（一）劳务报酬所得，属于一次性收入的，以取得该项收入为一次；属于同一项目连续性收入的，以一个月内取得的收入为一次。

（二）稿酬所得，以每次出版、发表取得的收入为一次。

（三）特许权使用费所得，以一项特许权的一次许可使用所取得的收入为一次。

（四）财产租赁所得，以一个月内取得的收入为一次。

（五）利息、股息、红利所得，以支付利息、股息、红利时取得的收入为一次。

（六）偶然所得，以每次取得该项收入为一次。

第二十二条 财产转让所得，按照一次转让财产的收入额减除财产原值和合理费用后的余额，计算纳税。

第二十三条 两个或者两个以上的个人共同取得同一项目收入的，应当对每个人取得的收入分别按照税法规定减除费用后计算纳税。

第二十四条 税法第六条第二款所说的个人将其所得对教育事业和其他公益事业的捐赠，是指个人将其所得通过中国境内的社会团体、国家机关向教育和其他社会公益事业以及遭受严重自然灾害地区、贫困地区的捐赠。

捐赠额未超过纳税义务人申报的应纳税所得额30%的部分，可以从其应纳税所得额中扣除。

第二十五条 按照国家规定，单位为个人缴付和个人缴付的基本养老保险费、基本医疗保险费、失业保险费、住房公积金，从纳税义务人的应纳税所得额中扣除。

第二十六条 税法第六条第三款所说的在中国境外取得工资、薪金所得，是指在中国境外任职或者受雇而取得的工资、薪金所得。

第二十七条 税法第六条第三款所说的附加减除费用，是指每月在减除3500元费用的基础上，再减除本条例第二十九条规定数额的费用。

第二十八条 税法第六条第三款所说的附加减除费用适用的范围，是指：

（一）在中国境内的外商投资企业和外国企业中工作的外籍人员；

（二）应聘在中国境内的企业、事业单位、社会团体、国家机关中工作的外籍专家；

（三）在中国境内有住所而在中国境外任职或者受雇取得工资、薪金所得的个人；

（四）国务院财政、税务主管部门确定的其他人员。

第二十九条 税法第六条第三款所说的附加减除费用标准为1300元。

第三十条 华侨和香港、澳门、台湾同胞，参照本条例第二十七条、第二十八条、第二十九条的规定执行。

第三十一条 在中国境内有住所，或者无住所而在境内居住满一年的个人，从中国境内和境外取得的所得，应当分别计算应纳税额。

第三十二条 税法第七条所说的已在境外缴纳的个人所得税税额，是指纳税义务人从中国境外取得的所得，依照该所得来源国家或者地区的法律应当缴纳并且实际已经缴纳的税额。

第三十三条 税法第七条所说的依照税法规定计算的应纳税额，是指纳税义务人从中国境外取得的所得，区别不同国家或者地区和不同所得项目，依照税法规定的费用减除标准和适用税率计算的应纳税额；同一国家或者地区内不同所得项目的应纳税额之和，为该国家或者地区的扣除限额。

纳税义务人在中国境外一个国家或者地区实际已经缴纳的个人所得税税额，低于依照前款规定计算出的该国家或者地区扣除限额的，应当在中国缴纳差额部分的税款；超过该国家或者地区扣除限额的，其超过部分不得在本纳税年度的应纳税额中扣除，但是可以在以后纳税年度的该国家或者地区扣除限额的余额中补扣。补扣期限最长不得超过五年。

第三十四条 纳税义务人依照税法第七条的规定申请扣除已在境外缴纳的个人所得税税额时，应当提供境外税务机关填发的完税凭证原件。

第三十五条 扣缴义务人在向个人支付应税款项时，应当依照税法规定代扣税款，按时缴库，并专项记载备查。

前款所说的支付，包括现金支付、汇拨支付、转账支付和以有价证券、实物以及其他形式的支付。

第三十六条 纳税义务人有下列情形之一的，应当按照规定到主管税务机关办理纳税申报：

（一）年所得12万元以上的；

（二）从中国境内两处或者两处以上取得工资、薪金所得的；

（三）从中国境外取得所得的；

（四）取得应纳税所得，没有扣缴义务人的；

（五）国务院规定的其他情形。

年所得12万元以上的纳税义务人，在年度终了后3个月内到主管税务机关办理纳税申报。

纳税义务人办理纳税申报的地点以及其他有关事项的管理办法，由国务院税务主管部门制定。

第三十七条 税法第八条所说的全员全额扣缴申报，是指扣缴义务人在代扣税款的次月内，向主管税务机关报送其支付所得个人的基本信息、支付所得数额、扣缴税款的具体数额和总额以及其他相关涉税信息。

全员全额扣缴申报的管理办法，由国务院税务主管部门制定。

第三十八条 自行申报的纳税义务人，在申报纳税时，其在中国境内已扣缴的税款，准予按照规定从应纳税额中扣除。

第三十九条 纳税义务人兼有税法第二条所列的两项或者两项以上的所得的，按项分别计算纳税。在中国境内两处或者两处以上取得税法第二条第一项、第二项、第三项所得的，同项所得合并计算纳税。

第四十条 税法第九条第二款所说的特定行业，是指采掘业、远洋运输业、远洋捕捞业以及国务院财政、税务主管部门确定的其他行业。

第四十一条 税法第九条第二款所说的按年计算、分月预缴的计征方式，是指本条例第四十条所列的特定行业职工的工资、薪金所得应纳的税款，按月预缴，自年度终了之日起 30 日内，合计其全年工资、薪金所得，再按 12 个月平均并计算实际应纳的税款，多退少补。

第四十二条 税法第九条第四款所说的由纳税义务人在年度终了后 30 日内将应纳的税款缴入国库，是指在年终一次性取得承包经营、承租经营所得的纳税义务人，自取得收入之日起 30 日内将应纳的税款缴入国库。

第四十三条 依照税法第十条的规定，所得为外国货币的，应当按照填开完税凭证的上一月最后一日人民币汇率中间价，折合成人民币计算应纳税所得额。依照税法规定，在年度终了后汇算清缴的，对已经按月或者按次预缴税款的外国货币所得，不再重新折算；对应当补缴税款的所得部分，按照上一纳税年度最后一日人民币汇率中间价，折合成人民币计算应纳税所得额。

第四十四条 税务机关按照税法第十一条的规定付给扣缴义务人手续费时，应当按月填开收入退还书发给扣缴义务人。扣缴义务人持收入退还书向指定的银行办理退库手续。

第四十五条 个人所得税纳税申报表、扣缴个人所得税报告表和个人所得税完税凭证式样，由国务院税务主管部门统一制定。

第四十六条 税法和本条例所说的纳税年度，自公历 1 月 1 日起至 12 月 31 日止。

第四十七条 1994纳税年度起，个人所得税依照税法以及本条例的规定计算征收。

第四十八条 本条例自发布之日起施行。1987年8月8日国务院发布的《中华人民共和国国务院关于对来华工作的外籍人员工资、薪金所得减征个人所得税的暂行规定》同时废止。

主要参考文献

1. 高培勇、张斌：《个人所得税：迈出走向“综合与分类相结合”的脚步》，中国财政经济出版社2011年版。

2. 李波：《我国个人所得税改革与国际比较》，中国财政经济出版社2011年版。

3. 宋凤轩、谷彦芳：《中国所得税改革研究——基于所得税国际化的视角》，人民出版社2010年版。

4. 中国税务学会学术研究委员会：《完善个人所得税问题》，中国税务出版社2002年版。

5. 姜玉莲：《〈中华人民共和国个人所得税法〉详解》，经济科学出版社2008年版。

6. 于国安：《我国现阶段收入分配问题研究》，中国财政经济出版社2010年版。

7. 徐晔、袁莉莉、徐战平：《中国个人所得税制度》，复旦大学出版社2010年版。

8. 石坚、陈文东：《中国个人所得税混合模式研究》，中国财政经济出版社2012年版。

9. 陈红国：《个人所得税法律制度的演进路径》，中国社会科学出版社2014年版。

10. 徐蓉：《所得税征税客体研究》，法律出版社2010年版。

11. 刘尚希、应亚珍：“个人所得税：功能定位与税制设计”，《税务研究》2003年第6期。

12. 刘丽坚：“论我国个人所得税的职能及下一步改革设想”，《税务研究》2006年第8期。

13. 高培勇：“迈出走向综合与分类相结合个人所得税制度的脚步”，《中国财政》2011年第18期。

14. 贾康、梁季：“关于个人所得税改革的国际经验借鉴及引发的思考”，《中国总会计师》2011 年第 5 期。

15. 赵卫民、安志伟：“个人所得税信息化建设的现状及发展方向”，《中国税务》2011 年第 8 期。

16. 高萍、贠相钟：“电子商务税收管理可尝试引入云计算技术”，《中国税务报》2013 年 4 月 24 日。

17. 高阳：“中国税收情报交换工作的发展、成绩与挑战”，《国际税收》2014 年第 2 期。

18. 崔志坤、经庭如：“我国个人所得税改革的机制创新”，《税务研究》2014 年第 3 期。

19. 向玉冰：“中美税制的比较对我国个人所得税改革的启示”，《商情》2011 年第 20 期。

20. 邱光才：“从个人所得税改革历程看改革方向”，《经济视野》2012 年第 7 期。

21. 张飞飞：“量能课税原则与个人所得税税法模式之选择”，《青年科学》2014 年第 35 期。

22. 林爱礫：“现行个人所得税的收入分配效应研究——基于浙江省的实证分析”，《知识经济》2014 年第 16 期。

23. 刘佐：“60 年来全国人民代表大会税收立法的简要回顾与展望”，《经济研究参考》2014 年第 51 期。

24. 崔志坤：《中国个人所得税制度改革研究》，财政部财政科学研究所，2011 年 5 月。

25. 夏宏伟：《中国个人所得税制度改革研究》，财政部财政科学研究所，2013 年 6 月。

26. 万树、王勇：“我国经济转型时期个人所得税制度设计”，《皖西学院学报》2007 年 8 月第 23 卷第 4 期。

27. 史正保、李涛、王治：“公平视角下我国个人所得税税制模式之选择”，《甘肃社会科学》2011 年第 4 期。

28. 周显志、范敦强：“美国个人所得税税率制度及其借鉴”，《税务与经济》2009 年第 4 期。

29. 江月：“个人所得税税率的国际比较及其对中国的启示”，《经济与管理》2008 年第 4 期。

30. 李星："关于完善中国个人所得税居民纳税人确定规则的建议"，《中国集体经济》2008 年第 10 期。

31. 张斌："论个人所得税居民确认标准"，《商》2012 年第 12 期。

32. 白景明："改革个人所得税征收模式面临的三大难题"，《税务研究》2011 年第 12 期。

33. 汤洁茵："个人所得税课税单位的选择：个人还是家庭"，《当代法学》2012 年第 2 期。

34. 国家税务总局税收科学研究所课题组："国际金融危机以来世界税收政策变化的特点与启示"，《财政与税务》2012 年第 1 期。

35. 王逸："个人资本利得课税法律制度的国际比较与借鉴"，《税收经济研究》2011 年第 1 期。

36. 崔志坤："个人所得税税率的国际比较及中国的选择"，《现代经济探讨》2010 年第 4 期。

37. 石坚："关于改革我国个人所得税费用扣除制度的政策建议"，《涉外税务》2010 年第 10 期。

38. 罗涛："概论个人所得税制改革"，《税务研究》2015 年第 3 期。

39. 石绍宾、任芳："个人所得税扣除制度研析"，《税务研究》2015 年第 3 期。

40. 赵恒：《个人所得税论》，东北财经大学博士学位论文，2003 年 6 月。

41. 陈博：《我国个人所得税课模式改革研究》，广西大学硕士学位论文，2014 年 4 月。

42. 范玉辉：《个人所得税课税模式选择研究》，河北经贸大学硕士学位论文，2014 年 3 月 6 日。

43. 雒静陶：《个人所得税分类综合制改革研究》，西安理工大学硕士学位论文，2013 年 12 月。

44. 刘琨：《个人所得税法中劳动所得与非劳动所得的税率研究》，华中师范大学硕士学位论文，2011 年 6 月 5 日。

45. 董登新："资本所得税及其在各国股市设置现状"，《中国经济网》2008 年 3 月。

后 记

为了加快推进我国个人所得税改革，按照财政部和国家税务总局的部署要求，湖北省国际税收研究会以现阶段个人所得税征管实际为基础，以个人所得税未来发展为前瞻，在借鉴国际改革经验的基础上，结合我国国情和个人所得税征管实践，组织专班在前期课题研究的基础上，撰写了《中国个人所得税改革研究》一书。

湖北省地方税务局对个人所得税改革研究工作十分重视，党组书记、局长杨天然同志还为本课题成果公开出版欣然作序。课题组由湖北省国际税收研究会会长、中南财经政法大学教授、博士生导师许建国任组长，湖北省地方税务局党组成员、副局长肖绪湖任副组长。课题组成员包括：许建国、肖绪湖、徐正云、余永红、姜玉莲、肖才茂、王蓬、周勇、张莉、程卫国、黄斐、周田、李燕、刘巍、杨少军、汪燕、陈玉斌、罗玉峰和湖北经济学院林颖教授等。许建国对课题及全书的项目策划、思路设计、文稿修订进行了悉心指导。湖北省地方税务局副局长肖绪湖同志对本书进行了审定及总纂。湖北省地方税务局税政二处处长余永红、征管处处长姜玉莲负责课题组总协调及本书文稿的审阅。

本书作者包括：第一章周田、李燕；第二章黄斐；第三章周勇；第四章程卫国、汪燕；第五章陈玉斌、罗玉峰；第六章刘巍、杨少军。

本书内容虽经课题组反复推敲和修改，且数易其稿，但由于调研时间和研究能力所限，书中的缺陷、问题，甚至错误都在所难免，敬请读者批评指正。需要特别说明的是，该项课题研究及成果出版的主要目的，是为了服务于政府决策，宣传解释改革意义，所以，书中借鉴了许多学界同行颇具学术价值的研究成果，在此，我们一并致谢！

编者

2015 年 10 月